AF309906

LES
MAISONS PÉNITENTIAIRES

DU

CANTON DE FRIBOURG

ET LES

RÉFORMES QU'IL SERAIT DÉSIRABLE D'Y APPORTER

DÉDIÉ

AU HAUT CONSEIL D'ÉTAT DU CANTON DE FRIBOURG

PAR

Théodore CORBOUD

DIRECTEUR DE LA MAISON DE CORRECTION
MEMBRE
DE LA SOCIÉTÉ SUISSE POUR LA RÉFORME PÉNITENTIAIRE

FRIBOURG

IMPRIMERIE ET LIBRAIRIE DE L'ŒUVRE DE SAINT-PAUL

259, Rue de Morat, 259

1890

LES
MAISONS PÉNITENTIAIRES

DU

CANTON DE FRIBOURG

ET

LES RÉFORMES QU'IL SERAIT DÉSIRABLE D'Y APPORTER

LES
MAISONS PÉNITENTIAIRES

DU
CANTON DE FRIBOURG

ET LES
RÉFORMES QU'IL SERAIT DÉSIRABLE D'Y APPORTER

DÉDIÉ

AU HAUT CONSEIL D'ÉTAT DU CANTON DE FRIBOURG

PAR

Théodore CORBOUD

DIRECTEUR DE LA MAISON DE CORRECTION
MEMBRE
DE LA SOCIÉTÉ SUISSE POUR LA RÉFORME PÉNITENTIAIRE

FRIBOURG

IMPRIMERIE ET LIBRAIRIE DE L'ŒUVRE DE SAINT-PAUL
259, Rue de Morat, 259

1890

Lettre de Son Eminence le Cardinal Mermillod

ÉVÊQUE DE LAUSANNE ET GENÈVE

Fribourg, le 8 août 1890.

MONSIEUR LE DIRECTEUR,

Vos études sur les Maisons pénitentiaires dans le canton de Fribourg m'ont vivement frappé. Vous y embrassez d'un regard juste et sûr et les causes multiples qui conduisent à la criminalité et les moyens qui relèveront les coupables. La part que vous y donnez à la religion est grande, et c'est justice. S'il leur faut de l'instruction, vous voulez qu'elle soit surtout religieuse; s'il leur faut un ami, ils le trouveront dans le prêtre; mais il leur faut aussi un Directeur qui ait la foi, la fermeté et la tendresse.

Jamais l'Eglise ne s'est désintéressée du sort de ces malheureux. Ne place-t-elle pas parmi les œuvres de miséricorde la visite du prisonnier? Les faits si navrants que vous citez sont la preuve que le crime dans toutes ses nuances n'est souvent que le fruit précoce d'une éducation déplorable, ou plutôt, c'est parce que la première éducation qui se fait sur les genoux d'une mère pieuse ou dans l'école, a fait défaut. A l'aide de la religion on découvrira dans les âmes les plus flétries une fibre oubliée qui saura encore vibrer pour l'expiation, pour la vertu et pour l'honneur. Ce n'est pas trop que deux forces s'unissent pour y réussir : celle de la société avec celle de l'Eglise ; ce sera votre consolation d'y avoir contribué pour une grande part, et puisse la bénédiction de l'Evêque assurer le succès de cette Œuvre à laquelle vous avez donné votre cœur et prodigué votre dévouement.

Croyez, Monsieur le Directeur, à mes sentiments bien dévoués en Notre-Seigneur.

✝ GASPARD Cardinal MERMILLOD,
Evêque de Lausanne et Genève.

A Monsieur Théodore Corboud,
Directeur de la Maison de correction, à Fribourg.

Au Haut Conseil d'État du canton de Fribourg.

—oo§o§oo—

MONSIEUR DE PRÉSIDENT,
MESSIEURS LES CONSEILLERS,

La bienveillante sollicitude que vous n'avez cessé d'accorder aux petits, aux faibles, aux malheureux, l'attention et les soins que vous mettez à développer tout ce qui peut contribuer au relèvement matériel et moral du pays, m'autorisent à vous dédier, très honorés Messieurs, le modeste travail que j'ai l'honneur de vous soumettre. J'y suis encouragé d'ailleurs par les efforts persévérants que vous avez faits vous-mêmes pour l'utilité et la prospérité publiques, et par la confiance que, jusqu'à ce jour, vous avez bien voulu me témoigner. J'ai, du reste, une confiance illimitée dans la justesse de vos appréciations, et me recommande humblement à votre indulgence.

Recevez, Monsieur le Président et Messieurs les Conseillers, l'hommage de mon profond respect.

Th. CORBOUD.

Fribourg, le 30 juin 1890.

PRÉFACE

En 1882, le Conseil d'Etat de Fribourg me confia la
direction de la maison pénitentiaire de cette ville, où
sont renfermés les délinquants connus sous le nom de
« correctionnels. » J'ai cru répondre à la confiance
que me témoignaient les honorables magistrats du canton en mettant à profit le contact que j'avais avec les
déshérités de ce monde pour éclairer le public sur les
améliorations que comporte cette partie de l'administration publique.

A l'heure présente, où chacun s'engage sur le terrain brûlant de la question sociale, il m'a paru oppor-
tun d'employer mes faibles lumières à l'étude des
misères humaines que les économistes du siècle dési-
gnent sous le nom général de paupérisme.

A côté de cette obligation morale qui m'était pour
ainsi dire imposée par la nature de mes fonctions, se
plaçait une obligation que je pourrais appeler patrio-
tique. Les économistes, les moralistes des différentes
nations, qui ont essayé de donner corps à un système
social, me semblent avoir embrassé un horizon trop

vaste. Quiconque étudie les hommes et les sociétés ne doit point perdre de vue cette considération du philosophe Spinosa : « Que les nations et les races, qu'elles soient grecques ou germaines, monarchiques ou républicaines, forment un corps, un dans son ensemble, divisé dans ses parties. » N'avons-nous pas, dans notre chère Confédération, quatre races, quatre langues distinctes et vingt-deux cantons différents ?

Chacun de ces peuples et chacune de ces individualités possède son caractère personnel, que domine la solidarité fédérale, mais qui n'en est pas moins réel.

Parce que vous ne pouvez traiter de la même manière et qu'il ne serait pas prudent de traiter tous les individus sur le même pied, le moraliste qui essaye de réaliser ponctuellement sa tâche, doit viser à une classification rigoureuse et adopter un système qui lui permettra de traiter chacun suivant son tempérament. L'Argovien s'accommodera difficilement du régime qui conviendrait aux populations genevoises, et le Tessinois ne saurait être mis sur le même pied que l'enfant du canton d'Uri.

J'ai cru que le peuple fribourgeois, dont le caractère est demeuré constant, individuel et particulier, devait être soumis à des lois morales spéciales et conformes à son organisation psychologique.

D'autre part, j'ai été affligé en constatant que, dans toutes les études pénitentiaires, notre canton avait été délaissé ou traité d'une façon très vague et très superficielle. Les quelques notes qui suivront sont le fruit d'études et convictions personnelles acquises par la pratique ; ce livre est un livre de bonne foi, dirait Montaigne. Je ne prétends pas avoir épuisé la matière, encore moins oserais-je dire que je donne une solution définitive de cette partie de la question sociale, car il est probable que certains points resteront éternellement en litige. Je présente au public quelques aperçus qui, à défaut d'autres mérites, auront celui de la personnalité.

Il me suffira d'avoir montré la voie et mon but sera atteint, si des esprits supérieurs prennent la peine de combler les lacunes.

J'ai la ferme conviction que mon espérance ne sera point déçue, car en 1887 un important congrès, convoqué par la Société fédérale pour la réforme pénitentiaire, eut lieu à Fribourg ; les questions pénitentiaires y furent traitées avec autant d'ampleur que d'élégance par des esprits élevés, tels que Son Eminence le Cardinal Mermillod, MM. Ruchonnet, Conseiller fédéral, Schaller, Conseiller d'Etat, Docteur Guillaume, etc. Il y aurait quelque présomption à prétendre que les lignes qui suivent surpasseront ou modifieront les idées émises dans ce congrès. On a de la peine à égaler et l'on surpasse difficilement des historiens érudits comme M. de Schaller, des économistes clairvoyants comme M. Ruchonnet, des âmes évangéliques comme S. Em. Mgr Mermillod. Mon but a été de collectionner quelques notes et observations ; elles s'ajouteront à toutes celles qui se produiront sur le même sujet, dont un esprit plus élevé fera la synthèse, et auquel une plume plus habile donnera une forme plus élégante.

Dans les études que j'ai faites, j'ai pu acquérir la conviction bien certaine que le canton de Fribourg n'occupe pas, au sein des peuples, un rang dont il ait à rougir dans le système pénitentiaire. Je me suis donc attaché, dans le cours de mon modeste ouvrage, à relever ce qu'il y a de bien, de pratique, dans l'administration des pénitenciers fribourgeois, et à signaler les quelques réformes qu'il serait désirable et utile d'y apporter.

Ma constante préoccupation a été d'éviter avec soin le défaut de certains esprits étroits et peu patriotes qui ont une tendance à ne rien trouver de bon dans leur pays et à vouloir sans cesse imiter en tout les autres peuples, sans savoir se contenter de prendre chez ceux-ci uniquement ce qu'il y a de bien.

LES
MAISONS PÉNITENTIAIRES

DU

CANTON DE FRIBOURG

ET

LES RÉFORMES QU'IL SERAIT DÉSIRABLE D'Y APPORTER

CHAPITRE PREMIER

Quel était le sort des individus reconnus coupables de crimes et de délits avant l'établissement d'un pénitencier dans le canton de Fribourg ?

Pour répondre à cette question, nous nous voyons obligé de puiser dans le sein des archives cantonales les renseignements authentiques que nous nous permettons de placer sous les yeux du lecteur.

Les archives cantonales fournissent d'intéressants détails au sujet des peines infligées depuis la fondation de la ville de Fribourg jusqu'au règlement de 1811. La nature des peines appliquées, la classification des délits et des crimes et le sort des condamnés ont été liés d'une façon très étroite à l'histoire et aux vicissitudes du pays. Il semble que le droit pénal de cette époque présente un caractère plus indépendant des principes juridiques étrangers que les institutions actuellement en vigueur.

1

Un fait digne de remarque, c'est la connexion du privilège bourgeoisial avec l'administration de la justice. Les atteintes portées aux privilèges dont les bourgeois étaient revêtus, comme aussi l'amélioration des bénéfices de cette nature, avaient leur retentissement dans l'application des châtiments infligés aux condamnés. Pour quiconque connaît l'histoire du Moyen Age et l'organisation de la société à cette époque, cette dépendance n'a rien d'anormal et qui puisse choquer. Le véritable citoyen était le bourgeois. Chaque commune représentait une nombreuse famille ; les droits et les devoirs civiques avaient un caractère aussi sacré que les droits et les devoirs naturels de la famille moderne. D'où il suit que plus le caractère bourgeoisial s'élevait ou s'abaissait, grâce à la sagesse ou à l'impéritie des gouvernants, plus les devoirs corrélatifs perdaient ou gagnaient en gravité. C'est d'ailleurs ce qui ressortira des exemples et des faits que nous tirons des documents les plus authentiques et les plus anciens.

Le premier monument que nous possédons sur cette matière est la **Handfeste**, dont les dispositions peuvent être caractérisées comme suit :

A. **1178 à 1249.** « Le droit pénal occupe relativement une très grande place dans la Handfeste de Fribourg, octroyée par le fondateur de la ville et confirmée par les Comtes de Kibourg en 1249. Elle prévoit la plupart des crimes et délits qui peuvent être commis soit contre les personnes, soit contre les propriétés. A l'exception de deux ou trois cas graves qui entraînaient la peine de mort ou certaines pénalités bizarres, il n'y avait guère, pour toutes les infractions, qu'une seule forme de répression : l'amende. »

« Les meurtres et les coups et blessures donnaient naturellement matière aux condamnations les plus sévères, surtout si le coupable était un étranger et la victime un bourgeois. Lorsqu'un étranger frappait un bourgeois, on le liait au poteau et on lui enlevait la peau de la tête. Quiconque, dans l'intérieur de la ville, mettait en sang une autre personne, avait la main coupée, et, s'il y avait mort d'homme, on le décapitait. »

« Quiconque rompait la paix des foires et marchés, c'est-à-dire causait un dommage à ceux qui s'y rendaient, était frappé de bannissement. »

« Parmi les autres délits contre les personnes, punis de peines pécuniaires, nous trouvons les disputes et batteries, les menaces, etc. Il est à remarquer que la charte ne prévoit pas les attentats aux mœurs. »

« Les dégradations à la propriété d'autrui, les bris de clôture, la violation du domicile n'entraînaient qu'une peine pécuniaire. Il en était également ainsi de ceux qui trompaient sur la qualité des marchandises. Au contraire, les voleurs, proprement dits, étaient traités avec une extrême rigueur : pour la première fois, on les marquait, et, en cas de récidive, on les pendait haut et court. Etait assimilé aux voleurs le tavernier qui mettait de l'eau dans son vin. »

« L'usure entraînait la confiscation des biens au décès de l'usurier. »

« L'art. XI fait allusion cependant à la *prison*, quand il statue que l'appariteur, soit le grand sautier, a le droit d'exiger trois sols de tout prisonnier qui lui est donné à garder. Mais on a lieu de croire qu'il ne s'agit ici que de la prison préventive, et non répressive. » (*Recueil dipl.*, I, p. 22. — *Fontes Rerum Bernensium*, II, p. 298.)

Ce premier exposé nous fait connaître que, déjà au xiie siècle, la prison préventive était en usage, mais seulement en attendant que la justice ait prononcé le supplice qui devait, pour crime ou délit, satisfaire la société. Cette disposition pénale s'appliquait également dans d'autres localités environnantes, comme l'on peut s'en convaincre par les données ci-après :

B. **1218.** « La Handfeste de Morat, octroyée aussi par

les Ducs de Zähringen, et par conséquent datant d'une époque antérieure à leur extinction en 1218 (elle est sans date), statue entre autres : 1° Quiconque verse à main armée le sang d'une personne dans la ville de Morat doit voir sa main adjugée aux bourgeois et payer au navré 60 sols et à l'Avoyer 60 sols. Si cette personne est tuée, la tête de l'homicide est adjugée aux bourgeois ; 2° celui qui est saisi commettant un acte de brigandage, d'homicide ou de trahison, doit être *remis* entre les mains du sautier qui doit le *garder jusqu'à ce que la sentence soit rendue ;* les biens du condamné appartiennent à l'Avoyer et le corps aux bourgeois de Morat. Le brigand sera pendu ; le traître et l'homicide seront traînés sur la claie, puis pendus, tandis que celui qui dresse des embûches sur les routes et chemins sera décapité. » (*Chronique de Morat*, p. 113.)

C. **1363.** « L'Avoyer, le Conseil, les Soixante et les Deux-cents de Fribourg ordonnent que celui qui devra éviter la vue, soit la société d'un autre, sera cité aussitôt devant l'Avoyer ou son lieutenant. S'il ne comparait pas, il sera mis en *prison* et retenu jusqu'à ce qu'il ait exécuté la sentence, etc. » (*Recueil dipl.*, III, p. 181.)

D. **1368.** « Un banni de la ville de Fribourg, pour homicide perpétré dans l'enceinte des murs, qui avait longtemps été retenu en *prison* et qui avait été surpris en rupture de ban, est relâché à la condition qu'il sortira de l'Evêché de Lausanne, etc. » (*Recueil dipl.*, IV, p. 43.)

E. **1374.** « L'Avoyer, le Conseil et la Communauté de Fribourg font une nouvelle ordonnance de police pour les cas d'injures et de batteries et maintiennent à titre de peine l'amende et le bannissement. Toutefois sont condamnés à la *prison* le rebelle, le fugitif et la femme qui en aurait blessé une autre, n'aurait pas pu payer l'amende pour ce fait, aurait été condamnée à l'exil et serait revenue sans acquitter cette amende. » (*Recueil dipl.*, IV, p. 94.)

Cette ordonnance de police, entrée en vigueur le 6 août 1874, nous permet d'affirmer que, dès cette époque, une certaine catégorie de délits étaient punis de la *prison répressive*. En effet, nous verrons, par les indications ci-dessous, que nous trouvons d'une manière assez suivie, différentes condamnations à la prison, entre autres les édits prononcés le 12 novembre 1402, le 14 mars 1417, 1429, 1433, le 11 avril 1441, etc., etc.

Nous regrettons que les documents ne nous indiquent pas dans quelle enceinte étaient enfermés ceux qui avaient été condamnés à la prison répressive. Ce n'est qu'à partir de 1446 que nous découvrons le nom de la Tour Rouge, dans laquelle fut emprisonné Guillaume d'Avenches. Cette prison n'était, paraît-il, destinée qu'à enfermer les condamnés d'une naissance noble, et ceux condamnés pour crimes et délits politiques. Par contre, les délinquants appartenant aux autres classes de la société subissaient leur peine dans d'autres prisons, dont les noms seront signalés plus tard.

F. **1402**. « La Communauté de Fribourg ordonne que l'habitant de la ville de Fribourg qui frappera ou blessera une autre personne et qui ne pourra pas payer l'amende statuée contre lui, sera condamné à 14 jours de *prison* au pain et à l'eau, et qu'à l'expiration de cette quinzaine, il sera exilé sous serment. De plus, les bannerets sont autorisés à arrêter et à mettre en *prison* les étrangers qui frapperaient ou blesseraient un habitant de la ville. » (*Recueil dipl.*, V, p. 23.)

G. **1417**. « Celui qui distrait quelque chose d'un héritage doit être *incarcéré* jusqu'à pleine restitution. » (*Recueil dipl.*, VII, p. 52.)

H. **1429**. « Le maçon R. fut condamné à perdre la tête pour avoir blessé sa donzelle. Cependant il obtint la commutation de cette peine en un *emprisonnement* au pain et à l'eau. » (*Compte du Trésor*, N° 54.)

I. **1433**. « P. B. fut condamné à 21 jours de *prison*

pour avoir pris un pot à Ully Sumis et avoir battu la femme de ce dernier. » (*Compte du Trésor*, N° 62.)

J. **1441.** « P. J., dit d'Ependes, de Fribourg, prête serment de ne pas se venger de l'*emprisonnement* subi à Constance, pour avoir fabriqué à Bâle un faux sceau de Fribourg. » (*Recueil dipl.*, VIII, p. 154.)

K. **1446.** « G. d'A. est *emprisonné* à la *Tour Rouge*, après avoir été déposé comme avoyer pour crime de concussion. La détention dura du 20 avril au 27 du même mois, et la libération eut lieu parce qu'il obtint son pardon et qu'il promit de ne pas se venger de l'emprisonnement subi. » (*Traités et Contrats*, N° 786. — *Guillaume d'Avenches,* par Girard, p. 18-20.)

L. **1449.** « Albert, duc d'Autriche, fait arrêter les membres du Conseil de Fribourg et les emprisonne à la Tour Rouge, à la Tour du Peuplier Blanc, soit des Quatre Livres, à la Mauvaise Tour, à la prison (jagère) du Schnoly, au Belzay, à la Tour des Etangs, à la porte de Romont, au Durrenbühl et à la porte de Bourguillon. » (*Berthold*, I, p. 318. — *Girard,* p. 91.)

Pour donner quelques éclaircissements sur l'emplacement de ces différentes *tours-prisons,* l'on nous permettra d'intercaler dans cet exposé quelques recherches faites sur les trois enceintes successives de Fribourg.

Nous devons ces données à la bienveillance de M. l'abbé Joseph Wicht, historien érudit, auquel nous adressons nos plus vifs remerciements pour le bienveillant concours qu'il nous a prêté.

Recherches sur les trois enceintes successives de Fribourg.

« Avant 1179, Fribourg, comme un germe, consistait dans le château ducal, dont la maison de ville et l'hôtel du Gouvernement occupent la place, en quelques constructions rapprochées, en bien petit nombre, renfermées par un fossé au Nord, avec un pont pour le franchir, courant depuis le Tilleul jusqu'aux Merciers actuels. Un autre fossé, au haut de la Grand'Rue, avec une tour (démolie en 1467 et le fossé comblé), protégeait la demeure féodale du côté du Levant. Cette tranchée, coupée dans le roc, aboutissait d'un côté aux Rames, à peu près à l'emplacement de la maison Esseiva, de nos jours, et de l'autre se soudait au grand fossé défenseur, en face de la chapelle de Notre-Dame, vers le Nord.

« Dès 1179, peu à peu, il se bâtit sur le plateau oriental un petit bourg ou ville, baigné de trois côtés par la Sarine, qui court au pied d'un rocher à pic ayant à peu près la forme d'un fer à cheval. Cet embryon de cité était formé par la Grand'Rue, la rue des Miroirs, celle des Bouchers et des Prêtres (des Epouses, de nos jours).

« Pour l'époque, grâce à cette position à peu près unique avec ses défenses prodiguées par la nature, le petit bourg devint le premier quartier de la nouvelle ville à laquelle il donna son nom.

« Tel était l'aspect curieux et intéressant de Fribourg naissant à la fin du XIIᵉ et au commencement du XIIIᵉ siècle.

Première enceinte.

« Peu d'années après cette fondation, de nouvelles habitations se groupent au delà du fossé dit « le Pont-Muré », aux environs du bourg, sur l'emplacement de la promenade des Arbres, de la rue de Lausanne, Grand' Fontaine et rue de Morat actuelle. De même, à cette époque, des ouvriers de diverses professions, attirés par la commodité d'établissement sur les bords de la Sarine, vinrent s'établir entre cette rivière et le Stalden, sur l'emplacement du petit Saint-Jean, dont la vieille chapelle fut démolie en 1832.

« Pour protéger cette agglomération de colons et

d'artisans, Fribourg fit élever plusieurs tours défensives servant de portes. L'une, au bas du Stalden, en l'Auge, vers la fontaine de la Samaritaine, l'autre au milieu de la Grand'Fontaine, près de la buanderie; la troisième se trouvait au pied de la ruelle dite des Maçons, entre l'auberge du Soleil d'or et la maison Féguely de Vivy; la quatrième était à cheval sur la rue actuelle de Lausanne, entre le grand escalier du Collège et la rue de la Rose.

« Telle fut la première enceinte autour du bourg perché sur son arête élevée, couronnée par le donjon princier des Zähringen, œuvre achevée dans le cours du XIIIe siècle.

« Dans cette nouvelle adjonction, il se trouvait déjà 144 maisons; elles devaient avoir toutes, selon l'ordonnance du temps, 100 pieds de longueur et 60 de profondeur.

Deuxième enceinte.

« Dans la seconde moitié du XIIIe siècle (1240-1300), les deux rives de la Sarine et l'entrée du Gotteron se couvrent de nouveaux établissements ; aux pieds du redoutable castel, jusqu'à la Sarine, les maisons se groupent, se resserrent et forment bientôt un nouveau et populeux quartier, qui prend naturellement le nom de **Neuveville**.

« En 1253, pour s'attacher ces nouveaux habitants et se procurer des défenseurs intéressés, Fribourg les admet à jouir des mêmes avantages que ceux de la ville. Comme on vient de le voir, la première enceinte renfermait donc le noyau de trois nouveaux quartiers : l'Auge, les deux rues des Hôpitaux et la Neuveville. Ils reçurent toute leur extension dans les XIVe et XVe siècles. C'est de cette époque que date le prolongement des deux rues dites des Hôpitaux, l'une depuis la Tour du Grand Escalier du Collège, l'autre depuis le Petit-Paradis, ainsi que la rue de la Grand'Fontaine, jusqu'aux grands escaliers de bois et la Badenstuben, soit les Trois Suisses. Il fallait, selon

les mœurs du temps, mettre à l'abri cette prolongation
de la cité et la resserrer avec le Centre. Aussi, dans l'intervalle de l'année 1376 à 1386, fut construit un nouveau
rempart.

« Cette année-là fut bâtie la Tour forte de Jacquemart,
à droite, vers le Nord ; ce nouveau rempart courait sur
une arête défendue par un fossé, vers le Varis, descendait cette pente pour aller se souder à la Mauvaise Tour,
dite aussi « Tour de la Torture », d'où il s'avançait entre
la Préfecture actuelle et le couvent de la Visitation pour
aller expirer sur la crête d'un rocher à pic surplombant
la Sarine, au côté du Levant, en face des Neigles. Cette
enceinte fut largement entamée en 1828, pour la construction du Lycée, plus tard pour l'établissement de l'Abat-
toir, et enfin elle disparut entièrement pour faire place à
une rangée de maisons depuis l'Hôtel des Charpentiers
jusqu'au Lycée, dans le courant de notre siècle. La
Mauvaise Tour disparut dans les années 1848 et 1849.

« A gauche de Jacquemart. en sortant, là nouvelle
enceinte se prolongeait sur l'emplacement qu'occupe le
couvent des Ursulines, où se trouvait une issue à l'usage
de la rue des Hôpitaux derrière ; de là, par une construction hardie, dont la base sert d'appui au grand escalier
de bois, elle descendait jusqu'à l'entrée du Pertuis,
longeait l'ancienne maison Guidi, autrefois teinturerie,
d'où par un angle brusque elle allait rejoindre le pont de
Saint-Jean, alors en bois. Un grand bout de cette muraille
se voit encore le long de la brasserie de M. Blancpain.
Une tour disparue en 1803, à cheval sur la porte de sortie,
s'élevait en défense à peu près sur l'emplacement qu'occupe aujourd'hui la fontaine publique au bas des grands
escaliers, nommée Sylvain. Cette ligne de défense se voit
distinctement sur le grand plan de Fribourg dressé, par
ordre de l'Etat, en 1606, tel qu'il peut être étudié dans la
chambre des Pas Perdus, à côté de la salle du Grand
Conseil.

Troisième enceinte.

« La troisième enceinte, entière jusque vers l'an 1850, d'une très grande étendue, fut achevée en douze ans, c'est-à-dire de 1402 à 1414. A cette même époque, fut construit le rempart de la Maigrauge ; la Tour de la porte de Berne, reliée, par une construction qui rappelle la Muraille de la Chine, à la Tour dite des Chats, de là à celle du Durrenbühl, élevée fièrement sur une hauteur d'où elle domine toute la ville ; celle de Bourguillon avec une porte flanquée d'un pont-levis sur un fossé creusé dans le roc ; la Tour Rouge, appelée aussi celle des Faux-Monnayeurs, entre les deux ponts, avec rempart à gauche jusqu'au Gotteron, à droite jusqu'à la Sarine plus haut que le pont de bois, surgirent aussi à cette même date, 1401–1402.

« La troisième enceinte, naissant sur une pointe de rocher au-dessus de la passerelle des Neigles, soudée à la Tour massive, servant de porte vers Morat, défendue, comme celles de Romont et des Etangs, par un fort bastion, grimpait de là l'arête ardue qui aboutit sur le plateau occupé par le Pensionnat, d'où, avec un angle soutenu par une tour solide, elle allait se souder à la Tour des Etangs, appelée « Porte de Chambloz » ; de là directement reliée à la Tour angulaire, au Criblet, nommée Tour d'Henry ou des Curtils (jardins), elle venait se souder à celle de Romont. Elle continuait sa course jusqu'au-dessus des ravins inclinés vers la Mottaz ; là, formant un angle brut, elle venait enfin, en descendant et en remontant le Grabout, soit le vieux fossé de la seconde enceinte, devant les Ursulines ; elle expirait dans les bras de la grande muraille existant encore, percée pour donner l'entrée aux escaliers de bois que celle-ci supporte, appuie et protège tour à tour, dans cette descente rapide, qui rallie la basse avec la haute ville.

« Nos ancêtres, reconnaissant que cette partie du nouveau rempart était la moins fortifiée par la nature, avaient eu soin de la flanquer de temps en temps, malgré les difficultés du sol rapide et montant, de plusieurs tours solides et élevées, pour la protéger, pour y abriter les défenseurs et en faire, en cas de guerre, des dépôts d'armes et de munitions.

« Quelques-unes subsistent encore ; d'autres ont été décapitées au niveau des remparts : l'une, bien restaurée, sert à un dépôt de poudre ; la Tour Carrée fut remplacée en 1492 par le Belluart (boulevard), dépôt d'artillerie ; celle à l'angle du grand Etang, convertie en gracieuses habitations de nos jours, fut bâtie en 1413 ; la Tour Ronde de Cursilimuth, élevée en 1411 ; celle des Publos (peupliers) ou Quatre Livres, en 1412. Leurs matériaux, ainsi que ceux de la Tour dite des Rasoirs, furent employés à la construction du Pensionnat, dans le courant des années 1821 à 1828.

« Cette triple enceinte, remarquable autant par sa solidité pour l'époque que par sa pittoresque hardiesse, présentait un coup d'œil des plus curieux et des plus variés. L'étranger, fatigué par celui de la régularité de nos villes modernes, aimait à se délasser, dans cette perspective unique en son genre, de la monotonie qu'il avait rencontrée à peu près partout dans ses courses d'amateur. Hélas ! l'impuissance de ces constructions anciennes contre les progrès de l'artillerie moderne et le besoin de s'étendre au dehors ont déterminé l'édilité, poussée aussi par un esprit d'économie, à abattre ou à mutiler ces remarquables constructions qui faisaient l'orgueil et la sécurité de nos braves ancêtres. Il est bien à craindre, pour l'amateur des antiquités historiques et militaires, que les précieux restes d'une époque célèbre dans nos fastes guerriers, à l'instar des autres villes de la Suisse, ne finissent par disparaître totalement sous le souffle niveleur de notre siècle. »

Ces explications données, nous reprenons l'énumération des faits qui établiront l'application de pénalités à la fin du Moyen Age.

M. **1463.** « G. B., de Surpierre, diseur de bonne aventure ou jongleur, après 13 jours de *prison préventive,* fut condamné à être brûlé comme sorcier. » (*Trésor,* N° 121.)

N. **1503.** « J. P., de Fribourg, condamné à mort comme faux monnayeur et agracié, promet de ne jamais se venger de *l'emprisonnement* subi et d'entrer *dans un couvent de Chartreux pour expier sa faute.* »

Voilà la première mention d'un pénitencier. Ce fait est remarquable. (*Stadtsachen, B,* N° 66.)

O. **1508.** « Le bailli de Grandson exposera un jour de marché, au carcan, le parjure qui est en *prison* avec un écriteau où son crime sera indiqué. Le temps de son *emprisonnement* fini, il lui fera couper deux doigts de la main droite. Toutefois, liberté est laissée de se racheter de cette dernière peine moyennant 40 ⁱᵗ. » (*Manual,* folio 66.)

P. **1516.** « Fribourg était régi par la Kaiserliche Satzung en matière pénale. » (*Manual,* N° 34, folio 2.)

Q. **1526.** « D'après les franchises de La Roche, celui qui, dans la colère, tue un homme sera décapité ; celui qui vole pour moins de 5 sols sera fouetté, pour plus de 5 sols sera pendu ; lorsque, dans une batterie, un préposé veut imposer la paix, celui qui ne veut pas l'observer et continuera de battre sera mis dans une *prison obscure* pendant 14 jours et devra payer une amende de 7 livres au seigneur et autant aux ressortissants de La Roche ; la même peine sera infligée à celui qui rompt les sûretés sans effusion de sang ; par contre celui qui tuerait un homme après avoir rompu les sûretés, sera décapité. En sortant de *prison,* le prisonnier payera 3 sols de Lausanne au mettral qui était le geôlier. Si le mettral laisse évader un prisonnier par dol, il subira la peine à laquelle ce prisonnier aurait été condamné ; toutefois la grâce du seigneur est réservée. » (*M. D. R.,* XXVII, p. 118.)

R. **1541.** « Introduction de la Caroline dans le canton de Fribourg, édictée par Charles-Quint en 1532. Ce code, auquel soit rapport pour les peines qu'entraine chaque crime et délit en particulier, prévoit la *prison préventive* de l'accusé et quelquefois de l'accusateur avant qu'il ait donné caution ; il prévoit aussi la *prison perpétuelle*, art. 101 et 196, mais non les maisons pénitentiaires. » (*Bibliothèque économique, C*, N° 97 *a.*)

S. **1562.** « Le Coutumier de Vaud, rédigé et publié par Quisard, et en vigueur dans les bailliages et les villes de Romont, Rue, Châtel-Saint-Denis, Vuippens, Farvagny, Montagny, Surpierre, Attalens, Vaulruz, Vuissens, Saint-Aubin, Vuadens, Prévondavaux, Delley, Vallon et Portalban, consacre, au chap. III du Titre III, quelques dispositions concernant les *prisons.* Il y avait trois espèces de prisons : la *prison perpétuelle* réservée à certains cas de crimes, la *prison préventive* ou prison de garde, et la *prison compulsatoire.* Voici du reste l'art. 1ᵉʳ de ce chapitre : « La prison est donnée par bonne coutume à troys fins ou soit icelle peult en troys espèces ou modes estre exercée : premièrement en fin et forme de punition des délincquants ayant aucun d'iceux commit acte qu'elle méritast punition coutumière de prison pour sa peyne qu'elle est pareillement perpétuelle ou à temps, assavoir, perpétuelle comme au cas de crime commis, confessé et vérifié, duquel le forfait ou démérite fut d'estre aulcun détenu en prison perpétuelle, etc. » (*Bibliothèque économique, C*, N° 632, p. 64.)

T. **1600.** « La Municipale de Fribourg, mise définitivement en vigueur, prescrit dans son art. 320 que ceux qui sont condamnés aux *prisons perpétuelles* ne sont pas francs, c'est-à-dire ne jouissent pas de leurs droits civils, et dans son art. 338, qu'ils ne peuvent pas être institués héritiers. » (*Municipale.*)

U. **1617.** « Guillaume Käpffer demande au Conseil de Fribourg, que son fils Albert soit mis au *Schallenwerk*

et s'offre à payer les frais. Le Conseil décide *d'emprison-*
ner ce fils aux frais du père, d'interroger celui-ci sur la
conduite de son fils, etc. » (*Manual*, N° 168.)

C'est donc ici la première mention de l'existence du
Schallenwerk, soit de l'œuvre des sonnettes. L'ouvrage,
considéré comme ignominieux ou infâme, consistait à
ramasser les immondices des rues, surtout les excréments
des animaux. Les sonnettes étaient agitées pour avertir
les habitants des maisons, du passage de ces balayeurs
de rues.

V. 1620. « Le Conseil de Fribourg s'occupe du Burgerwerk et du Schallenwerk. Il est décidé d'employer le
Burgerwerk près de l'Etang, d'y préposer des surveillants. . . . .

On examinera aussi comment *on pourra établir le*
Schallenwerk. » (*Manual*, N° 171.)

X. 1647. « Le Conseil de Fribourg impose aux bannerets la charge de nous débarrasser des mendiants étrangers, et, reconnaissant que le Schallenwerk serait le
meilleur moyen d'atteindre ce but, il les invite à élaborer
un projet de règlement. » (*Manual*, N° 198.)

Y. 1649. « Le Gouvernement de Zurich informe celui
de Fribourg que, pour parvenir à l'expulsion de tous les
mendiants, fainéants, gueux, dont le nombre s'accroît de
jour en jour d'une manière inquiétante depuis la fin de la
guerre de Trente-Ans et la conclusion de la paix de West-
phalie (24 octobre 1648), il est nécessaire de purger le
pays et d'organiser une chasse générale de toute cette
canaille, les 11, 12 et 13 juin de l'ancien calendrier.
Messeigneurs de Fribourg veulent aussi arriver à la suppression de tous les mendiants, tant étrangers qu'indigènes, qui peuvent travailler : ils veulent les punir du
Schallenwerk.

En conséquence il charge les bannerets de faire tous
leurs efforts pour arriver à ce but et d'organiser les
moyens d'y parvenir. Quant à la chasse des gueux, on

publiera des mandats, et quant à l'établissement du Schallenwerk, Messieurs François Gottrau, Pierre Reyff, le capitaine Gady, Simon Meyer et les bannerets François-Antoine Von-der-Weid, Michel Possard, François Lanther et Joss Pithon sont chargés par le Conseil de rechercher les voies et moyens pour organiser cet établissement. » (*Manual*, Nº 200. — *Mandatbuch*, Nº 5, p. 8.)

Il paraît donc ou plutôt il est maintenant certain que ce premier établissement du Schallenwerk était destiné aux vagabonds, aux gueux, c'est-à-dire au vagabondage et à la mendicité, délits qui n'étaient prévus ni par la Caroline, ni par nos coutumiers. Le Schallenwerk, qui est traité de vilain labeur, est réservé aux mendiants étrangers qui ne veulent pas sortir du pays et aux mendiants indigènes qui ne veulent pas travailler.

Z. **1650.** « Sur la proposition des bannerets et de la Chambre secrète, le Grand Conseil décide l'établissement d'un Schallenwerk permanent ; il sera établi un *modus vivendi*, soit un règlement et un surveillant. Une commission, composée du trésorier, des bannerets, du Directeur de l'Hôpital et de l'Intendant, cherchera les moyens de nourrir et d'entretenir ce monde et fera rapport pour la Saint-Jean. » (*Manual*, Nº 200.)

A. a. **1652.** « Le Conseil décide de mettre un homme au Schallenwerk, de créer cet établissement et d'aviser à l'entretien des détenus. A cet effet, une nouvelle commission est nommée. » (*Manual*, Nº 203.)

B. b. « Le règlement élaboré pour le Schallenwerk sera confirmé ; mais M. le Chancelier est chargé de le revoir.

N. B. Ce règlement n'est ni dans le Manual, ni dans le Mandatbuch, ni dans le Rathserkanntnussbuch. » (*Idem.*)

C. c. **1657.** « Le Recteur de l'Hôpital demande au Conseil où l'on prendra la nourriture de ceux qui sont au Schallenwerk ; il craint que l'Hôpital n'ait une charge trop lourde, surtout dans le cas où le nombre des détenus sera considérable. Le Conseil décide que, jusqu'à nouvel ordre, l'Hôpital fournira l'entretien convenable, moyennant indemnité. » (*Manual*, N° 208.)

D. d. 1667. « Ordre donné au geôlier de Jacquemart de ne plus tolérer des beuveries et des cris dans les prisons quand les prisonniers reçoivent des visites. » (*Mandatbuch*, N° 5, p. 212.)

D'après les renseignements ci-dessus, il est à présumer que la Tour de Jacquemart a été la première maison pénitentiaire. Aussi nos lecteurs nous permettront de leur donner une description de ce monument, lequel, pendant très longtemps, n'a renfermé dans ses murs que les individus condamnés pour vagabondage et mendicité. Plus tard, seulement, on y interna les individus condamnés pour crimes, vols et autres délits.

Jacquemart.

« Cette tour massive, élevée, à cheval sur la porte appelée la Grande Porte, dans la deuxième enceinte, était d'une construction originale. Elle avait deux faces d'un style différent : celle du côté de la rue de Lausanne était percée de quatre rangées de fenêtres jumelles, donnant jour aux nombreuses prisons qu'elle renfermait. La face du côté du couchant (les Places) avait un aspect militaire : on y voyait, sous le toit, une rangée de meurtrières régulières, éclairant le corridor intérieur ; elles faisaient suite à celles des deux remparts, dont l'un venait de la Mauvaise Tour, rue de Morat, et l'autre se prolongeait jusqu'aux grands escaliers de bois, en faisant l'angle sur le cimetière de Saint-Pierre, supprimé en 1878.

« Un cadran immense, indiquant les 24 heures consécutives, entouré de peintures symboliques, occupait le centre de cette façade. Au milieu de cet indicateur unique dans son genre, se voyait un soleil avec ses rayons flamboyants. Jadis, deux yeux énormes se mouvaient à droite et à gauche, en même temps qu'à chaque va-et-vient du gros balancier, une langue énorme sortait et rentrait en cadence. Cette vue presque effrayante ayant fait tomber en syncope une femme enceinte, l'édilité fit enlever de leurs orbites les deux yeux et la langue de cette bouche béante.

« L'horloge continua à marcher jusqu'au jour de la démolition de ce donjon, entre 1852 et 1853. Sous ce monstrueux cadran, se voyait couché, le coude appuyé sur un boulet, le sabre à ses côtés, un guerrier, en costume du XVe siècle. Au-dessus du toit, terminé en pointe, était un cabinet porté par quatre colonnes massives, surmonté par une flèche que couronnait la banderole aux armoiries de la ville. Dans ce cabinet était, disait-on, le boulet qui avait tué le commandant des troupes bernoises (1386), d'autres disent savoyardes, assiégeant en vain notre cité de ce côté. Le soldat couché devait représenter cet infortuné capitaine, mais on n'a jamais pu arriver à une connaissance certaine de l'identité de ce personnage historique.

« Dans les temps primitifs, un large fossé, surmonté d'un pont-levis, défendait l'approche de cette redoute qui, comme le **carcere duro**, a entendu tant de soupirs et a vu couler tant de larmes ; car, c'est de son enceinte que sortaient, pour aller au supplice, après avoir entendu lire leur sentence irrévocable (du haut du balcon de l'Hôtel de Fribourg aujourd'hui), les malheureux condamnés à mourir sur l'échafaud, situé sur la hauteur du **Guintzet**, hors de la porte des Etangs.

« La maison du geôlier était attenante à cette tour et lui servait d'entrée. Elle ne laissait qu'un étroit passage entre elle et le couvent des Ursulines. Lorsque les soldats français logés (1798) aux Ursulines eurent mis le feu à ce couvent, on entendit les prisonniers, craignant d'être brûlés vivants dans leurs cachots, pousser des cris lamentables pour rappeler leur souvenir à la foule accourue.

« Sur le haut de cette tour, appelée Jacquemart, du

nom, dit-on, de son architecte, d'autres disent de celui du guerrier couché sur le boulet, dans le cabinet, était placée une cloche d'un fort calibre et d'une résonnance majestueuse. Elle fut prise à la tour de Saint-Nicolas, vers la fin du xvie siècle, pour être juchée à cette hauteur et donner les heures à ce quartier. Le Conseil fit une reconnaissance au chapitre de Saint-Nicolas, par laquelle il s'engageait à rendre cette cloche (3me, dont la place se voit encore à côté de la 2me, appelée Catherine), ou à en payer le prix, si jamais la tour venait à être supprimée. Cette démolition si avantageuse à la rue de Lausanne, à laquelle elle valut un grand jour et une salubrité désirée depuis longtemps, eut lieu en 1852.

« La cloche fut descendue, mais, malgré les réclamations des chanoines et tous leurs droits reconnus par un titre en due forme, cette belle pièce prit forcément la route de Vevey, où elle disparut à jamais dans les fourneaux de M. Treboux, fondeur, sans dédommagement aucun pour le vénérable Chapitre.

« C'était alors le règne de l'arbitraire et du plus fort ! A en juger par sa mâle sonorité, la note de cette cloche, à peu près égale à la 2me existante, devait admirablement s'harmoniser avec celle de ses sœurs et en compléter le diapason.

« Pendant son existence de quatre siècles et demi, Jacquemart a vu bien des événements; son répertoire se termine par l'épisode sanglant du 22 mars 1851, déroulé à ses pieds. L'année suivante le pic et le marteau firent disparaître ce monument riche en souvenirs de toute nature, au grand contentement de tous ses voisins enfin rendus aux chaudes effluves du soleil. »

E. e. **1714.** « Le Conseil de Fribourg désirant établir un *Schallenwerk* pour ceux qui y sont condamnés et pour les fainéants qui sont à la charge de la ville et de la campagne et qui peuvent travailler, établissement dans lequel ils pourraient être employés à toutes espèces de *travaux publics,* nomme une commission chargée de voir comment on pourrait créer et organiser cette institution. » (*Manual,* N° 265, p. 582.)

F. f. **1725.** « Le Conseil de Fribourg donne ordre à l'Intendant des bâtiments de faire un projet pour l'établissement d'un Schallenwerk. On donne copie à l'Intendant soit Edile, de la décision qui est ténorisée ci-dessus. » (*Manual,* N° 276, p. 642.)

G. g. **1733.** « Le Grand Conseil nomme une commission composée de MM. Schrötter, Küenlin, Weck, conseillers ; Gottrau, de Forel, des Soixante ; Gottrau, Montenach (des Deux cents), avec Jean-Jacques Von-der-Weid comme secrétaire, pour s'occuper de *l'établissement du Schallenwerk* et faire rapport avant Noël. » (*Manual,* N° 284, p. 428.)

H. h. **1737.** « Le Conseil décide que l'Inspecteur du Schallenwerk, pour pouvoir mieux le surveiller, déjeunera à l'Hôpital. » (*Manual,* N° 288, p. 216.)

Cette décision semblerait prouver que le Schallenwerk était encore une dépendance de l'Hôpital qui avait été transféré de la place des Ormeaux d'aujourd'hui sur les Places.

I. i. **1747.** « Le Conseil de Fribourg, s'occupant de la *construction de la maison du Schallenwerk et du pénitencier,* donne ordre au trésorier et à l'Intendant des bâtiments de rechercher un lieu convenable où cet établissement pourrait être érigé, afin que l'on puisse mettre immédiatement la main à l'œuvre et que le *règlement relatif au Schallenwerk* (de 1734) puisse être exécuté. » (*Manual,* N° 298, p. 153.)

J. j. **1751.** « La Commission relate au Grand Conseil que, dans toute la ville, il n'y a pas d'emplacement plus convenable pour *l'établissement et la construction d'un Schallenwerk* que dans le Boulevard, qu'il a été dressé un plan avec devis de ce bâtiment, et qu'elle s'en remet à la décision de Leurs Excellences pour savoir si on veut confier cet ouvrage à des maîtres d'état pour 500 écus bons ou aux ouvriers du Hof. — Le Grand Conseil accepte la place proposée, mais afin que cette entreprise soit bien conduite, il renvoie le tout à la même Commission, afin qu'elle voie comment le bâtiment pourrait être élevé et comment l'intérieur, c'est-à-dire la discipline, pourrait être organisé. » (*Manual,* N° 302, p. 303.)

K. k. **1757.** *Règlement du nouveau Schallenwerk à établir.*

PRÉAMBULE

« Il est connu de chacun et prouvé par l'expérience journalière qu'un très grand nombre d'habitants de la ville et de la campagne vivent dans la fainéantise et la mendicité, quoiqu'en raison de leur force et de leur santé ils pourraient très bien se sustenter eux et leur famille. De cet état de choses découlent toutes espèces de mauvais fruits, tels que brigandages, vols, meurtres, incendies, immoralités et autres vices qui sont d'énormes péchés et causent de grands scandales, finissant par attirer le courroux et la vengeance de Dieu. Pour remédier à cette vie oisive et pernicieuse, il n'y a pas de meilleur moyen à prendre que d'établir une *maison de réclusion ou de correction* (Zuchthaus), ou un Schallenwerk dans lequel les jeunes gens pourraient être astreints à la discipline, les déréglés à la crainte et au respect, les débauchés à la pudeur et les paresseux au travail. Dans cette maison *pourraient* aussi être enfermées les personnes criminelles auxquelles, par certaines considérations, la vie pourrait être laissée.

« Dans la création de cet établissement, il est nécessaire de considérer cinq points principaux, savoir : 1° l'habitation et l'emplacement du Schallenwerk ; 2° la

distinction des personnes condamnées au Schallenwerk;
3° leur entretien; 4° les travaux à faire; 5° la discipline
à observer.

I

« Concernant le premier point soit l'habitation, il est
nécessaire de construire un bâtiment particulier avec
toutes les dépendances et aisances nécessaires pour lequel un emplacement convenable sera désigné, un plan
avec devis dressé et l'édifice sera partagé de manière que
la distribution suivante sera observée.

Le rez-de-chaussée est destiné à l'habitation du Directeur de la maison. La cuisine et le four seront voûtés.
Une chambre sera réservée au service et au pain, un
emplacement pour un moulin et une grande roue.

Le premier étage sera divisé en deux parties avec
escaliers séparés, destinées à séparer les hommes des
femmes et où chaque classe aura sa chambre ou salle
avec fourneaux et privés et sera enfermée avec serrure.

Le second étage comprendra des chambres de précaution, deux chambres ou magasin d'habillement, une
petite chambre d'inspection pour le prévôt ou gardien
qui sera de semaine, de telle manière qu'au moyen de
soupiraux, il puisse tout entendre dans les chambres
habitées.

II

« Relativement à la classification des personnes condamnées au Schallenwerk, celles-ci seront partagées en
trois classes, conséquemment en trois salles.

La première classe sera formée des criminels condamnés à la peine de mort et dont la peine capitale aura été
commuée en une réclusion perpétuelle avec collier et
chaînes de fer aux pieds.

La seconde comprendra les criminels moins coupables,
mais tachés cependant d'infamie, avec collier seul.

La troisième comprendra ceux qui ne sont pas criminels et non notés d'infamie; ils sont là pour l'exemple,
attachés sans collier, deux à deux, avec des liens aux
pieds, à la charrette (schapkarren).

III

« Ce point relatif à l'entretien est divisé en deux parties, la nourriture et l'habillement :

a) La nourriture n'est pas destinée à bien entretenir les
détenus, mais à leur procurer les forces suffisantes pour
vivre et travailler. Un demi-pain et deux pots de soupe
ou bouillie par jour, etc. ;

b) L'habillement consistera pour les hommes en 2 paires
de souliers, 2 chemises, 2 paires de pantalons, 2 paires
de bas, toutes les années, 1 habit et camisole tous les
deux ans; pour les femmes, 1 jupon, 1 tablier, 2 chemises,
2 paires de bas, toutes les années, 3 paires de souliers,
1 taille, 2 demi-mouchoirs de cou tous les deux ans.

IV

« Les travaux seront ceux qui sont imposés à l'édile,
soit à l'Intendant pour l'Etat et la capitale, comme par
exemple : l'entretien des routes dans la banlieue, le net-
toyage des rues en ville, le coupage du bois au Hof, les
travaux dans les carrières. Les femmes qui ne sont pas
assez fortes pour travailler dans les carrières ou sur les
routes et rues, seront occupées à filer et à coudre à la
maison. Le travail durera de 10 à 11 heures en été, de
8 à 9 heures en hiver.

V

« Concernant la discipline. Afin que ces gens d'ordinaire turbulents et intraitables puissent être maintenus
dans l'obéissance et la discipline, il faut exiger une puni-

tion de toutes les fautes. Dans ce but, il sera établi un cachot où ils seront punis et châtiés avec des coups. Pour les entretenir dans la crainte de Dieu, ils prieront tous les soirs le chapelet, iront 4 fois par an à confesse et assisteront tous les dimanches et jours de fête à la messe et au catéchisme.

Pour l'exécution de cet article en particulier, il y aura un directeur, qui sera l'édile, et des gardiens.

Devoirs du haut directeur, de l'Inspecteur, du directeur de la maison, des 4 prévôts ou gardiens, etc.

Etat de ce que coûteront les habillements et la nourriture d'un détenu : total, 31 écus bons, 20 batzen, 1 cruche. La direction coûtera par an 180 écus bons, 7 batzen, etc.

Considérations ultérieures sur les cinq points de ce règlement.

VI

« L'expérience ayant prouvé que le Schallenhaus devrait être placé près du Hof, il y a lieu de renoncer à l'idée de l'établir au boulevard, mais bien, près du Hof, où l'on trouvera des places convenables. Toutefois, comme l'Etat est surchargé de constructions, il faut, pour le moment, se contenter de la maison actuelle. » (*Rathserkanntnüsbuch*, N° 33, p. 8 et suivantes.)

L. l. **1757.** « Le Grand Conseil décide d'affecter à l'établissement de la *Maison de force ou Schallenwerk*, la maison qui servait d'habitation au maître des ouvriers charpentiers, nommé Jungo, qui est décédé, et de payer, au maître qui le remplacera, ses journées, à raison de 6 batzen au lieu de 5, en compensation de la perte de cette maison et du jardin. » (*Manual*, N° 308, p. 333.)

Après avoir retracé aussi fidèlement que possible l'existence de la prison répressive, à partir du milieu du XVI° siècle, il nous reste, pour résoudre la première question du chap. 1ᵉʳ de notre travail, à placer sous les yeux de nos lecteurs une statistique comprenant les différentes condamnations prononcées contre l'individu qui se rendait coupable de crime ou de délit.

Il ne nous sera point difficile de faire comprendre qu'avec une législation aussi sévère et terrible que celle dont nous avons constaté l'existence, depuis la fondation de la ville de Fribourg jusqu'à l'introduction dans le canton (1541) de la Caroline édictée par Charles-Quint en 1532, la présence d'une maison pénitentiaire n'avait pas sa raison d'être, puisque même les vagabonds et les mendiants étaient envoyés aux galères, jusque dans le courant du xvi° siècle.

En 1249, la peine capitale était prononcée pour l'homicide et le vol en récidive. Les coupables étaient pendus. Les peines corporelles étaient infligées, d'une manière barbare, pour le vol en première faute et la violence contre les bourgeois ;

Le tapage dans les foires et marchés était puni du bannissement ;

Les amendes soit peines pécuniaires étaient imposées pour disputes et menaces, atteintes à la propriété, bris de clôture, violation de domicile et fraude sur les marchandises ;

L'usurier était incarcéré préventivement et ses biens confisqués.

D'après la charte de Moudon qui a servi d'origine aux coutumiers de Vaud, d'Estavayer, de Gruyères, etc., le seigneur était autorisé à mettre à mort les homicides, les voleurs et les traîtres, et à confisquer leurs biens. Les autres crimes et délits aboutissaient à une condamnation pécuniaire.

Ces coutumiers ont force de loi en 1285. Vaulruz les admet en 1321 ; Romont en 1328 ; Châtel-Saint-Denis en 1336. Corbière les reçoit d'Amédée VII, comte de Savoie, en 1390.

Le 25 mars 1378, un voleur de toile et de rite est condamné à être pendu. Mais, à la considération du temps du Carême dans lequel on se trouve et à la prière des bonnes Dames, on se contente de lui couper les oreilles. Il déclare en conséquence qu'il devient bourreau de Fribourg et qu'il restera au service de la ville. S'il cherche à fuir ou refuse de faire son office, il consent à ce qu'on le pende haut et court. (*Recueil dipl.*, IV, p. 93.)

En 1409, on pend à Fribourg un homme qui a volé 100 florins. (*Compte des Trésoriers.*)

En 1413, un Liégois est brûlé pour sodomie. Le cadavre d'un suicidé qui s'était noyé est condamné à être jeté dans la Sarine par la main du bourreau. (*Idem.*)

En 1433, on tranche la tête à un voleur et à un homicide. (*Idem.*)

En 1438, un coupeur de bourses, étranger, qui a volé des poules, est condamné à la décapitation. (*Idem.*)

En 1439, on commence à brûler les sorcières. (*Idem.*)

En 1447, un homme s'étant suicidé en se coupant la gorge, est mis par le bourreau dans un tonneau et jeté à la Sarine. Un autre est condamné à être écartelé et ses membres pendus à cinq colonnes plantées devant les cinq portes de la ville. (*Idem*, N° 89.)

En 1448, un paysan, François B., espion de Guillaume d'Avenches, est écartelé pour crime de trahison. (*Idem*, N° 91.)

En 1450, on commence à appliquer la torture.

En 1451, trois assassins sont roués et exposés sur trois roues. On les avait fait traîner par des chevaux au lieu des supplices. Deux voleurs ont la tête tranchée. (*Idem*, N° 97.)

Le 28 février 1453, on modifie l'ordonnance du 7 décembre 1432, en ce sens que le blasphémateur sera condamné à payer 5 sols et plus à la Fabrique de Saint-Nicolas. (*Recueil dipl.*, VIII, p. 21.)

En 1454, on brûle deux sorcières, et en 1457 on pend un voleur qui a été trois jours en prison. (*Trésoriers*, N° 104 et 109.)

En 1458, on fait pendre un homme qui faisait le devin, mais qui au lieu d'être un sorcier s'est trouvé être un voleur... On décapite un faussaire... On fustige un jeune homme qui avait volé. (*Trésoriers*, N° 111.)

En 1460, on décapite Antoine de Salixeit pour crime de félonie et on fait grâce de la vie, le jour même fixé pour son exécution, à la maîtresse du bordel, nommée Elise de Würtzbourg, qui avait été condamnée à être noyée. (*Idem*, N° 115.)

En 1461, une prétendue sorcière d'Ueberstorf est conduite sur un char jusqu'à la Sarine, mise dans un tonneau et jetée à l'eau. (*Idem*, N° 118.)

En 1463, G. B., de Surpierre, diseur de bonne aventure ou jongleur, est condamné à être brûlé comme sorcier. (*Idem*, N° 121.)

En 1466, l'ancien chancelier Jacques Cudrefin, qui, en 1464, avait été déclaré lépreux, est exécuté ; il n'est pas dit pourquoi pour la mémoire de cet ancien magistrat. On présume que c'est pour s'être suicidé, car ce crime n'était jamais pardonné, pas même aux fous. (*Idem*, N° 128.)

En 1473, deux Italiens sont condamnés à être noyés pour avoir apporté de faux cruches. (*Idem*, N° 141.)

En 1476, la décapitation est déclarée être la peine du transfuge. (*Idem*, N° 147.)

En 1480, on décapite un homicide. On met au carcan un homme qui avait volé des draps de lit, et un enfant qui était déjà coupeur de bourse... Un homme est pendu pour avoir volé 4 calices. (*Idem*, N° 155.)

En 1481, une veuve de Heitenried qui avait incendié deux maisons fut condamnée à être brûlée. (*Idem*, N° 157.)

Péter Jutzeller, qui avait assassiné l'aubergiste de Planfayon, est, sous daté du 21 mars 1504, condamné :

1° A éviter les parents de sa victime jusqu'au troisième degré, et 2° à fonder pour le repos de son âme une lampe dans l'église de Guggisberg (dont Planfayon relevait alors). (*Stadtsachen*, A, N° 329.)

Le 8 mars 1520, une femme est enfermée dans un sac, jetée et noyée dans le Petit Etang pour avoir étouffé dans un fumier l'enfant qu'elle avait eu de son père. La première sentence portait qu'elle serait enterrée vivante. (*Trésoriers,* N° 235.)

En 1541, introduction de la Caroline.

Pour donner une idée de ce que fut la Caroline, nous ne pouvons mieux faire que de reproduire un extrait du rapport de M. le Juge Correvon, présenté en novembre 1885 au Congrès pénitentiaire international de Rome.

« La Caroline ou code criminel de l'empire d'Allemagne est un édit qui renferme plusieurs décrets rendus par l'empereur Charles-Quint, dans la diète d'Augsbourg, en 1532, sur les instances et avec l'approbation des Etats de l'Empire, pour réformer plusieurs abus qui s'étaient glissés dans l'administration de la justice criminelle.

« Cette loi, qui fut appliquée dans le vaste empire du souverain qui lui donna son nom, ne tarda pas à être adoptée même par des pays qui ne faisaient plus partie de l'Empire. Plusieurs cantons suisses l'admirent comme loi applicable sur leur territoire, et elle resta même, plus ou moins, en vigueur dans les cantons de Neuchâtel et de Fribourg jusque vers 1830. Ce code a été également, jusqu'en 1827, la loi de droit criminel et de procédure appliquée dans tous les régiments suisses capitulés sans exception, même en France. Il est donc certainement peu de lois qui aient régi un si vaste territoire et dont l'influence se soit fait sentir aussi longtemps, même dans notre pays. . . . .

« Une première chose frappe en étudiant ce code, c'est la manière dont le sujet est exposé, son caractère scientifique. . . . .

« Mais lorsque nous voyons les peines prévues par le code, notre impression est autre. Que nous sommes loin de l'époque où les peuplades germaines n'admettaient pas qu'il pût être porté atteinte à la vie, à la personne et à la dignité du guerrier libre de la tribu et faisaient expier les crimes commis par lui par des amendes, des compositions, sauf dans des cas très exceptionnels !

« La Caroline prévoit, au contraire, des peines terribles. A part les délits décidément peu graves punis par la mutilation, la fustigation, le carcan, la marque, le bannissement ou l'amende, c'est la peine de mort qui est prononcée, et la gravité du crime est indiquée essentiellement par le genre de mort que l'on fait subir au condamné. Tout ce que l'imagination peut rêver de plus horrible en fait de supplice est réalisé dans ce code. Celui qui soustrait le ciboire, le faux monnayeur, l'incendiaire, celui qui commet un inceste ou un crime contre nature, sont brûlés vifs. Celui qui trahit son souverain est traîné sur la claie, tenaillé ou écartelé. L'empoisonneur meurt sur la roue, ou est conduit sur la claie au lieu du supplice pour être tenaillé, avant l'exécution à mort, avec des fers ardents. La femme qui commet un infanticide est enterrée vive ou périt à coups de pieux, ou elle est noyée. Celui qui procure la stérilité à une femme est décapité. Le vol avec effraction, ou escalade, ou avec armes, est puni de la strangulation ou de la privation de la vue ou de l'amputation de la main. C'est cette dernière peine qui atteint les parjures, à moins que ce délit, par sa gravité, n'entraîne la décapitation. Le vol portant sur une somme supérieure à 5 ducats, ou en récidive, est puni de la décapitation ou par le gibet, etc. Enfin, toute condamnation à mort entraîne la confiscation générale des biens, car « qui a corps, a biens. »

« L'on se demandera sans doute comment un code prévoyant des peines pareilles a pu être en vigueur pendant des siècles et même pendant le xixᵉ siècle. Mais ce fait s'explique. La Caroline, tout en indiquant les épouvantables peines que nous venons de mentionner, laissait une certaine latitude au juge. Elle admettait que des délits, même très graves, pouvaient être commis dans

des circonstances qui en diminuaient l'atrocité, et pré-
voyait, à côté des peines principales, une pénalité moins
rude. En outre, dans la plupart des cas, ce code criminel
ordonnait aux juges de soumettre l'enquête aux gens de
loi, c'est-à-dire à des hommes réputés par leur science
du droit, ainsi aux professeurs des universités, pour
donner leur avis éclairé sur la cause. Il arriva donc que,
sous l'influence de mœurs moins rudes et d'idées plus
humanitaires, les hommes de loi ne conseillèrent plus
les peines les plus horribles, qui finirent par tomber en
désuétude et furent remplacées par des pénalités plus en
rapport avec l'esprit de l'époque. Mais il resta de ce code
des directions très remarquables pour le Juge et des dis-
tinctions des divers délits qui peuvent encore être con-
sultées avec quelque intérêt. L'on comprend que, dans
ces circonstances, la Caroline ait pu subsister jusqu'au
moment où, grâce aux écrits des philosophes du
xviiie siècle et au mouvement humanitaire qui honore
notre siècle, les peines prévues par la Caroline, même
les plus douces, furent abolies pour être remplacées
presque exclusivement par la peine que nous estimons
être la peine par excellence, c'est-à-dire, la réclusion. »

Voici cependant quelques condamnations mémorables,
prononcées, en dehors de la réclusion, depuis la mise en
vigueur de la Caroline, condamnations que nous reproduisons par ordre chronologique :

Antoine Porro, coupeur de bourses, est condamné aux
galères, le 12 août 1697. (*Missival,* N° 49, p. 481, 482.)

Le 10 octobre 1711, Abraham Dauriaux est condamné
aux galères et à y être enchaîné sa vie durant. Il n'est pas
dit le crime qu'il avait commis. (*Idem,* N^o51, p. 317, 318.)

Le 25 octobre 1754, Jacques S., de la Roche, est condamné aux galères à vie pour nombreux vols. (*Idem,*
N° 59, p. 341, 342.)

Le 14 février 1761, Antoine M., de Vuisternens, homme
fort, âgé de trente-cinq ans, est condamné à 101 ans de

galères, pour vol et brigandage commis sur la grand'route. (*Idem,* N° 61, p. 21.)

Le 27 juillet 1774, Jean Simon B., âgé de trente-huit ans, très fort, est condamné à 35 ans de galères comme voleur dangereux et incorrigible. (*Idem,* N° 64, p. 198.)

Jean W., âgé de vingt-quatre ans, est condamné aux galères sa vie durant. Il n'est pas dit pourquoi. Le 18 juillet 1778. (*Idem,* N° 65, p. 235.)

Compromis dans la révolution de Chenaux, Rossier Henry, Chappuis Pierre, et Sudan Jean-Jacques sont condamnés à 101 ans de galères ; Huguenot François, à 35 ans, le 21 juin 1781. (*Manual,* N° 332, p. 391, 392.)

Il serait superflu d'établir des commentaires sur la législation pénale qui a précédé l'établissement de nos pénitenciers ; la nomenclature qui précède indique, mieux que nous ne pourrions le faire, la rigueur du châtiment infligé aux malheureux qui avaient la témérité d'entrer en conflit avec la société du Moyen Age.

A mesure que nous nous rapprochons de l'époque moderne, les peines prononcées par le Code greffé sur la Caroline reçoivent une application moins rigoureuse et en même temps plus humaine ; car, nous possédons un pénitencier depuis le 25 août 1757, destiné d'abord à ceux des condamnés qu'on n'envoyait pas aux galères, et ensuite à toutes les catégories de détenus. depuis la suppression des galères en juillet 1790, jusqu'en février 1819, soit jusqu'à leur séparation en criminels et correctionnels qui a amené l'érection des deux pénitenciers actuels.

A la suite de l'Acte de Médiation, le premier consul Bonaparte dota la Suisse du Code pénal helvétique dont plusieurs dispositions rentrent dans le cadre de cette étude.

Par son art. 65, la Constitution helvétique créa, pour la Suisse, un Tribunal suprême jugeant en dernier ressort les causes criminelles qui emportaient la peine de mort ou des peines privatives de liberté pour 10 ans au plus. Les tribunaux supérieurs des cantons jugeaient en première instance les affaires criminelles qui pouvaient être soumises, par appel, à la Cour suprême, et en dernier ressort les autres causes criminelles. Devant ce Tribunal, la peine de mort ne pouvait être prononcée qu'à la majorité des deux tiers des suffrages.

Le Code pénal helvétique n'était que la reproduction presque littérale du Code français. Les seules modifications introduites furent le retranchement de 3 articles et l'adjonction d'un titre additionnel. Celui-ci contenait 4 articles destinés à accentuer certaines dispositions qui résultaient du Code de 1791.

Le 1er statuait que les peines prononcées devaient être égales, quels que fussent le rang et l'état des condamnés; le 2e que, les crimes étant personnels, le supplice d'un coupable et les condamnations infamantes n'imprimaient aucune flétrissure à la famille; le 3e déclarait que la confiscation des biens des condamnés ne pouvait être permise dans aucun cas; le 4e, que le corps du supplicié devait être livré à sa famille si elle le demandait et que, dans tous les cas, il devait être admis à la sépulture ordinaire, aucune mention dans le registre ne devant être faite du genre de mort.

En vertu de ce code, la peine de mort était prononcée pour les attentats graves contre la sûreté extérieure ou intérieure de l'Etat, contre les incendiaires dans les cas graves, les assassins, les empoisonneurs, pour violences graves avec préméditation, pour crime de castration, pour faux témoignage lorsqu'il a entraîné la condamnation à mort.

Tous les autres crimes sont punis par les fers, la *réclusion*, la *gêne*, la *détention*, le bannissement et le carcan.

Les peines privatives de la liberté sont prononcées pour un temps qui ne dépasse pas 24 ans et qui n'est pas moindre de 2 ans, suivant la gravité du crime.

Les condamnés en vertu du Code sont, du reste, déchus de tous les droits attachés à leur qualité de citoyens actifs, et ils ne peuvent être rétablis dans ces droits qu'en suite de formalités rigoureuses pour la réhabilitation.

Ce code supposait toujours l'intensité totale du délit et la pleine liberté d'action ; il ne laissait pas au juge la faculté d'avoir égard aux circonstances atténuantes.

Mus par cette considération, les Conseils législatifs décidèrent que les peines fixées par le Code devaient être considérées comme un maximum que le juge, dans certains cas, était en droit de diminuer.

Des ordonnances plus récentes vinrent modifier ou tempérer les dispositions de ce code qui, dans l'ensemble, fut mis en vigueur jusqu'en 1830.

La division politique de notre canton en arrondissements judiciaires ne nous permet plus de puiser aux sources indiquées des exemples mémorables et des cas particuliers. Du reste, à mesure que nous nous approchons de l'époque contemporaine, la délicatesse nous impose une grande réserve. Enfin, une lacune, puisqu'il faut la signaler, nous empêche de connaître l'effectif et la situation individuelle des contrevenants aux lois qui ont été enfermés dans nos maisons de réclusion et de détention jusqu'en 1852. L'indifférence qui caractérise le commencement de ce siècle nous a privés de renseignements documentaires, et nous passons sans transition des annales judiciaires que nous avons citées à celles de nos jours.

C'est afin de nous éviter à nous-même ce reproche de négligence que nous entreprenons de faire connaître au public les fluctuations des détenus depuis cette dernière date, ainsi que leur situation morale et matérielle.

S'il est vrai de dire que chaque époque de l'histoire des nations présente aux peuples une somme d'avantages et d'inconvénients qui se font contrepoids, il faut constater aussi que les progrès réalisés dans la répression n'ont pas été tout profit pour les individus qui sont privés de la liberté ; autrement dit, si le Code actuel a adouci les rigueurs de son devancier, grâce à la marche ascendante de la civilisation, les condamnés qu'il a frappés se ressentent, beaucoup plus encore que la société elle-même, des périls de l'état de choses actuel et de la nécessité d'une réforme pénitentiaire. C'est ce que nous tâcherons de démontrer dans les chapitres suivants.

En terminant ce chapitre, qu'il nous soit permis d'adresser nos plus sincères remerciements à l'archiviste M. Schneuwly qui a mis à notre disposition les trésors de son érudition et ses collections précieuses.

CHAPITRE II

Des prisons préventives et répressives.

Nous venons de voir au chapitre précédent, qu'au Moyen Age, les anciennes tours surmontant les murs d'enceinte qui protégeaient la cité des Zähringen servaient, presque toutes, de prisons. Il en est de même aujourd'hui pour la majorité de nos geôles de districts, lesquelles sont au nombre de sept. En effet, les anciens châteaux des villes d'Estavayer, Morat, Romont, Bulle, Châtel, avec leurs tours, servent de maisons d'arrêt et de courte détention, en même temps que de sièges judiciaires et demeures préfectorales. Une seule geôle, celle de Tavel, est placée dans une construction moderne. Pour celle du district de la Sarine, on a utilisé l'ancien couvent des PP. Augustins dont la sécularisation fut prononcée en 1848. Cette maison sert également de prison centrale pour les condamnés à une peine variant de un jour à trois ans.

Avant la nouvelle organisation du canton de Fribourg en 7 districts, les châteaux féodaux de Gruyères avec son impérissable histoire des comtes de ce nom, Surpierre qui nous rappelle la résidence de chasse du duc de Zähringen, Rue avec sa position pittoresque à l'entrée de la vallée de la Broye, Corbières qui a enfermé dans ses murs la célèbre Catherine Repond, dite Catillon, de Villarvolard, tristement brûlée comme sorcière en 1731,

Farvagny, etc., servaient de geôles d'arrondissements, comme les châteaux signalés ci-dessus.

La haute surveillance des prisons, ainsi que des maisons pénitentiaires, est du ressort de la Direction de Police cantonale; l'administration des prisons ou des geôles de districts, de même que la section de la prison répressive, est remise aux préfets des districts, lesquels, dans tout le canton, confient la surveillance des prévenus et des détenus au corps de la gendarmerie détaché auprès des préfectures de district.

Depuis l'année 1880, les soins, l'entretien et la surveillance de la prison centrale sont dévolus à une section de gendarmes composée d'un caporal, chef-geôlier, deux appointés et trois gendarmes.

Auparavant, l'Etat de Fribourg confiait la direction de cette prison à un Directeur, lequel prenait à son service quelques employés des deux sexes. Pour motifs d'opportunité, le Conseil d'Etat du canton de Fribourg a cru devoir supprimer l'ancien système et le remplacer par le service des gendarmes.

Dans cet établissement, le service religieux est confié, comme pour les deux maisons pénitentiaires, au révérend Recteur de la paroisse et à M. le Pasteur du culte évangélique.

Dans un chapitre spécial, nous nous permettrons de discuter le système actuel et de demander la nomination d'un aumônier, attaché uniquement au service des pénitenciers et de la prison centrale.

Quant aux geôles de districts, la surveillance en est confiée, par M. le Préfet, au chef du cantonnement (sergent de gendarmerie), lequel a à sa disposition des subalternes en nombre proportionné à l'importance de l'arrondissement.

Ces geôles servent non seulement à la prison préventive, mais aussi à la prison répressive, ce, conformément à la loi du 31 janvier 1852, pour les jugements prévus au chapitre I, art. 2, lequel prévoit la prison pour les condamnés à moins d'un mois.

Le régime alimentaire est le même que celui des détenus condamnés à la prison centrale, prévu dans la même loi au chapitre IV.

Nous plaçons sous les yeux du lecteur un exposé de la répartition des bâtiments de la prison centrale, ainsi que quelques données sur l'administration et le service intérieur.

La prison centrale, qui sert de maison d'arrêt pour les détenus en prévention, sert également de prison de district; c'est, en outre une prison répressive, dans laquelle sont en détention les individus condamnés correctionnellement et même criminellement pour un terme variant de vingt-quatre heures à trois ans, suivant la teneur du jugement et en vertu de dispositions diverses du Code pénal fribourgeois contenues dans le titre des crimes, celui des délits et celui des contraventions.

La répartition de l'établissement est établie de la manière suivante :

Le 1er Etage comprend 12 cellules (chambres d'arrêt), lesquelles servent spécialement à maintenir éloignés de toute communication les individus dangereux du sexe masculin et en prévention ; elles sont toutes uniformes, contenant chacune le mobilier suivant : un bois de lit avec paillasse, traversin avec sa fourre, une couverte en laine en été et deux en hiver, une petite table, un siège, un pot pour l'eau avec sa cuvette, un essuie-mains, une chaise percée avec fermeture. (*Arrêté du Conseil d'Etat, du 31 janvier* 1852.)

Ces chambres d'arrêt ont une longueur de 10 pieds, une largeur de 8 et une hauteur de 8.

Au 2me Etage se trouvent les cellules spécialement réservées aux détenus militaires. Elles sont au nombre de 3 pour simple soldat et 2 pour sous-officier. Ces chambres sont plus grandes, plus aérées, mieux éclairées, mais le mobilier est le même que dans celles du 1er étage.

Au 3me étage se trouvent 12 cellules, dont 8 ordinaires et 4 cellules fortes. Celles-ci peuvent être complètement ténébreuses et sont réservées aux individus dangereux, tels que ceux séquestrés dans les cellules du 1er étage.

Sur ce même étage, l'aile droite est réservée pour les détenus en prévention du sexe féminin. Cette partie est séparée du corps principal du bâtiment, et elle comprend 4 cellules ordinaires. L'ameublement est le même que celui des autres cellules.

Le 4me Etage, comprenant 12 cellules pour hommes, est spécialement affecté aux condamnés. Ces cellules ont 10 pieds de longueur, 7 de largeur et 7 de hauteur. Ces prisons ordinaires reçoivent une lumière suffisante pour que le détenu puisse lire, écrire aisément, ou se livrer à un travail manuel. A ce même étage, à l'aile droite, sont encore réservées 4 cellules pour les femmes en détention, ainsi que 4 cellules fortes pour les femmes compromises criminellement et en prévention.

Tous les détenus condamnés à la prison centrale peuvent, avec l'autorisation du Préfet de la Sarine, se livrer à différents travaux manuels, tels que cordonnerie, ouvrages de couture, jardinage, etc. Les femmes se vouent spécialement au tressage de la paille, au tricotage, à la couture.

Le nombre restreint des détenus qui se trouvent à la prison centrale ne nous permet pas d'exprimer le désir de voir installer des salles de travail au service des deux sexes.

Ce bâtiment contient encore, en sus des 53 cellules désignées, 2 cellules-cachots ou prisons de punition.

Dans l'aile gauche, où est l'appartement du geôlier-chef et de tous les employés surveillants, se trouve l'infirmerie destinée au service de la division des femmes. Elle comprend 2 chambres qui contiennent chacune deux lits, très convenablement meublées. Dans la division des hommes, 2 chambres sont de même spécialement réservées aux malades.

Enfin tous les détenus peuvent assister, les dimanches et fêtes, au service religieux qui se donne dans la chapelle attenante au pénitencier, chapelle immédiatement reliée au chœur de l'église paroissiale du rectorat de Saint-Maurice.

Une bibliothèque est mise à la disposition des personnes en détention.

Avant de terminer, nous nous permettons de placer sous les yeux du lecteur le régime alimentaire fourni par la geôle, prévu au chapitre vii de l'arrêté du Conseil d'Etat du canton de Fribourg, sous date du 31 janvier 1852, arrêté qui détermine l'administration, la propreté, la salubrité, la discipline, le tarif du geôlier pour la prison centrale, etc.

« Art. 48. Les détenus prennent leurs repas dans leur prison, à moins de permission du magistrat.

« Art. 49. Le geôlier donne chaque jour aux détenus pour nourriture : trois soupes substantielles, le matin, à midi et le soir, et alternativement de deux jours l'un, à midi, soit du légume apprêté, soit une demi-livre de bonne viande; plus, chaque jour, une livre de pain de bonne qualité.

« Il donne chaque jour au détenu un pot d'eau fraîche.

« On ne peut refuser au détenu politique une bouteille de vin, par jour, à ses frais.

« Art. 50. Les malades sont nourris suivant les prescriptions de l'officier de santé, cas échéant du médecin traitant.

« Art. 51. Tout prisonnier est tenu à la nourriture réglementaire, à moins qu'il n'en soit autrement ordonné par le magistrat compétent; ce dernier peut autoriser tout prévenu à se faire apporter ses repas du dehors, à ses frais. »

La maison centrale sert également de prison aux détenus politiques, lesquels, en vertu du même arrêté, obtiennent plusieurs faveurs dont ne peuvent jouir les détenus ordinaires. Ils sont libres de se faire apporter, à leurs frais, leurs repas du dehors. En cas de maladie, ils ont le choix de leur médecin, etc., etc.

Nous ne terminerons point ce chapitre sans signaler la splendide salle contiguë à la prison centrale, servant à la Cour d'Assises du IIᵉ Ressort, ainsi que celle où sont entendus par MM. le Préfet du District, le Juge d'instruction de l'arrondissement de la Sarine et par le Grand Juge militaire, tous les détenus en prévention. Ces deux salles ont tout le confortable que nécessite leur destination.

Nous croyons pouvoir affirmer que, moyennant quelque légère modification, la prison centrale du canton de Fribourg remplit toutes les conditions morales, humanitaires et hygiéniques que peuvent exiger progressivement les hommes qui ont en vue la réforme pénitentiaire.

Un seul *desideratum* que nous nous permettons d'exprimer, c'est l'établissement d'une cour de récréation pour chacun des sexes en détention répressive.

C'est avec plaisir que nous constatons que le Gouvernement fribourgeois, par la voie de sa Direction des Travaux publics, fait exécuter toutes les améliorations et les réparations utiles qu'exige la bonne tenue des geôles de district.

CHAPITRE III

Nos maisons pénitentiaires.

~~~~~~

A. — CORRECTION

Pour ne pas ramener nos lecteurs deux fois sur une même idée ou sur un même sujet, nous nous permettons, en tête de ce chapitre, de faire observer, qu'en suite des chiffres obtenus par la statistique des maisons de correction et de force, nous traiterons sur une base unique tout ce qui se rapporte à :

1º L'administration ;

2º Le culte ;

3º Une partie de la statistique depuis 1882 ;

4º Toutes les questions identiques dans les deux établissements.

Séparément, nous traiterons de l'origine de chaque pénitencier et des données statistiques qui ne seront pas exposées dans le chapitre général.

Comme nous l'avons vu, le Schallenwerk, soit Maison de correction, était destiné à recevoir tous les individus condamnés pour délits n'entraînant pas le bannissement ou l'envoi aux galères. Il fut établi par décret du Grand Conseil, sous date du 21 avril 1757. Après avoir utilisé, pour ce genre de prison, la Tour de Jacquemart, cet établissement fut transporté à la Planche Inférieure, dans le bâtiment où se trouvent aujourd'hui les forçats.
~~~~~~

Enfin, le 11 mai 1789, la Commission de la Maison de force ayant représenté qu'il serait nécessaire de séparer les correctionnels des criminels, ces derniers devant depuis quelque temps subir leur peine simultanément avec les délictueux, proposa la séparation qui fut décidée par le Grand Conseil, le 21 décembre 1815. Nous reproduisons la teneur de ce document :

« Le Grand Conseil du canton de Fribourg, considé-
« rant que le but d'une Maison de force est de punir, par
« la réclusion, de grands criminels de leurs méfaits et
« de les mettre hors d'état de nuire ultérieurement à la
« société, tandis que la Maison de correction doit être
« réservée à de petits malfaiteurs, prononce la séparation
« du Schallenwerk, en **Maison de force** et en **Maison de**
« **correction.** » (*Protocole du Grand Conseil,* II, p. 65.)

Enfin le Grand Conseil décida, le 4 février 1819, de placer la Maison de correction dans le bâtiment de l'ancienne Commanderie de Saint-Jean.

Depuis cette époque la maison pénitentiaire de la correction n'a pas subi de changement, sauf la construction d'une adjonction au bâtiment principal, nécessitée par l'augmentation du nombre des détenus, dans les années 1866 à 1868.

Cet établissement est divisé en trois parties : la première, celle du rez-de-chaussée, est destinée au service de la section des hommes. Elle comprend deux grands dortoirs, une salle de travail pour cordonniers et tailleurs, enfin une quatrième pièce qui sert d'infirmerie. Cette section peut loger 30 personnes qui prennent leur récréation dans une cour spacieuse attenante et indépendante de toute communication extérieure.

La seconde partie sert au service du Directeur, des gardiens, de la lingerie, enfin à une cellule de punition.

La troisième est destinée à la section des femmes. Elle se compose de quatre dortoirs, d'une salle de travail pour les ouvrières spécialement occupées aux travaux intérieurs, c'est-à-dire aux tailleuses, aux tricoteuses, lesquelles occupent de 7 à 10 machines, aux tresseuses, aux cartonnières, etc,

Dans cette salle sont continuellement occupées de 20 à 25 détenues.

Enfin, à l'angle droit de cette partie, se trouve l'infirmerie des femmes, pièce appropriée à cet usage. Une cour commune est réservée aux récréations pour cette section.

Nous reconnaissons qu'en principe le système de dortoirs en commun est condamné par les lois de l'hygiène et de la morale; mais, dans l'état actuel des lieux, nous croyons que l'administration a assez bien réparti ce bâtiment. Depuis notre entrée en fonctions, en 1882, nous nous sommes efforcé d'apporter les améliorations possibles.

C'est ce qu'a signalé le Conseil d'Etat du canton de Fribourg, dans son compte rendu pour cet exercice, à savoir, la nouvelle installation dans chaque section d'une infirmerie et d'une salle de travail, et enfin d'une lingerie.

Nous traiterons dans un chapitre spécial de l'établissement d'un pénitencier unique, à construire d'après les règles de la science et l'expérience d'hommes compétents. Nous ne dissimulons point que nous réprouvons le système de la promiscuité continuelle aussi bien que celui du système cellulaire absolu.

Dans le but de dissiper les craintes qui se sont manifestées dans le peuple relativement à l'augmentation du nombre des délits et des condamnations correctionnelles, nous ne pouvons mieux faire qu'en plaçant, sous les yeux des lecteurs, notre tableau N° 1, par lequel on pourra se rendre compte du mouvement qui s'est opéré dans la maison pénitentiaire de la correction depuis l'année 1852 jusqu'à 1882, c'est-à-dire pendant une période de 30 ans.

La population du canton de Fribourg, d'après le

recensement de 1850, étant de 99.891 âmes et le total des détenus, ressortissants fribourgeois, se trouvant au pénitencier, de 1852 à 1860, le 0/00 des détenus du canton s'est élevé en 1852,   à   2,3

en 1853,   à   1,7
en 1854,   à   2,3
en 1855,   à   1,7
en 1856,   à   1,2
en 1857,   à   1,3
en 1858,   à   1,2
en 1859,   à   1,2
_____
12,9

soit, en moyenne, 1,6 détenu par année et par 0/00 de la population.

Le recensement décennal de 1860 accusant une population de 105.523 âmes :

en 1860, le 0/00 s'est élevé à   1,2
en 1861,   »   »   à   1,8
en 1862,   »   »   à   1,8
en 1863,   »   »   à   1,9
en 1864,   »   »   à   1,8
en 1865,   »   »   à   1,9
en 1866,   »   »   à   2
en 1867,   »   »   à   2,3
en 1868,   »   »   à   2,7
en 1869,   »   »   à   1,9
_____
19,3

soit, en moyenne, 1,9 détenu par 0/00 et par année.

La troisième période décennale se basant sur une population de 110.832 âmes, nous trouvons :

en 1870, le 0/00 à   1,6
en 1871,   »   à   1,5
en 1872,   »   à   1,7
en 1873,   »   à   1,8
_____
A reporter   6,6

MAISON DE CORRECTION

Nombre des détenus et leur origine depuis 1852 jusqu'à 1882.

LE 0/00 DE LA POPULATION FRIBOURGEOISE POUR LES DÉTENUS DU CANTON

| ANNÉES | NATIONALITÉS | | | | | | | | | | | | TOTAL | | TOTAL GÉNÉRAL | 0/00 |
| | FRIBOURGEOIS | | SUISSES | | FRANÇAIS | | ITALIENS | | ALLEMANDS | | DIVERS | | | | | |
	H.	F.	H.	F.	H.	F.	H.	F.	H.	F.	H.	F.	H.	F.		
1852	174	60	14	3	3		1				2		193	63	256	2,3
1853	115	53	27	2	1						2		145	55	200	1,7
1854	162	68	31	2	1		1	2					195	72	267	2,3
1855	115	60	29	5	3						1	1	148	66	214	1,7
1856	79	47	19	3	2		3				1		104	50	154	1,2
1857	81	51	25	5									106	56	162	1,3
1858	68	54	18	4	2			1			1		90	56	146	1,2
1859	62	60	30	1	9	1	1				1		103	62	165	1,2
1860	68	63	34	3	4				1	1			107	67	174	1,2
1861	105	86	51	8	4		4		3				167	94	261	1,8
1862	116	83	65	16	4		4		3				189	99	288	1,8
1863	124	75	53	10	5	1	2		2				186	86	272	1,9
1864	131	63	62	11	6		1		1		1		202	74	276	1,8
1865	144	65	36	2	5		1		2		1		189	67	256	1,9
1866	155	67	39	1	2		2		2		1		201	68	269	2
1867	184	67	49	2	2				2				237	69	306	2,3
1868	214	77	52	12	1				1				268	89	357	2,7
1869	154	55	34	10	1				4				193	65	258	1,9
1870	124	55	31	2	3		1		1				160	57	247	1,6
1871	129	45	25	5	1	1	1		3				159	51	210	1,5
1872	150	42	39	6	2	1			1				192	51	243	1,7
1873	163	42	30	4	7	2			2				202	48	250	1,8
1874	114	38	11	2	3	3	1						129	43	172	1,3
1875	109	23	14	2	2	1	2		1				128	26	154	1,2
1876	119	26	16	1	2								137	27	164	1,3
1877	144	33	15	3	1				1				161	36	197	1,6
1878	181	40	26	3			3		5				214	43	257	2
1879	173	43	30	5	1		2		1				207	48	255	1,9
1880	170	39	17	3	3								190	42	232	1,8
1881	171	44	24	7	2		1		2				202	51	253	1,8
	3.998	1.621	946	143	82	10	31	3	38	1	11	1			6.885	

Fribourgeois...	5.619
Etrangers......	1.266
Total........	6.885

Report   6,6

en 1874, le 0/00 à   1,3
en 1875,   » à   1,2
en 1876,   » à   1,3
en 1877,   » à   1,6
en 1878,   » à   2
en 1879,   » à   1,9
____
15,9

soit, par année et par 0/00, une moyenne de 1,5 détenu.

Enfin, en 1880, la population étant de 115.400 âmes, le 0/00 des détenus s'est élevé à   1,8
et en 1881, à   1,8.

En dehors de cet exposé, nous signalons la présence, pendant ces 30 années, dans le pénitencier, de 1.266 individus qui se répartissent, entre les différentes nationalités qui nous avoisinent, comme suit :

Suisses,   hommes 946,   femmes 143
Français,   »   82,   »   10
Italiens,   »   31,   »   3
Allemands,   »   38,   »   1
Divers,   »   11,   »   1

Cette échelle comparative nous prouve, en outre, que le cinquième environ du total des détenus est étranger au canton.

Nous continuons nos recherches de 1881 à 1889, période pendant laquelle le pénitencier est sous notre direction. Nous trouvons, par les données du tableau Nº 2, que le nombre des détenus n'a point dépassé les chiffres des années précédentes ; qu'en 1882, la moyenne de détention pour les ressortissants du canton a été de :

   1,9 0/00
en 1883, de   2 »
en 1884, de   1,7 »
en 1885, de   1,8 »
en 1886, de   1,5 »

MAISON DE CORRECTION

Etat de situation de 1882 à 1890.

| ANNÉES | NATIONALITÉS | | | | | | | | | | | | TOTAL | | TOTAL GÉNÉRAL | ÉTRANGERS | FRIBOURGEOIS | 0/00 |
| | FRIBOURGEOIS | | SUISSES | | FRANÇAIS | | ITALIENS | | ALLEMANDS | | DIVERS | | | | | | | |
	H.	F.	H.	F.	H.	F.	H.	F.	H.	F.	H.	F.	H.	F.				
1882	169	55	23	8	5				1		1		199	63	262	38	224	1,9
1883	174	61	18	9	6	2					1		199	72	271	36	235	2
1884	147	54	18	8	7	4			2		3		177	66	243	42	201	1,7
1885	160	49	26	8	4	2			1				191	59	250	41	209	1,8
1886	129	45	21	7	3	2				1	1		154	55	209	35	174	1,5
1887	159	58	23	9	3	1			2		2		189	68	257	37	220	1,8
1888	166	50	22	6	4				2	1	2		196	57	253	37	216	1,8
1889	144	56	29	7	3						2		179	63	242	42	200	1,8
1890	66	37	8						1				75	37				
															1.987	308	1.679	

— 48 —

en 1887, de   1,8   0/00

en 1888, de   1,8   »

en 1889, de   1,8   »

soit une diminution sensible sur les années 1853, 1854, 1867, 1868 et sans augmentation prononcée sur les autres années.

Ces données nous permettent de réfuter les accusations portées contre le système actuel des pénitenciers fribourgeois, accusations qui se basent sur les dires suivants :

« Si le régime pénitentiaire était plus sévère, si l'entretien des détenus était plus conforme à leur culpabilité, etc., le nombre des détenus n'augmenterait pas. »

Empressons-nous de dire, pour l'honneur des personnes qui s'occupent de la réforme pénitentiaire, que ce sont des gens non autorisés qui se permettent ces accusations.

Pour faire ressortir le but de nos recherches, nous croyons devoir placer sous les yeux du lecteur le tableau statistique N° 3, ainsi que les suivants, par lesquels nous pourrons mettre en évidence qu'il appartient à la société, aux autorités cantonales et communales, aux institutions de bienfaisance, ainsi qu'au clergé, d'étudier d'une manière toute spéciale quels sont les motifs et les causes qui amènent si souvent, dans notre pays, l'individu sur la voie du crime ou du délit.

Quant à nous, nous sommes persuadé, basé sur les chiffres de notre statistique, qu'au moins le tiers des détenus qui peuplent notre pénitencier doivent leur triste sort à l'abandon dans lequel ils se sont trouvés à un âge où il était indispensable pour eux de rencontrer, sinon l'amour paternel ou maternel, du moins la protection de la société.

Nous ne voulons point, dans ce chapitre, discuter cette grave question ; nous nous réservons d'en parler, d'une manière générale, lorsque nous serons arrivés aux chiffres de la statistique des détenus de la Maison de

MAISON DE CORRECTION
Tableau statistique N° 3.

ORIGINE							
FRIBOURGEOIS		SUISSES		ÉTRANGERS		TOTAL	
H.	F.	H.	F.	H.	F.	H.	F.
42	26	6				48	26

ÉTAT CIVIL							
CÉLIBATAIRES		MARIÉS		VEUFS		TOTAL	
H.	F.	H.	F.	H.	F.	H.	F.
30	12	16	9	2	5	48	26

AGE															
De 15 à 20 ans.		De 20 à 30 ans.		De 30 à 40 ans.		De 40 à 50 ans.		De 50 à 60 ans.		De 60 à 70 ans.		De 70 à 80 ans.		TOTAL	
H.	F.	H.	F.	H.	F.	H.	F.	H.	F.	H.	F.	H.	F.	H.	F.
	2	10	6	12	12	12	3	10	2	3	1	1		48	26

Tableau statistique N° 4.

PREMIÈRE CONDAMNATION													
De 15 à 20 ans.		De 20 à 30 ans.		De 30 à 40 ans.		De 40 à 50 ans.		De 50 à 60 ans.		De 60 à 70 ans.		TOTAL	
H.	F.	H.	F.	H.	F.	H.	F.	H.	F.	H.	F.	H.	F.
8	6	16	3	11	11	8	4	2	1	3	1	48	26

DEGRÉ D'INSTRUCTION											
NUL		FAIBLE		PASSABLE		MOYEN		AU-DESSUS		TOTAL	
H.	F.	H.	F.	H.	F.	H.	F.	H.	F.	H.	F.
13	7	15	5	6	12	12	2	2		48	26

Force. Pourtant, nous nous permettons d'appeler spécialement l'attention sur les tableaux N°ˢ 4 et 5, ainsi que sur celui N° 6, indiquant la situation, au 20 mars 1890, des orphelins, enfants abandonnés, le degré d'instruction et les causes du premier délit commis par les détenus qui se trouvaient au pénitencier de la correction, à cette date.

Le tableau N° 3 indique que sur les 74 détenus, dont 48 hommes et 26 femmes, qui se trouvaient au pénitencier le 20 mars susdit, 68 individus étaient ressortissants fribourgeois, et 6 étrangers au canton ;

Que, sur ces 74 détenus, 42 étaient célibataires, 25 mariés et 7 veufs ;

Que 2 femmes étaient âgées de moins de 20 ans ; — 10 hommes et 6 femmes de 20 à 30 ans ; — 12 hommes et 12 femmes de 30 à 40 ans ; — 12 hommes et 3 femmes de 40 à 50 ; — 10 hommes et 2 femmes de 50 à 60 ; — 3 hommes et 1 femme de 60 à 70 ; — et enfin, un homme de 70 et au-dessus.

D'où il résulte que c'est dans la fleur de l'âge que nous rencontrons, dans notre maison, le plus de détenus des deux sexes. A quoi tient cela ? A la difficulté de se créer une position sociale, soit par le manque d'instruction qui entrave le développement de l'intelligence pour l'étude d'une profession commerciale, industrielle, etc., soit par la pénurie des ressources dans laquelle l'individu se trouvait dès son enfance, soit aussi par la faiblesse de caractère pour résister aux passions qui travaillent le plus l'humanité dans sa seconde période.

Le tableau N° 4 nous fait connaître que sur ces mêmes 74 détenus, la 1ʳᵉ **condamnation** a été prononcée contre : 14 individus, dont 8 hommes et 6 femmes, âgés de 15 à 20 ans ; — 19, dont 16 hommes et 3 femmes, de 20 à 30 ans ; — 22, dont 11 hommes et 11 femmes, de 30 à 40 ans ; — 12, dont 8 hommes et 4 femmes, de 40 à 50 ; — 3, dont 2 hommes et 1 femme, de 50 à 60 ; — 4, dont 3 hommes et 1 femme, de 60 à 70.

MAISON DE CORRECTION

TABLEAU STATISTIQUE N° 5.

ORPHELINS

TOTAL DES ORPHELINS		A la naissance.		De 0 à 5 ans.		De 5 à 10 ans.		De 10 à 15 ans.		De 15 à 20 ans.		Non orphelins.		TOTAL	
H.	F.	H.	F.	H.	F.	H.	F.	H.	F.	H.	F.	H.	F.	H.	F.
10	10				5	3	3	4	2	3		38	16	48	26

ENFANTS ABANDONNÉS

NON ABANDONNÉS		A. PAR LEUR PÈRE								B. PAR LEUR MÈRE									
		De 0 à 5 ans.		De 5 à 10 ans.		De 10 à 20 ans.		TOTAL		A la naissance.		De 0 à 5 ans.		De 5 à 10 ans.		De 10 à 20 ans.		TOTAL	
H.	F.	H.	F.	H.	F.	H.	F.	H.	F.	H.	F.	H.	F.	H.	F.	H.	F.	H.	F.
38	19		3	1	1	8		9	4				3				1	1	3

Nous avons cru bien faire en plaçant sur ce tableau de la 1re condamnation, le degré d'instruction qu'avait reçu chacun de ces déshérités de la vie, et ce n'est pas sans une vive émotion que nous reconnaissons dans ce travail que le degré d'instruction donné à plus des deux tiers de ces détenus se trouve en dessous de la moyenne ; d'où il nous est permis de conclure qu'après l'indigence, c'est encore le manque d'instruction qui est, en partie, la source d'un grand nombre de délits. Combien devons-nous remercier les honorables magistrats, le clergé, les inspecteurs scolaires, les instituteurs qui demandent à l'instruction publique l'un des principaux moyens de relèvement d'un peuple ! Combien aussi devons-nous atti-rer l'attention des personnes qui croient que l'on en sait **toujours assez** et que si l'indigent reçoit un faible degré d'instruction qui lui permet d'apprendre à connaître superficiellement son Créateur, à gagner son pain au jour le jour par un travail des plus grossiers, **cela doit suffire !** Nous leur disons : **Non ;** et nous les prions de jeter un regard sur les statistiques des maisons péniten-tiaires. Pour ce qui concerne la nôtre, nous trouvons que sur les 74 détenus actuellement en détention, 20 sujets, dont 13 hommes et 7 femmes, n'ont aucune instruction ; — 20 (15 hommes et 5 femmes), un degré faible ; — 18 (6 hommes et 12 femmes), passable ; — 14 (12 hommes et 2 femmes), moyen, et seulement 2 hommes ont reçu une instruction au-dessus de la moyenne.

Que l'instruction soit donc répandue, par les personnes compétentes, dans toutes les classes de la société, et nous verrons diminuer sensiblement le nombre des détenus qui peuplent nos pénitenciers.

Le lecteur sera également frappé du résultat que nous ont donné les recherches faites dans le but d'obtenir notre tableau N° 5 concernant les orphelins et les enfants abandonnés.

I

Sur les 74 détenus à la maison de correction, nous avons **20 orphelins** complètement délaissés :

1° Depuis leur naissance jusqu'à 5 ans, 5 femmes ;
2° De 5 à 10 ans,   3 hommes,   3   »
3° De 10 à 15 ans,   4   »   2   »
4° De 15 à 20 ans,   3   »   0   »

II

Abandonnés : A. Par le père, 13.
B. Par la mère,   4.
Soit un total de   17.

Par le père :

Dès la naissance jusqu'à 5 ans, 0 homme, 3 femmes ;
De 5 à 10 ans,   1   »   1   »
De 10 à 20 ans,   8   »   0   »

Par la mère :

Dès la naissance jusqu'à 5 ans, 0   »   3   »
De 5 à 10 ans,   0   »   0   »
De 10 à 20 ans,   1   »   0   »

L'on nous permettra de traiter ce point essentiel de la position de l'orphelin et de l'enfant abandonné immédiatement après le tableau correspondant et concernant les détenus de la Maison de force.

Le 6e tableau nous indique le premier délit commis par les 74 détenus qui font la base d'une partie de notre étude statistique. Nous avons jugé à propos de mettre

MAISON DE CORRECTION

Tableau statistique N° 6.

Durée de la première peine spans the fourteen columns from "15 j. à 6 mois" to "6 ans" (each split into H. and F.).

Premier délit commis	H.	F.	Causes du premier délit	15 j. à 6 mois H	15 j. à 6 mois F	De 6 mois à 1 an H	De 6 mois à 1 an F	De 1 an à 2 ans H	De 1 an à 2 ans F	De 2 ans à 3 ans H	De 2 ans à 3 ans F	4 ans H	4 ans F	5 ans H	5 ans F	6 ans H	6 ans F
Contre la propriété.																	
Vol	16	2	Misère, nécessité, boisson, vengeance, désunion, entraînement	9	1	2		1	crim. 1	1		1		1		crim. 1	
Travail	3		Misère, nécessité, gêne dans le ménage	3													
Contre la foi publique.																	
Abus de confiance	2		Boisson	1		1											
Escroquerie	2		Boisson et vengeance	1		1											
Faux	1		Boisson	1													
Contre l'ordre public.																	
Mendicité et vagabondage	4	1	Misère, abandon, délaissement	4	1												
Ivresse	1	1	Passion	1	1												
Maltraitement d'animaux	1		Dureté			1											
Rupture de ban	1		Pouvoir travailler chez son patron	1													
Insulte aux autorités de commune	1		Vengeance	1													
Contre la famille.																	
Abandon de famille	2		Boisson, mauvais caractère d'une épouse	2													
Abandon d'enfant		1	Colère				1										
Désunion de famille	2		Misère et boisson	1		1											
Contre la vie ou les personnes.																	
Tentative de suicide	1		Boisson	1													
Voies de fait	1		Chicane	1													
Chicane	1		Boisson	1													
Maltraitement de parents	1		Boisson	1													
Contre les mœurs.																	
Délit contre nature	1		Boisson													1	
Tentative de délit contre nature	1		Coup monté pour précipiter une chute sociale	1													
Délit contre les mœurs	2	1	Passion, boisson	2					1								
Immoralité, scandale public et calomnie		1	Colère et vengeance		1												
Scandale public	2	2	Boisson	1	1			1	1								
Concubinage	1	1	Boisson, délaissement	1	1												
Attentat à la pudeur	1		Mauvaise compagnie			1											
Prostitution		16	Misère, abandon, passion, mauvaise compagnie et mauvaise rencontre dans une foire		6		5		2		3						
	48	26		34	12	7	6	2	5	1	3	1		1		2	

vis-à-vis du 1er délit les causes qui ont poussé l'individu
à le commettre :

16 hommes, 2 femmes sont condamnés pour vol ;
  3 » 0 » » » » fravail :
  2 » 0 » » » » abus de confiance ;
  2 » 0 » » » » escroquerie ;
  1 » 0 » » » » faux ;
  4 » 1 » » » » mendicité et vagabondage ;
  1 » 1 » » » » ivresse ;
  1 » 0 » » » » maltraitement d'animaux ;
  1 » 0 » » » » rupture de ban ;
  1 » 0 » » » » insulte aux autorités commu
       nales ;
  2 » 0 » » » » abandon de famille ;
  0 » 1 » » » » abandon d'enfant ;
  2 » 0 » » » » désunion de famille ;
  1 » 0 » » » » tentative de suicide ;
  1 » 0 » » » » voies de fait ;
  1 » 0 » » » » chicane ;
  1 » 0 » » » » maltraitement de parents ;
  1 » 0 » » » » délit contre nature ;
  1 » 0 » » » » tentative de délit contre nature ;
  2 » 1 » » » » délit contre les mœurs ;
  0 » 1 » » » » immoralité, scandale public
       et calomnie ;
  2 » 2 » » » » scandale public ;
  1 » 1 » » » » concubinage ;
  1 » 0 » » » » attentat à la pudeur ;
  0 » 16 » » » » prostitution.

Sur ces 74 délits, nous devons chercher les causes :
1°   18 fois dans la boisson ;
2°   5 » » la misère ;
3°   4 » » la vengeance ;
4°   4 » » l'entraînement aux mauvaises com-
       pagnies ;

5°   4 fois dans l'abandon, le délaissement ;
6°   3 »   » la passion ;
7°   2 »   » la nécessité ;
8°   2 »   » la colère ;
Et enfin 1 »   » la désunion, la gêne dans le ménage, la dureté, rupture de ban, mauvais caractère d'une épouse, chicane, envie de chute sociale, etc.

Ce tableau nous prouve de plus en plus que la société doit faire tout son possible pour venir en aide à ses membres qui combattent constamment les abus de l'alcoolisme et qu'il serait bon d'introduire chez nous un asile destiné à combattre l'ivrognerie, tel qu'il en existe un à El'.kon ; car si nous arrivions, après de dures épreuves, telles que doivent les supporter les membres dévoués de la Ligue de la Croix, à réduire l'abus de l'alcoolisme, nous verrions immédiatement renaître dans les familles l'aisance, la paix, disparaître les idées de vengeance, etc., et partant diminuer proportionnellement le nombre des délits. D'ailleurs, le tableau précédent nous le montre à l'évidence.

Nous terminons, ici, une partie du travail statistique sur les détenus actuellement à la maison de correction, en plaçant sous les yeux du lecteur le tableau N° 7, lequel nous fait connaître l'état de santé des détenus lors de leur première condamnation, ainsi que l'état de santé de leurs parents. Personne n'ignore que la constitution de l'individu, que les différentes maladies dont il peut être atteint au moment où il commet un délit ou un crime, ont parfois influé sur son système nerveux, sur son cerveau et, par là, amené un degré plus ou moins élevé d'irresponsabilité. Que l'on nous permette de signaler la phtisie qui, très souvent, engendre à un haut degré la mélancolie ; mentionnons aussi l'épilepsie, les crises hystériques, etc., maladies qui amènent très souvent le trouble dans les facultés mentales. Ce qui a permis à M. Girard de Cailleux, ancien médecin en chef de l'asile d'aliénés de Marsens, de dire dans son rapport sur l'inspection générale des aliénés du canton de Fribourg, que « le désordre général des idées et leur fixité, l'exaltation des sentiments et des instincts, les **troubles sensoriaux** et l'abolition des facultés, période ultime de la folie ou résultat d'une désorganisation cérébrale, composent l'autre moitié des formes que revêt l'aliénation mentale. » Ce qui revient à dire que nous avons raison d'étudier et de signaler l'état sanitaire de l'individu comme l'une des causes prédisposantes à entraîner l'homme au mal.

L'état de santé des parents ne doit pas nous être indifférent, car l'hérédité ne joue-t-elle pas continuellement sur la créature un rôle heureux ou malheureux ? Nous ne voulons point continuer dans ce chapitre une discussion que nous suggère notre exposé N° 7 ; nous traiterons la question de l'état de santé des détenus, des parents, avec la conclusion d'irresponsabilité, au moment où nous placerons sous les yeux du lecteur le tableau correspondant pour la Maison de force. Nous signalerons également un relevé du même tableau concernant les détenus du sexe masculin déclarés aptes au service militaire ou réformés. Ce tableau N° 7 nous indique que, sur les 74 détenus, 55 individus (41 hommes et 14 femmes) étaient d'une santé robuste ; — 5 (2 hommes et 3 femmes) d'une santé médiocre ; — 6 (2 hommes et 4 femmes) maladifs ; — atteint de phtisie, 1 homme, — asthme, 1 homme ; — atteint d'épilepsie, 1 homme, — et 5 femmes atteintes de troubles hystériques allant, pour l'une ou l'autre d'entre elles, à faire concevoir, pour ne pas dire davantage, des craintes de troubles de leurs facultés mentales.

L'état de santé des parents se classifie de la manière suivante :

Robuste, 63 fois chez le père, 62 fois chez la mère ;

Médiocre, 1 fois chez le père, 1 fois chez la mère ;

Maladif, 9 fois chez le père, 10 fois chez la mère ;

L'aliénation mentale se rencontre une fois chez le père.

MAISON DE CORRECTION

Tableau statistique N° 7.

ÉTAT DE SANTÉ					
A. DES DÉTENUS	H.	F.	**B. DES PARENTS**	PÈRE	MÈRE
Robuste, santé bonne......	41	14	Robuste..........	63	62
Santé médiocre...........	2	3	Médiocre.........	1	1
Maladifs.................	2	4	Maladifs..........	9	10
Phtisie..................	1		Phtisie..........		
Epilepsie................	1		Asthme...........		
Symptômes d'aliénation mentale...............			Epilepsie.........		
			Aliénation mentale	1	
Crises hystériques suivies de troubles mentals.....		5	Alcool...........		
Asthme..................	1				
	48	26		74	73

Aptes au service militaire.....	10
Réformés.....................	29
Total.....	48

Sur les 48 hommes détenus dans notre pénitencier au moment de notre statistique, 19 étaient aptes au service militaire et 29 réformés pour cause de maladie, difformité de l'individu ou condamnation avant la majorité entraînant la privation des droits civils et politiques.

Après avoir passé en revue les différents tableaux de notre statistique et spécialement ceux concernant les orphelins, les enfants abandonnés, le degré d'instruction, les causes qui ont poussé à commettre le premier délit, ainsi que celui de l'état de santé des détenus, etc., et après avoir rencontré dans notre statistique un grand nombre d'enfants abandonnés, n'ayant reçu aucune ou très peu d'instruction ; après avoir découvert les causes qui ont poussé au premier délit (la misère, l'abandon, etc.), nous sommes à nous demander si la maison dont on a voulu nous confier la direction doit porter réellement le nom de **« Maison de correction »**, ou si l'on ne devrait pas plutôt l'appeler **« Maison de refuge »** ; car combien de fois n'avons-nous pas entendu dire de la bouche de nos pauvres administrés, que s'ils se laissent aller en récidive, c'est parce que leur situation, dans le monde, est tellement malheureuse, pénible, insupportable, qu'ils considèrent comme un bonheur pour eux de pouvoir revenir à la maison forcée de leur donner l'hospitalité ! En liberté, plus de maison paternelle ou maternelle, plus de parents, plus d'amis, plus de connaissances, plus d'administration civile daignant les entendre, plus de lieu d'origine ou de naissance où on devrait encore les recevoir, et, pour plus d'un d'entre eux, plus même de portes d'étables s'ouvrant pour les loger ; en un mot, plus d'hospitalité. Comment veut-on que ces individus ne cherchent pas à rentrer, au plus vite, dans la maison pénitentiaire qu'ils appellent **« leur refuge ? »**

Que nous avons salué avec joie la fondation, dans notre pays, de la société pour le patronage des détenus libérés ! Elle aussi aura à lutter, elle ira au-devant de bien des déceptions, l'ingratitude se rencontrera mille fois sur son chemin ; mais, placée sous la protection du divin Maître qui protège ceux qui s'occupent des petits et des faibles, elle sortira victorieuse de la lutte et atteindra le but qu'elle se propose. Le clergé lui viendra en aide ; du haut de la chaire, il fera comprendre à nos populations que le détenu n'est pas un être à tout jamais perdu, qu'il peut, par son repentir et sa bonne conduite, être rendu à la société. Il faut enseigner et faire comprendre plus largement à nos populations, la charité chrétienne ; par ce moyen l'on diminuera le nombre des récidives, des délinquants, et la statistique des pénitenciers.

Enfin, si le bâtiment et la distribution des locaux le permettaient, nous n'aurions qu'un seul desideratum à formuler sur la répartition de la Maison de correction. Ce serait d'y voir établir le système cellulaire pour la nuit, ce, dans un but hygiénique et moral.

Ne pouvant espérer, pour le moment, cette amélioration, nous avons demandé et obtenu du gouvernement fribourgeois, l'installation, dans les pénitenciers du canton, de la lumière électrique qui, distribuée dans chaque dortoir, nous permettra d'organiser un service de nuit plus sûr et plus constant.

B. — MAISON DE FORCE

C'est depuis la séparation des deux maisons pénitentiaires (21 décembre 1815) que le bâtiment actuel sert de prison pour les criminels.

Situé dans un des quartiers ouvriers du rectorat de Saint-Jean, ce bâtiment est divisé en deux parties. L'une, formant l'angle Nord-Est, est exclusivement réservée au Directeur. Cependant, au rez-de-chaussée nous trouvons une très jolie chapelle, bien aménagée, servant à l'exercice des deux cultes.

L'autre partie, au Sud-Ouest, comprenant un rez-de-chaussée et deux étages, est distribuée de la manière suivante :

Le rez-de-chaussée, précédé d'une petite cour d'entrée, est formé de trois grandes pièces qui servent, l'une au service de la cuisine des détenus, la seconde de dortoir et de salle de travail pour les tisserands, et la troisième de dortoir dans lequel peuvent être placés aisément 10 lits. Puis, une partie spéciale, complètement détachée, renferme 4 cellules de punition (cachots). Une cour y est attenante et sert de lieu de récréation pour les détenus de la section des hommes.

Le 1er étage comprend trois grandes salles : la première servant de chambre de travail et de dortoir pour une partie des détenus du sexe féminin ; la seconde renferme les détenus hommes s'occupant de cordonnerie, d'horlogerie, et sert de dortoir aux mêmes individus. Enfin la troisième pièce est la chambre des gardiens, laquelle est aussi utilisée comme parloir.

L'étage supérieur comprend également trois grandes pièces, dont l'une sert de salle de travail et de dortoir pour l'autre partie de la section des femmes, et les deux autres ayant la même destination pour le restant de la section des hommes.

Nous regrettons que la distribution de cette maison n'ait point permis à l'administration d'apporter les améliorations urgentes que nous avons vues se développer depuis quelques années à la maison de correction. Nous voulons parler de l'ouverture de chambres d'infirmerie, de salles de travail complètement séparées des dortoirs, de lingerie, etc. Nous croyons pourtant que, dans l'état actuel des choses, il pourrait être introduit des modifications sérieuses ; celle qui nous paraît la plus indispensable serait la réunion, sur un même palier, des détenus du même sexe ; une autre non moins importante serait l'établissement d'une chambre d'infirmerie, si petite qu'elle fût, et la séparation complète du dortoir d'avec la salle de travail. En effet, comprend-on que le malade atteint de phtisie, de fièvre, de pneumonie, de pleurésie, etc., soit forcé de respirer l'air vicié qui se dégage de toutes les matières premières employées par les vanniers, cordonniers, etc., tandis qu'à son tour, l'homme qui a travaillé toute une journée et qui a besoin d'un sommeil réparateur, n'en puisse jouir, empêché qu'il en est par les gémissements d'un pauvre malade ?

L'on comprendra également que la salle de travail ne

peut servir de dortoir. Les matières premières manipulées dans le courant du jour ont dégagé des détritus qui corrompent l'air de miasmes et qui influent sur la santé du prisonnier.

Cet état de choses est condamné par toutes les lois hygiéniques.

Nous apprenons avec un sensible plaisir que l'administration cantonale doit prendre, sous peu, des mesures qui permettront, en attendant la construction d'un nouveau pénitencier, de remédier aux défectuosités signalées ci-dessus.

En terminant cette description, nous nous permettons d'exprimer le désir que la Direction de la Maison de force étudie le moyen de procurer un lieu de récréation à l'usage des détenus du sexe féminin, car il est inconvenant de conduire des femmes, une fois par semaine, sur la voie publique et de les exposer pendant une heure aux regards des passants.

Nous commençons ici, comme nous l'avons fait sous la rubrique « Maison de correction », par placer sous les yeux du lecteur la statistique concernant les détenus de la Maison de force. Elle sera suivie, dans l'un ou l'autre cas, de toutes les observations que nous aurons à présenter sur la statistique des deux maisons pénitentiaires.

En établissant notre travail statistique, nous avons cru répondre au vœu formulé au sein du Congrès pénitentiaire international de Stockholm, dans lequel il fut proposé de nommer une commission spéciale pour établir une statistique internationale concernant les pénitenciers; car, a-t-il été dit, il est impossible de prendre des décisions solides, de demander des réformes, si elles ne sont pas basées sur des chiffres recueillis avec précision.

Par les résultats obtenus, nous pourrons plus facilement faire admettre, pour le bien général, toutes nos observations et nos desiderata.

Basé sur le recensement de 1850 qui accusait une population de 99.891 âmes, le 0/00 des détenus du canton qui se trouvaient à la Maison de force s'est élevé

en 1852,	à	1,8
en 1853,	à	1,5
en 1854,	à	1,5
en 1855,	à	1,3
en 1856,	à	1,1
en 1857,	à	1
en 1858,	à	0,9
en 1859,	à	1
		10

soit, en moyenne, 1,3 détenu par année et par 0/00 de la population.

Celui	de 1860 (105.523 âmes) s'est élevé à			1
»	de 1861,	»	à	1
»	de 1862,	»	à	1
»	de 1863,	»	à	1,1
»	de 1864,	»	à	1,1
»	de 1865,	»	à	1
»	de 1866,	»	à	1
»	de 1867,	»	à	1
»	de 1868,	»	à	1
»	de 1869,	»	à	1
				10,2

soit, en moyenne, 1 détenu par 0/00 et par année.

La troisième période décennale se basant sur une population de 110.832 âmes, nous trouvons

en 1870,	0,9
en 1871,	0,9
en 1872,	0,9
en 1873,	0,9
en 1874,	0,8
en 1875,	0,6
en 1876,	0,7
A reporter	5,7

<pre>
            Report   5,7
    en 1877,   0,7
    en 1878,   0,8
    en 1879,   0,9
                      ─────
                       8,1
</pre>

soit, par année et par 0/00, une moyenne de 0,8 détenu.

Enfin en 1880, la population étant de 115.400 âmes, le 0/00 des détenus s'est élevé à 1
en 1881, à 0,9

Comme pour la statistique de la Maison de correction, nous plaçons sous les yeux du lecteur le nombre des individus étrangers au canton, qui ont été enfermés pendant ces 30 années. Ils se répartissent comme suit :

<pre>
Suisses,   hommes 917,   femmes 150
Français,   »   52,   »   5
Italiens,   »   14,   »   7
Allemands,   »   42,   »   10
Divers,   »   39,   »   0
</pre>

Cette échelle comparative nous prouve que le septième environ du total des détenus est étranger au canton.

Nous poursuivons notre travail pour les années 1882 à 1889. Il nous prouve que le nombre des détenus n'a point augmenté depuis 1881 ;

qu'en 1882, la moyenne de détention pour les ressortissants du canton a été de 0,7

<pre>
    en 1883,   de   0,6
    en 1884,   de   0,7
    en 1885,   de   0,7
    en 1886,   de   0,7
    en 1887,   de   0,7
    en 1888,   de   0,8
    en 1889,   de   0,9
                        ─────
                         5,8
</pre>

soit, par année et par 0/00, en moyenne 0,7 détenu.

MAISON DE FORCE

Tableau indiquant le nombre des détenus de 1852 à 1882.

AVEC LE 0/00 DE LA POPULATION FRIBOURGEOISE POUR LES DÉTENUS DU CANTON

ANNÉES	NATIONALITÉS												TOTAL		CÉLIBATAIRES		MARIÉS		VEUFS		0/00
	FRIBOURGEOIS		SUISSES		FRANÇAIS		ITALIENS		ALLEMANDS		DIVERS										
	H.	F.	H.	F.	H.	F.	H.	F.	H.	F.	H.	F.	H.	F.	H.	F.	H.	F.	H.	F.	
1852	160	18	29	5	3				4		3		199	23							1,8
1853	136	16	25	8	3				3		1		168	24							1,5
1854	131	20	30	9	4				6		1		172	29							1,5
1855	116	11	34	6	4				3				157	17							1,3
1856	93	16	29	8	3				2				127	24							1,1
1857	80	21	28	9	2				2		1		113	30							1
1858	73	22	26	4	2				2		2		105	26							0,9
1859	76	24	24	9	1				2		1		104	33							0,9
1860	82	19	35	10	2		1		2		1		123	29							1
1861	85	19	46	8	2	1			2		1		136	28							1
1862	96	20	39	9	3	1	2		2		2		144	30							1,1
1863	99	15	37	9	1	1	2	1	1		2		142	26							1,1
1864	97	12	38	10	3		2	2	1		2		143	24							1
1865	105	14	32	8	2		1	2	1	2	2		143	26							1,1
1866	100	14	38	3	1		1	1	1	2	2		143	20							1,1
1867	91	13	28	3	1		1	1	1	1	2		124	18							1
1868	96	12	28	2	3				1	2	2		130	16							1
1869	99	10	31	2	2				1		3		136	12							1
1870	95	9	35	3	2				1		1		134	12							0,9
1871	88	9	38	2		1	1				1		128	12							0,9
1872	84	13	36	1		1	1				1		122	15							0,9
1873	84	14	29	2	1		1				1		116	16							0,9
1874	70	13	29	1	1				1	1	1		102	15							0,8
1875	58	8	31	1	1				1	1	1		92	10							0,6
1876	68	9	24	2					1	1			93	12							0,7
1877	70	9	25	3									95	12							0,7
1878	73	10	23	4	1								97	14							0,8
1879	92	7	25	4	1				1		1		120	11							0,9
1880	94	9	21	3	1						2		118	12							1
1881	86	12	24	2	2		1				2		115	14							0,9

C'est avec un sensible plaisir que nous constatons par les données des tableaux ci-joints, Nos 8 et 9, que plus nous avançons dans les années, plus la diminution du nombre des détenus au pénitencier s'accentue ; et c'est surtout dans les années 1882 à 1888 que ce chiffre est le plus faible.

Nous nous répétons et nous disons :

Que deviennent toutes les accusations portées par parti pris, avec de mesquines hostilités, contre la haute administration cantonale et contre les Directions de nos maisons pénitentiaires ? L'on accuse la première de ne point avoir à sa disposition un pénitencier établi d'après les dernières règles présentées dans les congrès pénitentiaires universels, et les secondes de ne point appliquer des règlements plus sévères que ceux usités jusqu'à ce jour, etc. ; on en conclut que, par ces motifs, la responsabilité des récidives et de l'augmentation du nombre des détenus incombe aux administrations signalées ci-dessus.

Dernièrement, n'avons-nous point encore entendu, au sein de notre Assemblée législative, un député interpeller le Directeur de la police cantonale, chargé de la haute surveillance des pénitenciers, pour lui demander des explications sur l'augmentation des récidives et du nombre des détenus qui peuplent nos maisons ? Cette interpellation basée sur des « on dit » est-elle légitime ? et a-t-elle pu être véritablement faite en vue du bien du pays ou en vue de l'amélioration de notre système pénitentiaire ? Nous ne le croyons pas ; car, celui qui veut véritablement le bien et qui le désire sans détour, prend aux sources authentiques tous les renseignements utiles et nécessaires. Il ne se fera pas l'écho de personnes incompétentes et non autorisées, ce qui lui évitera un démenti tel que celui qu'il reçoit par notre statistique.

D'ailleurs, ce n'est point dans de nouvelles constructions, dans l'élaboration de nouveaux règlements, etc., que l'on trouvera le moyen de diminuer le nombre des

MAISON DE FORCE

Etat de situation de 1882 à 1890.

ANNÉES	NATIONALITÉS										TOTAL		CÉLIBATAIRES		MARIÉS		VEUFS		0/00
	FRIBOURGEOIS		SUISSES		FRANÇAIS		ALLEMANDS		DIVERS										
	H.	F.	H.	F.	H.	F.	H.	F.	H.	F.	H.	F.	H.	F.	H.	F	H.	F.	
1882	79	10	32	1	3				4	1	118	12	83	9	27	2	8	1	0,7
1883	70	7	27	1	4				2	1	103	9	75	7	20	1	8	1	0,6
1884	73	10	24	1	4				2		103	11	77	8	18	2	8	1	0,7
1885	75	12	23	1	3				2		103	13	77	8	18	3	8	2	0,7
1886	76	12	27	1	2				1		106	13	78	8	24	3	7	2	0,7
1887	77	8	23	2	1				2		103	10	71	4	23	3	10	3	0,7
1888	88	8	17	4	4				2		111	12	76	5	23	5	12	2	0,8
1889	90	12	19	3	2		1		1		113	15	75	6	27	6	11	3	0,9

crimes et des délits. Il faut le chercher plus haut. Il faut élever le degré de l'instruction, parer à l'abandon de pauvres enfants par leur père et par leur mère, recommander aux administrations communales la protection qu'elles doivent aux orphelins, une surveillance plus sérieuse dans la distribution des secours par les communes, donner suite et le plus tôt possible à ces belles fondations créées dernièrement dans des pensées grandes et généreuses par les Marini, Berset, Fournier et Duvillard. Ils ont compris ceux-là où était le mal qui ronge une partie de la société.

Notre tableau N° 10 nous fait connaître que, sur les 99 détenus qui se trouvaient à la Maison de force au 20 mars 1890, 82 étaient ressortissants fribourgeois, (71 hommes, 11 femmes) ; 14 Suisses (12 hommes, 2 femmes); 3 étrangers. Sur ce total, 63 étaient célibataires (57 h., 6 f.) ; 26 mariés (22 h., 4 f.); 10 veufs (7 h., 3 f.); que 3 étaient âgés de 15 à 20 ans (2 h., 1 femme); 39 de 20 à 30 ans (33 h., 6 f.); 22 de 30 à 40 (20 h., 2 f.); 23 de 40 à 50 ans (21 h., 2 f.); 8 de 50 à 60 (6 h., 2 f.); 3 hommes de 60 à 70 et 1 homme de 70 à 80.

Il résulte de ces données qu'à la Maison de force comme à la Correction, nous rencontrons le plus grand nombre de détenus à la fleur de l'âge. Nos observations déjà présentées à ce sujet retrouvent ici leur application.

Le tableau N° 11 nous fait également connaître que sur ces 99 détenus, la 1re **condamnation** a été prononcée contre 17 individus âgés de 15 à 20 ans (15 hommes, 2 femmes); 47 de 20 à 30 ans (41 h., 6 f.); 14 de 30 à 40 ans (13 h., 1 f.); 15 de 40 à 50 ans (12 h., 3 f.); 4 de 50 à 60 ans (3 h., 1 f.); enfin 2 hommes âgés de 60 à 70 ans.

Par le tableau N° 12, nous constatons que le degré d'instruction, comme nous l'avons déjà vu chez les détenus de la Maison de correction, doit attirer la bienveillante attention de toutes les personnes qui recherchent

MAISON DE FORCE

Tableau N° 10.

| ORIGINE | | | | | | | |
| FRIBOURGEOIS | | SUISSES | | ÉTRANGERS | | TOTAL | |
H.	F.	H.	F.	H.	F.	H.	F.
71	11	12	2	3		86	13

| ÉTAT CIVIL | | | | | | | |
| CÉLIBATAIRES | | MARIÉS | | VEUFS | | TOTAL | |
H.	F.	H.	F.	H.	F.	H.	F.
57	6	22	4	7	3	86	13

| AGE | | | | | | | | | | | | | | | |
| De 15 à 20 ans. | | De 20 à 30 ans. | | De 30 à 40 ans. | | De 40 à 50 ans. | | De 50 à 60 ans. | | De 60 à 70 ans. | | De 70 à 80 ans. | | TOTAL | |
H.	F.	H.	F.	H.	F.	H.	F.	H.	F.	H.	F.	H.	F.	H.	F.
2	1	33	6	20	2	21	2	6	2	3		1		86	13

Tableau N° 11.

| PREMIÈRE CONDAMNATION | | | | | | | | | | | | | | | |
| De 15 à 20 ans. | | De 20 à 30 ans. | | De 30 à 40 ans. | | De 40 à 50 ans. | | De 50 à 60 ans. | | De 60 à 70 ans. | | De 70 à 80 ans. | | TOTAL | |
H.	F.	H.	F.	H.	F.	H.	F.	H.	F.	H.	F.	H.	F.	H.	F.
15	2	41	6	13	1	12	3	3	1	2				86	13

Tableau N° 12.

| DEGRÉ D'INSTRUCTION | | | | | | | | | | | | | |
| Nul. | | Très faible. | | Passable. | | Moyen. | | Bien. | | Supérieur. | | TOTAL | |
H.	F.	H.	F.	H.	F.	H.	F.	H.	F.	H.	F.	H.	F.
14	4	25	3	23	4	20	2	4				86	13

le moyen de diminuer le nombre des crimes et des délits. Nous avions cru que la statistique de la Maison de force relèverait d'une manière sensible le degré d'instruction qui est très bas chez les détenus correctionnels. Mais, hélas ! il n'en est rien et nous nous permettons de signaler à la haute administration les chiffres obtenus par nos recherches.

Nous connaissons tous les efforts que la Direction de l'Instruction publique du canton de Fribourg fait en vue de relever le niveau de l'enseignement dans notre pays, et nous nous demandons si ces efforts ne sont pas l'une des causes qui ont amené une sensible diminution du nombre des détenus dans nos pénitenciers. Mais que l'on nous permette d'ajouter qu'il faut continuer sans relâche et malgré toutes les difficultés, car l'instruction élève les cœurs, et quand ils sont élevés ils ne redescendent pas facilement au crime et au délit.

Le tableau N° 12 nous fait donc connaître que, sur ces 99 détenus, 18 dont 14 hommes et 4 femmes n'ont reçu aucune instruction ; — 28 (25 hommes, 3 femmes) un degré faible ; 27 (23 h., 4 f.), passable ; 22 (20 hommes et 2 femmes), moyen ; enfin 4 hommes seulement ont reçu une instruction satisfaisante.

Nous plaçons immédiatement après le tableau du degré d'instruction, celui concernant les orphelins et les enfants abandonnés. Ceux complètement abandonnés se classent comme suit :

Jusqu'à 5 ans, 9 (7 h., 2 f.) ; de 5 à 10 ans, 8 (7 h. et 1 f.) ; de 10 à 15 ans, 7 (5 h., 2 f.) ; de 15 à 20, 7 hommes, et dès la naissance 10 enfants du sexe masculin, soit un total de 41 personnes dont 36 du sexe masculin et 5 du sexe féminin. Ce qui nous donne 40 0/0 de détenus abandonnés sur les 99 individus qui se trouvaient à la Maison de force au 20 mars 1890.

Si nous ajoutons à ce chiffre les enfants abandonnés :

a) Par leur père, qui se répartissent comme suit :

Tableau Nº 13.

ORPHELINS													
Non orphelins.		Jusqu'à 5 ans.		De 5 à 10 ans.		De 10 à 15 ans.		De 15 à 20 ans.		A la naissance.		TOTAL des orphelins.	
H.	F.	H.	F.	H.	F.	H.	F.	H.	F.	H.	F.	H.	F.
50	8	7	2	7	1	5	2	7		10		36	5

ENFANTS ABANDONNÉS															
NON ABANDONNÉS		PAR LE PÈRE						PAR LA MÈRE						TOTAL des abandonnés.	
		Jusqu'à 5 ans.		De 5 à 10 ans.		De 10 à 20 ans.		Jusqu'à 5 ans.		De 5 à 10 ans.		De 10 à 20 ans.			
H.	F.	H.	F.	H.	F.	H.	F.	H.	F.	H.	F.	H.	F.	H.	F.
63	10	3	1	2		5	1	6		4		3	1	23	3

Jusqu'à l'âge de 5 ans, 4 (3 h., 1 f.); de 5 à 10 ans, 2 (2 h., 0 f.); de 10 à 20 ans, 6 (5 h., 1 f.) et

b) Ceux abandonnés par la mère : jusqu'à 5 ans (6 hommes, 0 femme); de 5 à 10 ans, 4 hommes ; de 10 à 20 ans, 4 dont 3 hommes et 1 femme, soit un total de 26 enfants abandonnés par leurs parents ; nous sommes convaincu que la grande responsabilité des crimes et des délits commis dans notre canton retombe en première ligne sur différentes administrations communales et plus spécialement sur les parents qui ignorent ou feignent d'ignorer les grands devoirs paternels et maternels.

Il ne nous appartient point de dire ici quelles sont les autorités qui doivent rappeler aux pères et mères leurs devoirs envers ces petites créatures, ni quelles sont celles qui doivent faire comprendre et rappeler leurs obliga- tions aux administrations communales, ni de quelle

manière les communes doivent distribuer les secours ;
mais lorsque l'on voit, chiffres en mains, que le canton
de Fribourg dépense annuellement plus de 600.000 francs
en secours et que les pénitenciers se peuplent, en grande
partie, d'individus qui ont été des enfants abandonnés,
nous nous demandons si, véritablement, cette grande
somme dépensée chaque année par les communes, l'est
d'une manière raisonnable et si elle est bien appliquée à
ceux qui en ont véritablement besoin.

Une première plaie qui devrait disparaître à tout
jamais de notre pays, déjà signalée, dans son rapport
sur l'inspection générale des aliénés dans le canton de
Fribourg, par le célèbre docteur Girard de Cailleux,
médecin en chef de l'asile de Marsens, c'est celle de la
mise au rabais de l'entretien des enfants pauvres par les
communes et particulièrement des enfants abandonnés,
des illégitimes, des aliénés, des vieillards, etc.

Qu'on nous permette de citer ici un passage du travail
du docteur Girard de Cailleux, en rappelant la mémoire
de cet homme qui a consacré toute sa vie au soulagement des malheureux.

« Est-il possible d'admettre plus longtemps que l'entretien, les soins, la surveillance et le traitement de ces
malheureux soient adjugés publiquement à celui qui
souscrit le plus fort rabais dans ce but, absolument
comme un soumissionnaire pour l'achat, la vente ou
l'entretien des plus vils animaux ? On voit d'ici combien tristes doivent être les résultats d'un semblable
procédé, économique, nous le voulons bien, mais aussi
blessant et humiliant pour la dignité humaine que pour
la morale évangélique. Aussi trouve-t-on des soumis-
sionnaires qui se chargent de remplir une semblable
tâche moyennant le prix infime de 50 centimes par jour
(chiffre sensiblement diminué suivant la situation de
famille du miseur), et qui ne craignent pas, en vue d'une
spéculation honteuse, de demander aux malheureux un

travail au-dessus de leurs forces, et de retrancher les objets les plus nécessaires à l'entretien de la vie, réalisant ainsi des économies sordides sur le logement, la nourriture, les vêtements, le chauffage, l'éclairage, la surveillance et les soins affectueux et compatissants dont ils devraient être l'objet. »

Après cette plaie, nous pourrions signaler un autre abus qui a trait directement aux enfants abandonnés. C'est la tendance de certaines administrations inférieures à se débarrasser de ressortissantes en espérance, en fournissant à un individu quelconque, mais non ressortissant de la commune, une certaine somme, à condition qu'il épousera la malheureuse.

Quel est le degré de charité chrétienne que l'on peut rencontrer dans de pareils procédés ? Que devient le sort de cette pauvre créature unie, dans de pareilles conditions, à un homme qu'elle n'aura connu que d'hier ? Que devient, après la naissance, un pauvre enfant adjugé d'une si triste manière ? Avions-nous raison de nous demander si les 600.000 francs de secours, dépensés chaque année, l'étaient d'une manière sage et profitable ? Bientôt nous placerons sous les yeux du lecteur quelques extraits des mémoires d'un détenu qui, descendant de parents pauvres, fut, par un triste père, conduit une première fois au malheur, puis adjugé à des personnes dont la situation de famille égalait celle de ses parents. Au vu de ce que nous trouverons dans les extraits de la vie de ce pauvre forçat, et après avoir approfondi les données ci-dessus, nous en viendrons à nous demander si la haute administration cantonale ne devrait pas prendre en mains, elle-même, l'administration générale des secours publics, en adoptant une organisation analogue à celle qui existe dans l'un ou l'autre des cantons voisins. Nous verrions disparaître bien des abus et bien des injustices.

Le lecteur sera, comme nous, profondément touché

par les extraits des mémoires que nous plaçons sous ses yeux et qu'a bien voulu nous remettre le détenu H***. Il se demandera ce que cet enfant aurait pu devenir s'il avait été suivi, dans la vie, par des parents ou des personnes ayant dans le cœur l'amour paternel ou maternel, ou la charité chrétienne :

« L'œuvre criminelle, malgré tout le soin et l'attention que l'on ait pu apporter à son exécution, trompe invariablement l'attente et l'espoir de celui qui l'a conçue. Semblable à une maison bâtie sur le sable et que le moindre choc des éléments peut renverser, ensevelissant les habitants sous les décombres, l'entreprise qui n'est pas dirigée par une volonté soumise aux idées religieuses et aux lois sociales, échouera sous l'influence du moindre événement contraire, entraînant son instigateur dans sa ruine, sans espoir de réhabilitation ; car l'honneur est une île escarpée, sans bords : on ne peut y rentrer dès qu'on en est dehors.

« Je fais aujourd'hui la triste expérience de cette vérité et je désire qu'elle puisse profiter aux malheureux aveugles qui se jettent dans le malheur en obéissant à des instincts mauvais ou à des entraînements pernicieux. Comme un mentor éclairé, devenu prudent par les dangers qu'il a courus sur une route périlleuse, devenu sage par les chutes qu'il a faites, je veux indiquer les écueils cachés dans le chemin et donner, par mon histoire, un conseil, un conseil unique. C'est de renoncer irrévocablement à tout projet qui, directement ou indirectement, peut écarter de l'honneur en éloignant de la justice.

« Par une opiniâtreté inexplicable autrement que par le péché d'origine, l'homme, surtout dans sa jeunesse, se refuse à profiter de l'expérience acquise même au prix des plus grands sacrifices. Un sentiment qui n'est que l'orgueil s'empare de lui et lui fait mépriser des conseils qui lui semblent des faiblesses et des lâchetés. Il veut être plus hardi, plus courageux, il veut surpasser ses

devanciers. C'est bien là, en effet, le courage affreux du
vice. En détournant son regard du Dieu qui, infini dans
sa miséricorde, veut quand même que son ange l'accompagne et prépare son retour, il ne s'aperçoit même pas
qu'il ourdit la toile de ses malheurs. Il veut être son
libre arbitre. Cependant Dieu, si sage dans ses décrets
contre le pécheur, si bon pour lui, si plein de sollicitude
pour sa félicité éternelle, a voulu, sans doute, que son
âme, pareille à l'acier qui devient plus fin après avoir
été longuement et fortement martelé, soit éprouvée et
purifiée par le contact immédiat des souffrances, des
vicissitudes et des misères de la vie, et qu'à cause du
mépris des inspirations divines elle n'ait pas même
l'avant-goût des jouissances inénarrables qu'il réserve
aux élus et qu'il donne, déjà dans le temps, à la pratique
de la vertu.

« Comme la plupart de mes compagnons d'infortune,
je n'ai point d'instruction et fort peu de connaissances.
La pauvreté de mon origine se joignant au peu de dispositions pour les arts et les sciences m'empêcha de les
aborder. Malgré le désir que j'ai depuis longtemps d'écrire
les principaux événements de ma vie, dans le but que je
viens d'indiquer, je n'ai pu, jusqu'à présent, y réussir à
ma satisfaction ; les éléments me manquaient. Les ayant
acquis à force de travail, de lectures et d'études persévé-
rantes, je ne puis encore le réaliser que très simplement,
sans présomption aucune, avec mille corrections et modifications que le lecteur apercevra sans doute et me
pardonnera avec indulgence.

« Je suis né à ***, village du canton de Fribourg, le
14 février 18... Mon père qui avait une nombreuse famille
exerçait la profession de *** après avoir servi comme
tambour-maître dans l'armée du roi de Naples. Comme
beaucoup d'anciens militaires, il se livrait à la boisson
et aux désordres dont elle est la cause, gaspillait le produit de son travail au cabaret d'où il ne sortait que quand

sa bourse et son crédit étaient épuisés. Dans cet état, ses retours au ménage étaient suivis de scènes peu rassurantes pour son épouse et peu édifiantes pour ses enfants.

« En venant au monde, j'étais chétif et malingre. Les médecins assuraient que je ne pouvais vivre longtemps. Cependant, grâce aux soins que me prodiguait ma mère, je m'accrochais chaque jour de plus en plus à l'existence. La sentence des hommes de l'art ne devait pas se confirmer : Dieu qui est le maître de la vie déjouait leur calcul. C'était donc sa volonté que je vécusse, mais pour souffrir.

« A l'âge où d'autres enfants savent déjà beaucoup de choses, je n'avais encore reçu aucune instruction, ni séculière ni religieuse. J'ignorais presque l'existence de Dieu. Si j'y réfléchissais quelquefois, c'était pour me dire qu'étant un Etre heureux en lui-même, il ne s'occupait guère des choses de ce monde. Lorsque j'eus atteint ma huitième année, on songea cependant à m'envoyer à l'école. J'y allais pendant quelques heures tous les jours. Le maître n'était pas fait pour me donner de l'attrait à l'étude, car il était brutal et ignorant lui-même. Quand je commettais une faute ou que je ne faisais pas mes devoirs à sa satisfaction, il me rouait de coups et souvent il me prenait la tête entre ses mains et la cognait violemment contre le mur. Habitué aux coups, je pleurais rarement, même en subissant les plus mauvais traitements. Inévitablement, ces procédés me dégoûtaient de l'école et, on doit en convenir, ils n'étaient pas de nature à encourager un enfant à demi sauvage qu'il aurait fallu apprivoiser par des caresses, de bonnes paroles, au moyen desquelles on assouplit les natures les plus récalcitrantes.

« Un jour, en revenant de l'école, j'appris que mes parents venaient d'être arrêtés à la suite d'une accusation de vol et qu'ils avaient été provisoirement écroués à la prison de ***, chef-lieu du district. Mon extrême jeunesse, mon ignorance des choses de la vie m'empêchèrent d'apprécier la gravité d'un pareil fait. Je ne ressentis qu'un grand chagrin d'être séparé de mes parents, surtout de ma mère.

« Dès le lendemain, je fus mis en pension, aux frais de la commune, dans une famille de paysans, mais d'une situation voisine de la pauvreté. J'ignore les conditions fixées, par l'administration communale des pauvres, à la famille qui me sollicita et à quel prix celle-ci m'accepta. Toujours est-il que l'usage, généralement suivi, livre des existences au rabais, contrairement à ce qui se pratique en Amérique pour la traite des esclaves. Les paysans riches ne veulent pas des pensionnaires comme moi parce qu'ils en seraient incommodés. Seuls les ménages dont le budget est bien précaire convoitent des êtres qui ont besoin de soins et de protection et qui n'y trouvent ni les uns ni l'autre.

« La misère et l'avarice de mes maîtres se faisaient sentir dans la quantité comme dans la qualité de la nourriture que je recevais. Bien souvent, en proie à une faim dévorante, je ramassais les miettes de pain et des débris beaucoup moins ragoûtants qui tombaient sous la table. Une fois, ne pouvant résister à l'appétit féroce qui me tourmentait, j'eus la témérité de dérober la ration de café au lait qu'on avait donnée au chat. L'animal en avait déjà bu une certaine quantité, et au moment où j'achevais ce qui était resté dans l'assiette, la paysanne m'aperçut et, entrant dans une violente colère, elle me prit par l'oreille qu'elle tira de toute sa force : « Ah ! petit vaurien, hurla-t-elle, c'est comme ça que tu voles la nourriture du chat ! La pauvre bête mourrait de faim si tu restais longtemps ici. Mais, je vais te corriger, moi, tu vas voir ça ! » En disant ces mots, elle me traîna vers une espèce de cave, humide et puante, sans soupirail, où la lumière ne pénétrait jamais et où je fus enfermé toute la journée et toute la nuit suivante, en compagnie d'une légion de rats que j'entendais courir et jouer autour de moi.

« Pendant cette nuit atroce, tout en pleurant et me désespérant, je résolus de fuir cette maison où la faim et les mauvais traitements étaient mon unique lot et me poursuivaient avec plus d'acharnement que jamais.

« Quelques jours plus tard, j'entendis, par hasard, une conversation entre voisins. Ils parlaient de mes parents et j'appris qu'ils avaient été jugés, condamnés et transférés à la prison de Fribourg pour y subir leur peine. Je résolus sur-le-champ d'aller les trouver, et deux jours après, par une belle soirée du mois d'août 18.., je quittai pour la première fois mon village natal, seul, sans ami, sans connaissance, sans argent, n'ayant aucune direction et ne possédant autre chose que les vêtements que j'avais sur le corps. Je cheminais tristement sur la route de Fribourg. Peu à peu, le sentiment de mon isolement et de ma détresse me fit pleurer à chaudes larmes et je balbutiai de temps en temps, comme moyen de soulagement, le mot de « mère. » La soirée était déjà bien avancée quand, après avoir traversé une forêt contiguë au village de "", j'arrivai à celui de "". Ne sachant où trouver un asile pour passer la nuit, je pris le parti de me coucher sur le sol, près de la porte d'une maison à laquelle j'avais frappé sans pouvoir me faire ouvrir. Accablé par la fatigue, je m'endormis aussitôt. Je fus réveillé à la pointe du jour par le bruit que faisait un char qui passait sur la route. Le charretier, qui était un brave homme, me laissa monter sur sa voiture et me conduisit à "", lieu de sa destination. C'était la première fois que je me trouvais dans une ville d'une certaine importance; aussi, malgré tout mon empressement d'arriver au plus tôt à Fribourg, je ne pus m'empêcher de satisfaire ma curiosité en regardant tout, examinant tout, et tout ce que je voyais m'émerveillait. Au bout de quelques heures, le souvenir de mes parents m'arracha à mes distractions et je me remis en route. Un peu avant midi, j'atteignis les premières maisons de ***, et comme je n'avais rien pris depuis mon départ de *** je commençai à sentir un impérieux besoin de manger. Sur le bord de la route qui traverse le village, je vis une maison de belle apparence qui semblait être habitée par des paysans riches. Je frappai à la porte qui me fut ouverte par un jeune garçon à peu près de mon âge, gros, joufflu, bien portant et bien vêtu. Il me demanda poliment ce que je voulais. « Un peu de pain, pour l'amour de Dieu, lui répondis-je, j'ai faim ! » Cet enfant me fit entrer dans une grande pièce du rez-de-chaussée qui servait de cuisine et où je trouvai une paysanne qui me parut être la mère de mon introducteur. Cette femme avait un air si doux et si bon qu'il m'inspira toute confiance. Quand j'eus réitéré ma demande, elle me dit :

« — De quel endroit êtes-vous ?

« — De ***, madame.

« — De *** ! fit-elle en me regardant avec étonnement. Mais vous n'êtes pas venu seul à *** ?

« — Je vous demande pardon, madame, je suis venu seul.

« — Et où allez-vous comme ça, mon enfant ?

« — A Fribourg, madame.

« — A Fribourg ! Ce n'est pas possible ! Ce sont sans doute vos parents qui vous y envoient ?

« — Oh ! non, ce ne sont pas mes parents. Ils seront bien étonnés au contraire de m'y voir.

« Les larmes me vinrent aux yeux en disant cela, et, m'asseyant sur une chaise, je racontai mon histoire. Quand j'eus fini, la paysanne elle-même, très émue, me fit asseoir devant une table, puis me servit un déjeuner simple, mais copieux, et me pressa de manger autant que je pouvais. Je ne me fis pas prier, et quand je fus rassasié je remerciai chaleureusement cette excellente femme. Me sentant complètement restauré et reposé, je me disposai à repartir. La paysanne me reconduisit jusqu'à la route ; en me disant adieu, elle me glissa dans la main une pièce de cinquante centimes. Je ne voulais d'abord pas accepter cet argent, mais elle insista tellement que je dus le garder. Je la remerciai de toute l'effusion de mon cœur. En deux heures et demie de marche, j'arrivai au village de "" qui est encore à une bonne distance de Fribourg. Une brise légère rafraîchissait l'atmosphère, apportant à mon odorat le parfum du foin nouvellement coupé. Les étoiles commençaient à briller dans un ciel pur et d'un bleu foncé, comme des diamants enchâssés dans des lapis-lazuli. J'oubliai un instant tous mes chagrins, je me sentais heureux de vivre, d'être libre, et j'avançais gaîment aussi vite que possible. Il se faisait tard, et, comme je ne voulais pas arriver de nuit à Fribourg, je m'adressai à une famille de cultivateurs et demandai la permission de passer la nuit chez eux. Ils m'accueillirent avec une bienveillante hospitalité que je n'oublierai jamais.

« Le lendemain j'arrivai à Fribourg vers dix heures. Mon premier soin fut de m'informer où se trouvait la Maison de correction et je m'adressai pour cela à un marchand de fruits installé près du tilleul. Pendant que cet homme me donnait le renseignement que je lui avais demandé, il s'interrompit tout à coup pour me dire :

« — Eh ! mais, tenez, voyez-vous là-bas ces deux hommes qui sont arrêtés devant un magasin ?

« — Oui.

« — Eh bien, l'un d'eux est un gardien de la Maison de correction et l'autre est un détenu de ce pénitencier qui est en commission avec lui. Attendez là un moment ; quand ils descendront la rue, vous n'aurez qu'à les suivre.

« J'attendis un peu, et quand ces deux hommes eurent fait quelques pas dans la direction où j'étais, quels ne furent pas mon étonnement et ma joie en reconnaissant mon père dans le détenu qu'accompagnait le gardien ! Je courus à lui, en me jetant dans ses bras : « Père, lui dis-je, je suis venu vous trouver... » Il est impossible de décrire la surprise et le contentement de mon père en me voyant. Il me combla de caresses et me fit rapidement tant de questions, que je ne sus à laquelle répondre d'abord. Comme nous parlions à haute voix, on finit par nous remarquer, et le monde commençait à se rassembler. Voyant cela, le gardien dit à mon père : « Prenez votre enfant, et venez avec moi. » Il nous conduisit dans un restaurant près de là et me fit apporter un petit pain au lait et un verre de vin. La maîtresse de l'établissement, qui s'était informée de la cause du rassemblement qu'elle avait aperçu sur la place quelques instants auparavant, me servit elle-même en s'entretenant, avec le gardien et mon père, du voyage qu'avait fait un enfant de huit ans et des difficultés que j'avais surmontées pour revoir mes parents. Ce trait d'amour filial l'avait vivement impressionnée. Elle m'examina attentivement et jugeant, d'après mes vêtements, que j'appartenais à une famille très pauvre, elle alla me chercher un pantalon, un veston et une paire de souliers qui, sans être neufs, étaient encore en assez bon état.

« Je restai une semaine à Fribourg, pendant laquelle il fut permis à mes parents de me voir tous les jours. Le directeur de la Maison de correction avait écrit au syndic de ma commune que j'étais à Fribourg depuis tel jour, et, le lendemain de la réception de cette lettre, le garde champêtre fut envoyé pour me ramener. Après avoir bien embrassé mes parents, je partis avec cet homme, malgré la crainte que j'avais d'être logé de nouveau chez la paysanne qui m'avait tant maltraité. Mais je fus agréablement surpris, le lendemain de mon arrivée à ***, d'être installé dans une honnête famille, où je n'eus plus à redouter ni la faim ni les coups, et où je ne fus plus forcé de disputer au chat sa pitance quotidienne.

« J'ai déjà dit que la conduite de mon père était peu

faite pour donner de l'édification à sa famille. J'ai cherché longtemps, mais inutilement, le moyen de me dipenser de citer le fait suivant. Je crois comprendre le devoir du respect qui me commanderait le silence si je ne le devais à la vérité que je me suis imposée en écrivant mes mémoires et de découvrir, comme je le disais en commençant, les écueils cachés dans le chemin.

« Plusieurs années s'étaient passées, mes parents avaient repris la responsabilité matérielle de l'entretien de leur famille et le train de vie de mon père avait recommencé ; la détention n'avait pu déraciner des habitudes contractées dans la boisson. Un jour, après beaucoup de préambules dont le but était de préparer ma conviction et de m'arracher un consentement anticipé, mon père me proposa de l'aider à commettre un vol assez important qu'il méditait depuis quelque temps. Je fus d'abord scandalisé de m'entendre faire une semblable proposition par mon propre père, tant il est naturel pour des enfants d'envisager leurs parents comme des êtres approchant de la perfection. Je fus tellement ahuri de son langage que d'abord je refusai net. Il insista, revint plusieurs fois à la charge, mettant en jeu toutes les ressources de l'éloquence paternelle et disposant des moyens de fascination qu'elle a en son pouvoir. Il me fit un tableau navrant de la misère où nous étions, m'en exagéra la profondeur ; il me signala l'impérieuse nécessité d'en sortir, ne trouvant d'autre voie que celle du vol ; il m'assura que nous pourrions agir sans crainte et en toute sécurité. Puis enfin, ayant renouvelé toutes ses instances et pour achever de me convaincre, il me fit boire plusieurs verres d'eau-de-vie. La boisson, qui donne de la force au crime, aidant, je me décidai enfin à l'accompagner.

Le projet consistait en un vol qui devait se commettre avec effraction, pendant la nuit, dans une maison habitée, située à huit kilomètres de l'endroit où nous nous trouvions. Nous nous mîmes en route par une belle mais froide soirée. Chemin faisant, la vapeur de l'alcool commençait à diminuer, et à mesure que ce travail de résurrection s'opérait, je sentais augmenter le regret de ma complicité et cherchais à détourner mon père de son projet, ou tout au moins à m'esquiver de lui si je parvenais à y réussir. Nous approchions du terme de notre course quand une idée me vint. Nous étions près du village de ***. Mon père était légèrement atteint de surdité et je le connaissais pour être très superstitieux. Je n'ai pas besoin dès lors de dévoiler son ignorance, car un ignorant est toujours superstitieux. Je résolus de mettre à profit ces deux côtés faibles. Minuit venait de sonner à l'horloge d'une église dont on apercevait le clocher dans le lointain, lorsque je m'arrêtai tout à coup et lui dis :

« — N'entendez-vous pas ?

« — Quoi donc ? me demanda-t-il.

« — Mais le cri de la chouette juste au moment où il sonne minuit au clocher de ***.

« Il existe dans nos campagnes une croyance qui surpasse le ridicule relativement au cri de cet oiseau. On prétend qu'un malheur ne tarde pas à frapper celui qui l'entend à l'heure néfaste.

« Mon père prêta attentivement l'oreille, mais n'entendit rien, par la raison bien simple qu'aucun bruit n'interrompait le silence de la nature dans le sommeil.

« — Est-ce que tu l'entends toujours ? me disait-il encore.

« Je lui répondais : oui.

« — Es-tu bien sûr que ce soit une chouette ?

« Je lui affirmais que j'en étais sûr.

« — C'est singulier, reprenait-il, ces oiseaux ne font généralement entendre leur cri qu'en automne.

« En ce moment un chat, probablement en tournée d'aventures, se mit à miauler comme autrefois le coq se mit à chanter pour rappeler à Pierre sa lâcheté en présence d'une servante.

« Je m'écriai aussitôt :

« — Tenez, voilà, ne l'entendez-vous pas?

« — Oui, il me semble avoir entendu quelque chose comme un cri, me répondit-il, un peu troublé.

« Je profitai de cette occasion pour le faire renoncer à son projet, lui répétant à satiété que le cri de la chouette nous annonçait un malheur et que son avertissement était infaillible. Il se laissa persuader plus facilement que je ne l'aurais cru et nous revînmes sur nos pas. Mais lui n'était pas homme à abandonner ainsi son plan, une fois qu'il l'avait bien tracé. Peu de jours après, il retourna, seul cette fois, à la maison convoitée, et réussit pleinement dans l'exécution de son œuvre. Plainte fut déposée, et la gendarmerie vint arrêter le coupable. Pendant cet intervalle, j'étais rentré à la maison. »

Nous ne nous arrêterons point à signaler tous les crimes ou les délits commis par cet être abandonné dès l'âge de huit ans : l'énumération en serait trop longue, car elle tient tout un volume. Néanmoins, nous ne pouvons résister à l'envie qui nous pousse à dévoiler encore quelques faits remarquables de hardiesse, de combinaison et de sang-froid.

Evasion de la tour de ***.

« Je fus transféré dans une tour située à une cinquantaine de mètres de ma prison et où j'occupai une cellule au second étage. Le gendarme qui m'y conduisit me dit en me quittant :

« — Eh bien ! je vous laisse là, à l'abri du soleil et de la pluie, avec un habit de briques, la doublure en ciment.

« Après cette aimable facétie, je me mis à examiner attentivement si cet habit de briques, doublé de ciment, n'avait pas quelque trou par lequel je pourrais m'exposer à la pluie et me faire sécher au soleil. Je constatai, en effet, que la tour était construite en briques et non en pierres, circonstance qui me donna de suite l'idée de tenter une évasion.

« J'étais seul dans cette tour ; il n'y avait d'autre prisonnier que moi, et elle était complètement isolée. De toute la journée, je n'entendais aucune voix humaine, et le silence de la nuit n'était interrompu que par les cris des chats-huants et des chauves-souris qui habitaient sous le toit, situé immédiatement au-dessus de ma cellule. Le geôlier venait m'apporter tous les matins le pain et l'eau qu'il me donnait au travers du guichet pratiqué dans la porte, et je ne le voyais plus de la journée. Le service de propreté ne se faisait qu'une fois par semaine, le dimanche matin, et l'instruction de mon affaire s'étant terminée le jour où on m'avait fait changer de prison, j'étais sûr que, pendant plusieurs jours de suite, personne n'entrerait dans ma cellule.

« Un dimanche donc, pendant la soirée, je commençai à démolir le poêle de ma prison. Il était construit presque entièrement en moellons et j'en vins facilement à bout. Ensuite, je sortis dans le corridor, par la petite porte en fer au travers de laquelle on passe le bois de chauffage pendant l'hiver, et me dirigeai vers l'escalier. Etant descendu d'un étage, quels ne furent pas ma surprise et mon chagrin de trouver mon chemin barré par une lourde porte en fer qu'il me fut impossible d'ouvrir ! Je dus retourner sur mes pas, rentrer dans ma prison et réparer de mon mieux les dégâts faits au poêle. En retournant dans ma cellule, j'avais remarqué que la porte d'une autre cellule était ouverte. J'y pénétrai et m'emparai d'un grand carré de toile grossière que j'y trouvai dans un coin. Pendant toute la journée du lundi, je m'occupai à défaire la trame de cette toile en enlevant, un à un, les fils et les attachant les uns au bout des autres ; je parvins à confectionner une corde très mince, mais encore solide, d'une cinquantaine de mètres de longueur. Le soir même, je quittai de nouveau ma cellule ; mais, au lieu de descendre, je montai jusqu'au toit de la tour. Arrivé là, je m'aperçus qu'entre le mur et la toiture il manquait assez de briques dans maint endroit pour laisser passer mon corps. J'avais eu soin de me munir de ma corde, et, après y avoir attaché une brique qui s'était détachée du mur, je la fis descendre avec précaution par l'une des ouvertures dont j'ai parlé, afin de m'assurer d'une façon précise quelle distance me séparait du sol. Quand la brique toucha terre, je fis un nœud à la corde, la remontai et la roulai autour de mon bras. Je descendis ensuite dans la cellule où j'avais trouvé le morceau de toile et fis main basse sur tout le linge que je pus rencontrer. Ensuite, le réunissant à celui que j'avais accaparé dans ma propre cellule, je parvins à fabriquer une corde assez solide pour supporter le poids de mon corps. Quand je mesurai cette corde avec celle qui me servait de guide, elle se trouva encore trop courte de quatre mètres environ. J'y suppléai en tressant ce qui me manquait avec la paille sur laquelle je me couchais. Je fis cette dernière opération dans l'obscurité, car depuis longtemps déjà la nuit étendait ses voiles sur le monde. Quand tout fut prêt, je remontai l'escalier de la tour et attachai une extrémité de la corde à l'une des poutres de la toiture. Je me hasardai alors à me lancer dans l'espace et à faire mon périlleux voyage. Je me glissai le plus doucement possible ; mais, en dépit de toutes mes précautions, je descendis les quelques derniers mètres assez rapidement pour m'écorcher cruellement les mains. Enfin, je touchai le sol avant de le voir, sain et sauf, après une descente de plus de soixante mètres.

« L'émotion que je ressentis de me retrouver libre, jointe à la satisfaction d'avoir pu abandonner aux gendarmes leur habit de briques doublé de ciment, fut telle que je restai là, au pied de la tour, quelques instants

sans pouvoir respirer. Je n'avais aucune hâte de m'é-
loigner de ce lieu où je me figurais être en sécurité.
Jamais la nature ne m'avait paru si belle. Les étoiles, si
brillantes, scintillaient dans un ciel d'azur ! Cette liberté
que je venais de reconquérir au péril de ma vie, et en
dépit de la gent tracassière, me semblait mille fois plus
précieuse que celle que j'avais payée chèrement par les
privations et les souffrances de la détention.

« L'horloge de la ville sonnant une heure du matin
vint me tirer de ma contemplation et de mes réflexions.
Je m'éloignai alors rapidement dans la direction d'un village voisin où demeurait un de mes amis et où j'arrivai
sans encombre.

« Après y avoir passé quelques jours et étant pour-
suivi par la police, je pris la détermination de me réfugier
dans la forêt de ***.

Séjour dans une forêt.

« Entre les communes de *** et de *** et aux confins de
celles de ***, ***, etc., se trouve la forêt de *** appartenant avec la ferme de ce nom à la ville de ***. Elle a
environ 200 poses d'étendue et elle se compose de bois,
essences sapin, chêne et foyard. Il s'y fait chaque année
des exploitations partielles, et de nouvelles plantations
remplacent les parties exploitées. Au bout de quelques
années, ces plantations nouvelles présentent des fourrés
presque impénétrables. La route de *** à *** longe une
partie de cette forêt et la laisse dans toute son étendue,
du côté du midi, à vingt-cinq minutes du village de ***.
Un chemin vicinal conduit de cette route à la commune
de ***, contourne la forêt pour la traverser ensuite avec
la ferme, dans sa partie supérieure. C'est entre cette
route et ce chemin, dans un de ces fourrés très épais,
que je jugeai à propos de fixer ma demeure. Le lende-

main de la rencontre de cette connaissance (personne qui m'avait avisé que la gendarmerie était à mes trousses), dès qu'il fit jour, je m'avançai dans l'intérieur de la forêt pour l'explorer et faire choix d'un endroit convenable. Je m'y. enfonçai tant que je pus. Après avoir examiné avec la prudence que comportait ma situation le lieu où je me trouvais, j'eus l'idée d'y construire une cachette ; je pensais pouvoir demeurer longtemps sans être découvert, perdu au centre d'une plantation qui n'avait pas moins de douze arpents de superficie. Je me mis de suite à la besogne ; avec la scie de mon couteau de poche, j'abattis huit sapelots aussi près du sol que possible, ce qui produisit un espace vide à peu près carré. J'abattis ensuite verticalement les branches des arbres environnants qui venaient se placer au milieu du vide. Je me trouvai alors dans une espèce de chambre sylvestre, sans toit, et dont les parois étaient composées d'arbres plantés si près les uns des autres qu'on ne voyait aucun jour à travers. Tout fut terminé avant le déclin du jour. Je m'assis alors et me couchai sur les débris des plantes abattues ; puis, enfin, je commençai à réfléchir sur mon triste sort. Vaincu par la fatigue, je finis par m'endormir et ne me réveillai que le lendemain au moment où le jour commençait à poindre. Il avait plu pendant la nuit, mes vêtements étaient trempés et je dus attendre que les rayons du soleil, en pénétrant dans mon asile, me permissent de les sécher.

« Voilà donc où j'en étais réduit !... A vivre caché dans les bois comme une bête fauve. A quelques pas de moi, des villageois que je reconnus, allaient, venaient, vaquaient à leurs affaires, s'amusaient, étaient libres, contents, sinon heureux, sans crainte de sentir la main de la justice les saisir au collet ; et moi, misérable proscrit, je passais la journée à réfléchir, à chercher par quels moyens je pourrais me procurer des vivres et quelques autres objets indispensables à l'existence. Pour me procurer ce dont j'avais besoin dans ma position, il ne me restait qu'une ressource, celle du vol, et je ne pouvais en user que nuitamment.

Expéditions diverses.

« Je partis un soir de ma cachette de la forêt pour ne revenir qu'au bout de trois jours. Le lendemain, à la tombée de la nuit, je me trouvais à ***. Je ne doutais pas que, dans cette ville même, je pourrais rencontrer quelqu'un qui pût me reconnaître ; aussi, je ne m'aventurai qu'avec précautions. J'eus cependant la hardiesse d'entrer dans un de ces établissements retirés où la police ne pénètre qu'à des heures tardives pour opérer des razzias savamment préparées. Au costume que je portais, on m'eût plutôt pris pour un bon paysan que pour un vagabond. Je m'y fis apporter un demi-litre pendant la dégustation duquel j'eus le loisir d'observer, à une table voisine, un vieillard de la campagne qui était venu en ville pour régler quelques affaires. Il devait à l'aubergiste 90 francs et lui remit en payement un billet de banque d? 500 francs, prix d'une pièce de bétail qu'il avait vendue à un boucher de la ville. L'aubergiste lui rendit en pièces d'or et d'argent les 410 francs de différence. Après avoir compté et recompté ses écus, le paysan les renferma soigneusement dans une bourse de cuir qu'il plaça ensuite au fond de la poche de son pantalon.

« Je sortis de l'établissement sans m'inquiéter du paysan ni de son argent et me dirigeai du côté de *** où je me proposais d'aller passer la nuit, puis de là continuer ma route sur ***. Il y a une distance d'une lieue et demie de *** jusqu'à ***. La route qui relie ces deux localités, bien que fréquentée, ne traverse aucun village; elle passe, au contraire, dans des ravins, des bois, dans presque toute son étendue, et elle semble franchir un désert.

A un endroit cependant, où deux routes se croisent, est la pinte du ***. C'est dans cet établissement bien retiré que je me proposais de m'arrêter pour attendre l'heure de mon arrivée à ***. J'y pris une consommation et j'en sortis à dix heures et demie. Il faisait froid, on était encore à fin mars.

« La route longe encore une forêt sur les deux kilomètres qui séparent la pinte du *** et le village où je me rendais ; mais les bords ne sont plus aussi escarpés et les arbres de la forêt ne sont plus aussi élevés. A un certain endroit, j'entendais comme des gémissements et des soupirs partant de ma droite. Je m'approchai, non sans quelque inquiétude, de l'endroit d'où partaient ces signes de détresse. Quelle ne fut pas ma surprise d'y trouver étendu sur le sol, et dans des convulsions que de trop fortes libations lui avaient causées, le vieillard que j'avais laissé dans l'auberge de *** ! J'eus beaucoup de peine à comprendre ce qu'il me répondit aux questions que je lui fis. A côté de lui se trouvait une bouteille de schnaps, vide au tiers. Je finis par savoir qu'il était de *** même, et je pris la résolution de l'emmener, sinon de l'emporter jusque chez lui. J'eus beaucoup de difficultés à lui faire franchir un fossé pour regagner la route et beaucoup d'efforts à faire pour le maintenir en équilibre. En trois quarts d'heure nous arrivâmes à son domicile situé à l'extrémité opposée du village. C'était une heure du matin. L'absence prolongée du père avait tenu toute la famille dans des craintes bien justifiées et faciles à comprendre. La mère n'avait pu se résoudre à aller se coucher, elle avait passé tout son temps à des allées et venues infructueuses, et quelle joie elle éprouva enfin de nous voir arriver ! Après avoir fait donner à son mari les soins que comportait son état, elle me fit servir un peu de nourriture qu'elle avait eu soin de tenir en réserve et m'offrit, pour le restant de la nuit, un gîte que j'acceptai de grand cœur. Le lendemain matin, je pris congé de la famille, non sans avoir partagé un déjeuner assez copieux qui fut servi. La mère se confondait en remerciements, à mon départ, sur le service éminent que j'avais rendu en ramenant à la maison le père, qui était encore en possession de son argent.

« — Le service que vous nous avez rendu, ajoutait-elle, est d'autant plus grand que tout le monde craint ce fameux *** de ***, qui commet tant de vols et qui cause tant de frayeur dans la contrée.

« — Eh bien, madame, n'en soyez pas tant épouvantée vous-même de ce *** de *** dont vous parlez, car c'est lui-même qui vous a ramené votre mari, lui-même que vous avez hébergé cette nuit et qui vous parle en ce moment.

« — Mais, est-ce possible que ce soit vous, N. ?

« Je n'en attendis pas davantage et m'éloignai au plus tôt, laissant sur la porte cette femme dans la consternation et la confusion.

« Je continuai ainsi mes allées et venues, pendant plus de cinq semaines, ayant pour domicile habituel la forêt de ***.

« Un soir, pressé par la faim et ayant absorbé mes provisions, j'eus l'idée de me rendre au village de *** où je connaissais une famille composée de la mère qui était veuve et de ses deux filles. J'étais sûr, là, d'être sinon bien accueilli, du moins accepté avec la discrétion que réclamait ma situation et la compassion qu'elle inspirait. Pendant que l'une des filles me préparait, à la cuisine, un petit repas, je m'entretenais, à la chambre commune, avec sa sœur qui causait et sa mère qui filait encore, bien que l'heure fût déjà tardive. Quoique les rideaux des fenêtres fussent tirés et que, du dehors, on ne pût rien distinguer de ce qui se passait au dedans, deux gendarmes, flairant le vent et entendant causer, heurtèrent à la porte d'entrée, demandant à s'introduire. Avant d'aller ouvrir et devinant qui c'était, la cuisinière vint d'un saut, dans la chambre, me faire signe de me cacher. Sa présence d'esprit, son intelligence m'indiquèrent le bahut (arche-banc), très commun dans la contrée, sur lequel la mère était assise, la quenouille en main. L'ouvrir et m'y précipiter, quoiqu'avec beaucoup de gêne, fut l'affaire de moins de temps qu'il n'en faut pour le dire. La bonne femme se rassit sur le meuble et continua son travail. Je n'y étais pas trop à l'aise, bien qu'étendu comme dans un cercueil, et je craignais d'étouffer si la scène qui eut lieu se fût prolongée; je n'y pouvais faire aucun mouvement. Les gendarmes entrèrent, s'informèrent si je n'étais pas là, prétendant avoir distingué ma voix, de l'extérieur. Sur la réponse négative, mais ferme, faite avec l'assurance que la charité donne quand elle remplit un devoir, quoique non légal, et après avoir fait des perquisitions partout, sauf dans le bahut, ils finirent par s'éloigner.

« Je regagnai, sans trop de retard, la forêt de *** où je me trouvais beaucoup plus en sûreté, mais d'où la nécessité me chassait pour aller aux emplettes.

« Quelques jours après, il m'arriva une aventure qui faillit me coûter la vie. Je m'étais introduit, certaine nuit, dans une maison d'un autre village de la contrée et étais en train de remplir un panier de vivres, provisions que je trouvais dans le buffet de la cuisine, quand j'entendis du bruit dans une chambre voisine. Sans lâcher mon panier, j'enjambai la fenêtre par laquelle j'étais entré et me mis à courir. Je n'avais pas fait vingt pas que j'entendis crier : « Arrêtez, l'ami, arrêtez ! » Au lieu d'obéir, je redoublai de vitesse, naturellement. Au bout de quelques secondes un coup de feu siffla à mes oreilles. Je ne fus pas atteint et continuai à courir pendant une bonne demi-heure, riant de la maladresse du tireur. Je dus enfin m'arrêter pour reprendre haleine. L'émotion et la course folle que je venais de faire m'avaient rendu l'appétit que le danger m'avait enlevé. Je me cachai dans un buisson et, m'armant de mon couteau de poche, j'attaquai le contenu du panier. Je n'avais pu emporter qu'une miche de pain, environ un kilo de fromage et deux pots de confitures. Je n'avais pas pris trois bouchées que je sentis du plomb de chasse rouler entre mes dents. Examinant le reste des provisions, je vis qu'un des pots de confiture était cassé; évidemment le coup de feu avait atteint le panier que je portais à la main. Cette découverte produisit en moi une impression telle que je ne riais plus de la maladresse du tireur. La peur me saisit pour longtemps.

« Le village de *** se trouvait dans la direction que je devais suivre pour retourner à ma résidence de la forêt. J'y arrivai vers une heure du matin et fus très surpris de voir de la lumière, à une heure aussi avancée, dans la salle commune du cabaret de ***. J'eus la curiosité, je devrais dire la témérité, de savoir qui pouvait s'y trouver à cette heure-là. Je m'approchai avec toutes les précautions possibles de la fenêtre qui donnait sur la route. Je pus alors distinguer cinq gendarmes installés autour d'une table sur laquelle on venait de porter un litre de vin. Ayant trinqué, ils causaient. Grâce au silence qui régnait au dehors et à l'ouïe très fine dont j'étais doué, je pus entendre distinctement la conversation. Ces messieurs, lancés à ma recherche, daignaient s'occuper de moi. Après plusieurs récits des gendarmes, aboutissant à des conclusions peu rassurantes pour mon avenir, l'aubergiste, homme à cheveux déjà gris, malgré ses trente-cinq ans, prit la parole et, voulant en savoir plus long que les autres sur l'audace de mes exploits, raconta d'un ton qui me fit sourire son aventure du soir où j'entrai dans sa chambre.

« — Jamais de ma vie, dit-il, je n'eus aussi peur que le soir que N... voulut s'introduire dans ma chambre. J'étais au lit, dormant à moitié, quand je vis la porte s'entr'ouvrir et un homme paraître; je reconnus N...

J'appelai mon frère qui couchait dans la chambre voisine.
N... décampa alors avec une vitesse prodigieuse, et moi,
malgré ma frayeur, j'eus la présence d'esprit de sauter
hors du lit et de fermer à clef la porte de ma chambre.
Cela fut l'affaire de deux secondes. J'ouvris alors la fenêtre et continuai à donner l'alarme en criant : *Au voleur !*
J'étais perché dans l'ouverture de la fenêtre quand N...
passant à deux mètres de moi se laissa tomber du bord
du toit dans la rue, arrivant sur le sol de tout le poids de
son corps. Je crus que la chute d'une pareille hauteur ne
lui aurait pas permis de se relever : il n'en fut rien, il se
releva prestement et prit la fuite avec une telle rapidité
qu'en moins de trois secondes je le perdis de vue. »

« La conversation que je venais d'entendre produisit
sur mon être une telle impression, par la crainte de tomber
entre les mains de mes poursuivants, que je la sentis
pénétrer jusqu'à la moelle des os. Comme aussi, pensant
que cette brigade de gendarmes ne tarderait pas à sortir
de l'établissement, je jugeai prudent de décamper aussitôt
et m'éloignai avec précautions de la fenêtre, portant mes
souliers à la main. Il pouvait être trois heures du matin.

« De retour dans ma demeure de la forêt, j'étais brisé
de fatigue, je me couchai sur mon lit de feuilles et m'endormis. Après un sommeil de deux heures environ, je
me réveillai. La scène dont j'avais été témoin pendant
cette nuit me revint aussitôt à la mémoire. « Je suis un
homme perdu, me dis-je à moi-même, je finirai ma vie
en prison. » Attristé par le souvenir de ce que j'avais
entendu et par l'émotion, je versai des larmes amères
pendant deux longues heures. Le restant du jour se passa
dans des réflexions analogues.

« Vers le soir, je finis par prendre la détermination
d'abandonner ma demeure et de quitter la contrée pour
toujours. Je résolus de partir le lendemain. Ce n'était
point sans regrets que je devais quitter ces lieux, témoins
de tant de souffrances, mais qui m'étaient devenus chers

parce qu'ils m'avaient donné de la sécurité pendant longtemps et qu'ils avaient rendu inutiles toutes les poursuites de la police. Je voulus laisser toutes choses en place,
afin que, plus tard, on pût retrouver tous les objets qui
m'avaient servi, comme preuves d'une existence misérable dont le souvenir ne s'éteindra que lorsque la main
qui trace ces lignes sera paralysée par l'agonie, que le
sang qui coule dans mes veines sera glacé par le froid de
la mort.

« Pour sortir de ma cachette, je pris toutes les précautions que la prudence me suggéra. Je traçai d'avance
mon itinéraire, sauf à le modifier selon les circonstances.
Ce qui était le plus important, c'était de pouvoir traverser, sans être reconnu, le territoire de la commune de ***
et du village de ***. Les populations de ces deux localités
n'étaient pas encore revenues de la terreur que leur
avaient causée les nombreux vols que j'avais commis chez
elles et dont, avec raison, elles me soupçonnaient d'être
l'auteur.

« Elles n'avaient pas manqué de me dénoncer à la justice et elles ne devaient pas manquer l'occasion non plus
de me poursuivre, si elles pouvaient avoir des indices de
mon passage au milieu d'elles. Je résolus donc de partir
de grand matin, bien avant le jour. A la faveur de l'obscurité, je traversai, en effet, sans encombre et sans rencontre ces deux localités. Au lever du soleil, je me trouvai
sur les hauteurs qui dominent la vallée de ***. Le temps
était clair et calme, le ciel était pur. Là, je m'arrêtai
pour contempler le paysage, m'asseyant sur le gazon, au
bord d'un sentier. Je voyais tous ces villages que je connaissais si bien pour les avoir si souvent parcourus. J'y
avais même des amis. Lorsque je considérai que j'étais
ainsi forcé de quitter ma patrie, en butte à des poursuites
incessantes, à des angoisses perpétuelles, souffrant constamment du froid, très souvent de la faim, le regret qui
m'oppressait au souvenir de tant de choses qui m'étaient

7

néanmoins bien chères, je ne pus m'empêcher de verser
encore un torrent de larmes !...

« La liberté est un bien précieux, mais il n'en faut user
qu'avec modération. Malheureux est l'insensé qui en
abuse.. »

Après l'exposé des extraits de la vie du détenu X...
nous reprenons nos observations sur la statistique concernant **les orphelins** et les **enfants abandonnés**, et
pour donner plus de poids à ces observations, comme
pour bien faire comprendre que, dans tous les pays, on
reconnaît que l'on doit à l'orphelin ou à l'abandonné une
protection spéciale afin de le maintenir dans la voie de
l'honneur et partant de diminuer les causes premières
qui conduisent directement au crime et au délit, nous ne
pouvons mieux faire que de placer sous les yeux du lecteur quelques extraits présentés au Sénat français par
M. Th. Roussel, sénateur, dans son rapport publié
en 1882.

« Les secours publics, est-il dit, accordés à l'enfance
malheureuse, en vertu des lois actuelles d'assistance, ne
s'appliquent qu'aux mineurs désignés sous le nom d'**orphelins**, c'est-à-dire à des enfants sans parents. Les
enfants abandonnés par leurs parents, c'est le plus grand
nombre, sont réduits aux secours de la charité.

« La charité se reconnaît dans l'impossibilité d'arracher à la mendicité, au vagabondage, à tous les dangers
de la rue, une partie considérable de ces délaissés, à
cause de l'insuffisance de nos lois plutôt que de l'insuffisance de nos ressources.

« Ce fait du délaissement de nombreux enfants indigents, que l'assistance publique exclut et que la charité
n'a pas le droit de garder à cause de l'existence de leurs
parents, a pris la gravité d'un mal public redoutable.
Dans ces milieux où la misère, l'ivrognerie, l'ignorance,

l'absence de culture morale ne vont pas sans l'effacement
des sentiments et de l'esprit de famille, l'enfance est en
proie, à peu près impunément, à toutes les défaillances,
à tous les abus, à **tous les excès de la puissance paternelle**. Les faits particuliers que la presse enregistre
chaque jour, les scènes judiciaires qui se succèdent sans
interruption, montrent avec évidence que c'est là une des
sources de cette corruption et de cette perversion précoces qu'on signale partout comme un mal en progrès. Si
nous recherchons, en effet, sous quelles influences l'enfance délaissée devient si aisément **l'enfance coupable**
et bientôt **l'adolescence pervertie** et la **jeunesse criminelle**, l'examen des faits particuliers révèle presque toujours l'incapacité ou l'indignité des parents comme condition préalable, en sorte qu'il n'est pas permis d'attendre de sérieux effets de l'éducation, tant que la puissance
paternelle continuera à lui faire obstacle. Il y a là une
des plus douloureuses plaies de notre société, et il y a
aussi pour l'avenir d'un pays où tout individu qui atteint
l'âge de la majorité est investi des droits de citoyen, un
trop grave danger pour que **les pouvoirs publics** puissent reculer devant les résolutions que cette situation
commande.

« Un double programme s'impose :

« Etudier d'abord les dispositions qui pourraient être
proposées au Corps législatif, relativement aux cas de
déchéance de la puissance paternelle à raison d'indignité,
et, comme corollaire, les obligations autant morales que
matérielles qui **incombent aux administrations communales**, dans l'occurrence ;

« Enfin l'établissement, dans un avenir prochain, de
moyens efficaces à protéger la situation légale des enfants
indigents délaissés par leurs parents.

« **Il est donc plus pressant de compléter nos lois
d'assistance concernant les orphelins et les enfants
abandonnés que de reviser nos lois répressives.**

C'est en organisant, à bref délai, un système d'éducation préventive qu'on peut influer notablement sur le développement moral de notre jeune population, et arrêter dans son sein ce flot montant de délits et de crimes dont l'opinion publique est alarmée. »

Cette dernière observation a été bien sentie par l'honorable et éminent magistrat qui a terminé sa laborieuse carrière par un testament qui vient, sinon supprimer, du moins diminuer les difficultés de la question, en réglant d'une manière satisfaisante, pour la partie catholique du canton, le sort des jeunes délinquants et des précoces criminels, dont la pépinière se trouve dans les enfants abandonnés, délaissés ou maltraités.

Que le lecteur nous permette d'adresser un acte de reconnaissance tout particulier à celui qui fut, pendant plusieurs années, notre soutien, notre guide et notre supérieur ; nous ne pourrions mieux faire qu'en retraçant la vie de notre ancien Président, M. Philippe-Alexis Fournier, Conseiller d'Etat, écrite par son collègue, l'honorable H. de Schaller, Conseiller d'Etat, et telle que nous la trouvons dans l'*Album Fribourgeois,* publié par Jh. Reichlen.

« **Philippe-Alexis Fournier,** fils du receveur François, allié Chaney, naquit à Estavayer le 14 juin 1818. Il fit ses premières études aux Collèges des Jésuites d'Estavayer et de Fribourg, où il se distingua par ses talents, sa piété et l'aménité de son caractère. Il se rendit ensuite au Collège de Schwytz pour y faire ses deux années d'études philosophiques et apprendre la langue allemande ; enfin, il étudia le droit pendant une année à l'Université de Munich, et pendant une année à l'école de droit de son canton. Le 15 avril 1844, il fut nommé au poste de secrétaire du Conseil d'éducation, qu'il occupa jusqu'en novembre 1847. Son oncle, l'Avoyer Fournier, avait confiance dans ses talents et sa discrétion. Il le chargea, pendant cette époque agitée, de plusieurs missions confidentielles et le prit plus d'une fois comme secrétaire de la députation fribourgeoise à la Diète helvétique ; aussi notre collègue avait-il une grande connaissance des hommes et des choses en Suisse. Après la tentative insurrectionnelle du 6 janvier 1847, Philippe Fournier fut nommé secrétaire du Juge instructeur spécial, chargé de diriger les enquêtes contre les auteurs du soulèvement.

« Les troupes fédérales occupèrent Fribourg, le 14 novembre 1847 ; le Gouvernement dut abdiquer et la famille Fournier fut durement éprouvée. Le jeune Philippe Fournier rentra dans la vie privée et il eut le courage de fonder, avec le concours du libraire Meyll, un journal d'opposition au nouveau régime. Il le rédigea avec un tact parfait et s'attira ainsi le respect de ses adversaires politiques, tout en rendant d'éminents services à la cause conservatrice, dont il préparait habilement le retour aux affaires. La réaction eut lieu, en effet, aux élections de décembre 1856. Le poste de greffier du Tribunal cantonal devenait vacant par suite da ma promotion au poste de préfet du District de la Singine. Je fus obligé de faire des instances réitérées auprès de M. Fournier, dont la modestie égalait le talent, pour le décider à s'inscrire à ce poste qui devait certainement l'acheminer à d'autres charges publiques. En effet, déjà le 4 mai 1860, il échangea la plume de greffier contre un fauteuil de Juge au même tribunal cantonal, en remplacement de M. Wuilleret, de Romont, décédé. En décembre 1861, il fut élu Député au Grand Conseil, et, le 20 mai 1862, Conseiller d'Etat.

« Les attributions des Directions du Conseil venaient d'être modifiées et M. Fournier fut chargé de la Direction de Police, comprenant, outre la police générale, les affaires sanitaires, les concessions d'auberges et autres établissements analogues, les pénitenciers, la Commission d'assurance contre les incendies, etc. Il se mit avec ardeur à la réorganisation de ces divers services, dont plusieurs avaient été négligés par ses prédécesseurs. La bonne tenue des geôles et de nos divers établisse-ments lui tenait spécialement à cœur et nous lui devons, dans ce domaine, des réformes importantes. A plusieurs reprises, il chercha à constituer, dans notre canton, une société protectrice pour les détenus libérés, et il leur vouait lui-même une sollicitude toute paternelle. En 1882, il s'occupa activement de l'établissement, à Dro-gnens, d'une maison de discipline pour les jeunes gens vicieux. Cette combinaison échoua pour des motifs finan-ciers, mais M. Fournier avait pourvu à l'avenir. Par testament du 14 avril 1878, il consacrait toute sa fortune, consistant en plus de 200.000 francs (sauf environ 40.000 francs de legs pies et de donations à sa famille), à la fondation d'une maison de correction et de disci-pline pour les enfants coupables ou vicieux des paroisses catholiques de notre canton.

« La mort nous enleva M. Fournier le 18 août 1886, en pleine carrière administrative. Il n'avait que soixante-huit ans, et il avait siégé pendant vingt-quatre ans au Conseil d'Etat, aimé de ses collègues, chéri de ses subordonnés, estimé de tous ses concitoyens. Chrétien convaincu et conservateur de vieille roche, bon juriste, formé dans les traditions de respect et de convenance de l'ancienne école parlementaire, fin dans ses observations, courtois dans ses procédés, il savait accepter les formes nouvelles sans rien céder de ses principes inébranlables. Dans la vie privée, M. Fournier était d'un commerce doux et agréable. Il aimait la nature, la botanique, nos belles montagnes de la Gruyère, les fêtes patriotiques et reli-gieuses qui élèvent l'âme et réchauffent le cœur. Je l'ai accompagné à l'inauguration du monument d'Arnold de Winckelried, à Stanz, à celle du monument de Neuenegg, aux fêtes séculaires de Morat, et à bien d'autres solennités. J'ai admiré les sentiments de l'homme de foi et de l'ami de sa patrie.

« Les obsèques de M. le Conseiller d'Etat Fournier ont eu lieu à Fribourg, le samedi 21 août 1886, avec le cérémonial d'usage et un cortège nombreux. Les Gouvernements voisins ont bien voulu s'associer à notre deuil de famille. MM. les Conseillers d'Etat Estoppey, de Vaud, et Dunant, de Genève, se sont faits les interprètes éloquents des délégations pour rappeler les vertus du défunt et l'estime générale dont il jouissait dans son canton et au dehors. »

(H. SCHALLER, Conseiller d'Etat.)

Comme nous venons de le voir, la générosité de M. Philippe Fournier a déjà fondé une œuvre appelée à répondre aux besoins actuels en ce qui concerne l'éducation de l'enfance malheureuse.

Nous avons également cité les devoirs des administrations communales envers une partie de leurs pauvres ressortissants. Pourtant nous devons nous empresser de reconnaître que plusieurs communes de notre canton s'occupent d'une manière distinguée du relèvement des enfants abandonnés. Mais ce n'est pas la commune qui, la première, doit être intéressée au sort de la jeunesse et répondre de son avenir. La grande responsabilité en incombe surtout aux parents. Malheureusement une partie de ces derniers ignorent complètement les devoirs sacrés que les lois divines et humaines leur imposent. Combien d'entre eux ne traitent leur progéniture que comme une vile marchandise! A peine le Créateur a-t-il donné à ces petits êtres la faculté de se mouvoir sans le secours des bras maternels, que déjà ils doivent, par des moyens que l'honnêteté et l'humanité réprouvent, venir par la mendicité, puis plus tard par le vol, en aide à des parents dénaturés.

A ce sujet, nous nous permettons de reproduire quel-

·ques lignes d'un spécialiste distingué. Elles sont extraites d'un travail présenté au Sénat de France, par M. le Vicomte d'Haussonville. (*Etude sur le vagabondage des enfants.*)

« Il est à admettre, par le progrès des idées et des mœurs, que si le vagabondage et la mendicité d'un enfant doivent être considérés comme des délits, ce sont des délits imputables à ses parents. En fait, la mendicité n'est presque jamais un acte spontané de l'enfant. Presque toujours elle est enseignée, commandée par les parents et trop souvent exigée sous peine de cruels sévices. Il est assuré qu'à Paris, les trois quarts des enfants qui mendient, mendient pour obéir à leurs parents. Qui de nous, ayant pitié d'un enfant qui lui tend la main dans la rue et voulant ajouter au sou demandé l'aumône de quelques bonnes paroles, n'a appris de la bouche du petit malheureux qu'il sera battu s'il ne rapporte pas à son père ou à sa mère une certaine somme? Comment s'étonner que, dans ces conditions, les condamnations des enfants pour vagabondage et mendicité soient tombées en désuétude, en sorte que l'on est fondé à dire que, si ces délits existent en droit, ce sont des délits sans répression? L'indulgence inévitable qui en résulte permet au petit mendiant de faire son apprentissage du vol. Il répugne à la justice de condamner et d'envoyer en correction dans un établissement pénitentiaire ce délictueux; mais après des arrestations sans suite, ces petits mendiants et vagabonds sont rejetés dans le milieu corrupteur où la police les a saisis, où de nouvelles chutes les attendent, où l'*absence d'éducation*, les sollicitations de la misère et du vice les préparent en trop grand nombre pour la carrière des récidives, des désordres et des crimes.

« Pour cette question donc, il n'est pas possible au législateur de l'écarter et il n'y a pas d'autre solution qu'une organisation de l'assistance, *par la voie légale pour les communes, et par le concours privé de la charité.*

« Pour cela faire, le législateur n'aura pas de peine à se convaincre que le petit mendiant n'est pas un délinquant qu'il faille punir et dont l'existence puisse être flétrie par une mesure correctionnelle, mais qu'il est un **délaissé** auquel la société doit le pain, l'asile et l'éducation que sa famille est incapable de lui donner.

« Cette sollicitude et ces devoirs des pouvoirs publics doivent s'étendre surtout sur les filles mineures de seize ans que l'indigence et le délaissement jettent dans la prostitution. Ils ne doivent pas attendre qu'un tribunal ait reconnu, ait constaté l'indignité des parents ou prononcé leur déchéance, pour prendre sous leur protection la moralité et la santé des enfants élevés dans les désordres qui ont presque toujours leur libre cours dans la boisson. »

Que ces lignes s'appliquent bien à l'état actuel de notre pays ! Que de fois ne rencontrons-nous pas les tristes faits signalés par M. le Vicomte d'Haussonville ! Aussi, nous ne sommes point surpris du contenu du splendide testament de feu l'honorable M. Nicolas Duvillard, préfet du district de la Gruyère, magistrat intègre, dévoué à toutes les œuvres de charité publique, ayant pour mobile unique le soulagement des petits et des faibles et vouant toutes les sollicitudes de son âme aux malheureux. Dans ses fonctions, il a pu se convaincre, comme nous l'avons déjà signalé, que l'abandon de l'orphelin et le défaut de protection sur l'enfant délaissé sont des vices que l'humanité doit combattre sans retard.

Pour édifier le lecteur, nous reproduisons le testament de M. Duvillard, véritable chef-d'œuvre de bienfaisance et modèle à imiter pour les heureux de ce monde.

Testament de M. Duvillard.

1° Le moment où il plaira au Dieu tout-puissant de m'appeler à lui étant inconnu, et désirant qu'après moi les-biens que je laisserai reçoivent la destination que je leur assigne, je déclare donner tous mes biens pour la création d'un orphelinat sur ma propriété dite les Adoux, rière Gruyères. Cette institution a pour but de perpétuer la mémoire du meilleur des fils, mon cher Ernest, décédé le 28 juillet 1884, à l'âge de dix-huit ans, alors qu'il donnait les plus belles espérances.

2° L'orphelinat portera le nom d'Institut Duvillard.

3° . . . .

4° L'Institut Duvillard constituera une personne morale capable de recevoir, et je le recommande à la charité de mes concitoyens, afin qu'il prenne du développement et étende ses bienfaits.

5° Il sera administré par le Comité de l'Hospice de district, mais sans pouvoir être confondu ou mélangé avec ce dernier. Pour le cas où ce Comité devrait, pour une cause imprévue, disparaître, l'Institut Duvillard sera administré par un Comité de cinq membres nommés par les communes, comme l'est actuellement celui de district. Parmi ces cinq membres, il devra y avoir un ecclésiastique.

6° Dans l'Institut Duvillard seront reçus de tout le district de la Gruyère, tel qu'il existe aujourd'hui : 1° les orphelins ayant perdu leurs parents ; 2° ceux ayant perdu l'un de leurs parents ; 3° si les ressources et la place le permettent, les enfants reconnus abandonnés, mais ceux-ci à défaut seulement d'un nombre suffisant de vrais orphelins.

7° Il sera loisible à l'administration d'admettre des orphelins payants, si elle le croit utile à ces derniers et que la place le permette.

8° J'institue donc mon héritier l'Institut Duvillard et désigne comme exécuteur testamentaire le Comité de l'Hospice de district qui se voue déjà au soulagement des malheureux.

9° Je réserve la jouissance de tous mes biens en faveur

de ma femme Marie, née Moret, ainsi qu'en faveur de ma fille Emma.

10° Pour ce qui est de cette dernière, soit de ma fille Emma, comme elle n'est en état ni d'administrer sa fortune, ni de faire son testament, ni de comprendre la portée d'une stipulation quelconque et que, par conséquent, elle rentre dans les cas prévus aux art. 7, 56, 844 et 848 du Code civil qui nous régit, je lui substitue d'ores et déjà, pour le cas où elle me survive, comme héritier, l'Institut Duvillard, ce en quoi elle ne pourra que m'approuver, étant donné l'affection qu'elle portait à son frère dont le nouvel Institut est appelé à perpétuer la mémoire ainsi que celle de sa famille éteinte par son décès.

11° . . . .

12° . . . .

13° Je recommande à ma femme, Marie Duvillard, de suivre mon exemple en ma mémoire et celle de mon fils, et de donner la majeure partie de sa fortune à l'Institut Duvillard, afin d'assurer à ce dernier les ressources nécessaires pour prospérer. Je ne doute pas que ma chère Marie, qui fut pour moi une épouse si tendre et si chère, se conforme à mes vœux ; je l'engage à faire comme moi et à écrire et déposer son testament de suite, pendant qu'elle a la santé.

14° Je lègue 2.000 francs à l'Hôpital de la ville de Bulle et 500 francs à l'Hospice de Marsens.

15° Je lègue en outre : 1° 1.000 francs à la caisse destinée à venir en aide aux étudiants qui se vouent au sacerdoce ; 2° 1.000 francs aux RR. PP. Capucins pour des messes à mon intention ; 3° 500 francs à la Confrérie Duvillard à Bulle pour les besoins de l'Eglise ; 4° 500 fr. à la cure de Bulle, à charge par M. le Curé de veiller à ce que les tombes de ma famille soient toujours, ainsi que les monuments, bien entretenus.

16° . . . .

17° Je lègue à ma servante Anna Geinoz 1.000 francs

pour le cas où elle se trouverait encore à mon service lors de mon décès.

18° Pour le cas où mon père me survivrait, je lui recommande instamment de respecter mes dernières volontés et de donner à sa fortune la destination qu'elle aurait eue s'il m'avait précédé dans le trépas. Je compte donc qu'il favorisera l'Institut Duvillard en mémoire de son petit-fils Ernest qu'il chérissait et en vue de perpétuer le nom de notre famille éteinte.

19° Je déclare d'ores et déjà priver de tous droits à ma succession quiconque tenterait d'attaquer le présent testament.

20° Si, contre toute attente, il devait ne pouvoir sortir ses effets en plein, je réserve formellement qu'en tout cas le quart de ma fortune soit affecté à la création de l'Institut Duvillard, mais je compte que cette institution recevra en plein ma fortune et celle de mon père, ainsi que la majeure partie de celle de ma femme ; je l'espère et le désire d'autant plus que, vu les grandes pertes que j'ai innocemment subies et qui ont considérablement diminué ma fortune, je ne puis donner aux orphelins tout ce que je désirerais, mais je compte qu'avec l'aide des miens, l'on verra prospérer plus tard un institut destiné à rappeler et bénir le nom d'une famille disparue.

21° Dieu m'a tout donné, je lui rends tout. Que son saint Nom soit béni ! Qu'Il me vienne en aide au moment de la mort, qu'Il veuille user envers moi de son infinie miséricorde et m'accueillir dans le séjour des bienheureux. C'est mon dernier désir.

Adieu, papa ; adieu, Marie ; adieu, Emma ; pensez à moi et priez pour moi.

Bulle, le 23 décembre 1885.

Ce testament, lu le jour de ses funérailles, en présence d'une partie du Clergé fribourgeois, du Conseil d'Etat et d'environ cent cinquante personnes, arracha bien des larmes qui seront venues arroser, nous n'en doutons pas, un champ plus vaste d'activité, de fécondité pour la grande œuvre fondée par celui dont les malheureux pleurent encore la perte.

M. Théraulaz, président du Conseil d'Etat, se faisant l'interprète du canton de Fribourg et spécialement du district qui venait d'être établi l'héritier du défunt, s'exprima comme suit :

« Je ne me lève pas pour prononcer un panégyrique du défunt ; j'aurais désiré me taire sous le coup de l'émotion que j'éprouve. J'aurais voulu renfermer dans mon cœur la douleur dans laquelle m'a jeté la terrible nouvelle de cette mort qui est venue frapper comme un coup de foudre les nombreux amis de M. Duvillard. Pour moi, j'ai perdu, non seulement un ami politique, mais un ami personnel. M. Duvillard fut un de ces hommes qui occupent une telle place dans les affaires du pays que, lorsqu'ils viennent subitement à manquer, tout semble se briser. Ce sentiment, nous l'avons tous ressenti, et ici, dans ce pays qui lui était si cher, on a dû l'éprouver plus vivement encore.

« En bon chrétien, M. Duvillard envisageait la mort avec calme, d'un œil serein. Il avait le pressentiment de sa fin prochaine et il en parlait souvent.

« Sa vie, toute de dévouement, couronnée par cet acte de charité suprême, lui assure une place dans les demeures éternelles. M. Duvillard était un homme de cœur, un homme de dévouement, un homme de devoir. Rien de ce qui touchait ses concitoyens et son pays ne lui était étranger. Il est d'ailleurs tout entier dans ce testament qui révèle son âme. Dans l'activité sans trêve qu'il consacra au bien général, il faisait abstraction d'une vaine gloriole pour se contenter du témoignage d'une bonne conscience.

« L'hommage qui vient de lui être rendu par son pays

est une grande consolation pour sa famille désolée, pour cette épouse qui fut sa compagne dévouée, sa pondératrice dans les jours de bonheur et sa consolatrice dans les jours de malheur.

« La vie qui vient de s'éteindre est un enseignement pour tous. Exprimons le vœu que tous les citoyens de la Gruyère, tous les Fribourgeois s'inspirent des sentiments de M. Duvillard. Il restera l'honneur de cette Gruyère qui a fourni tant d'hommes à la vie publique et qui n'a jamais renié son sang gallo-romain. Que Duvillard ait de nombreux imitateurs, et alors nous pourrons dire qu'il revit par ses exemples. »

Le lecteur voudra bien nous pardonner si nous insistons sur tout ce qui a trait à la protection de l'enfant abandonné et de l'orphelin. Si nous croyons devoir nous répéter et signaler les obligations qui incombent à la société, aux administrations communales et en premier lieu aux parents qui ont les premiers et les plus grands devoirs à remplir envers leurs enfants, notre statistique nous y oblige, puisque nous rencontrons dans nos pénitenciers plus de 40 % de détenus qui ont été orphelins ou abandonnés, dès l'âge le plus tendre jusqu'à celui où l'homme doit se suffire à lui-même. Si feu MM. Fournier et Duvillard nous ont montré par leurs fondations le chemin que nous devons prendre pour éviter la multiplicité des crimes et des délits, c'est que tous deux, attachés aux hautes fonctions de police, connaissaient mieux que personne le mal qui est la cause principale des condamnations.

Demandons aussi aux inspecteurs scolaires les résultats de leurs observations et de leur statistique, et nous pourrons nous convaincre que, déjà à l'école, un certain nombre d'enfants, dans leurs premières années d'étude, commettent des délits assez graves. Il faut donc surveiller l'enfance de très près et arrêter le mal dès son début.

La société, les administrations communales, l'Etat doivent accorder aux œuvres fondées, aux orphelinats établis (Marini, Fribourg, Saint-Loup, Providence, Châtel-Saint-Denis, etc.) l'appui financier dont ces œuvres, *si nous voulons leur demander un plus grand développement* ou les multiplier, ont un si grand besoin. Que l'on subventionne également les industries qui s'implantent dans notre pays, les écoles d'apprentissage, etc., qui sont des moyens préventifs sûrs pour arrêter le mal et conduire au bien. Si nous faisons cela, une partie principale de la **réforme pénitentiaire** sera atteinte, car le chemin le plus direct à la diminution des condamnations est le développement des œuvres de bienfaisance inspirées de tendances religieuses.

Un point qui resterait à discuter sur cette question serait de savoir si l'on doit favoriser le placement des orphelins et des enfants abandonnés dans des établissements publics ou dans des familles particulières, comme cela se pratique dans notre canton, encore de nos jours. Nous croyons que, pour atteindre sûrement le but que nous nous proposons, c'est-à-dire l'extinction de la perversité, il vaut mieux que les jeunes délaissés soient placés dans des institutions spéciales à la tête desquelles se trouve une direction religieuse compétente et qualifiée, car il est fort à craindre que ces protégés de la société ne trouvent pas dans bon nombre de familles, qui s'offrent à recevoir des enfants, l'éducation chrétienne et les bienfaits qu'ils sont en droit d'attendre. Nous ne sommes pas seul de cette opinion. M. le sénateur Roussel, dans l'annexe de son rapport déjà cité, a admirablement traité la question dans les lignes suivantes, ainsi que dans celles concernant les filles mineures, qui, placées dans des familles n'offrant pas toutes les garanties de moralité désirables, pourraient être trop facilement entraînées au vice et surtout à la prostitution.

« J'ai constaté que, depuis de longues années, un seul

enfant, orphelin de la guerre, avait été pris dans l'établissement de charité de *** par une famille riche et charitable, laquelle a fait tous les frais de son éducation et a été heureuse de rencontrer un naturel bien doué, ayant répondu à ses sacrifices et à ses généreuses intentions.

« Cet unique exemple démontrerait la vanité de cet idéal de placer chaque enfant dans une famille, si d'autres motifs nombreux, puisés dans l'expérience, ne nous avaient pas conduit déjà et depuis longtemps à la même conclusion.

« Les familles aisées et riches, les seules qui pourraient se charger de cette belle, humaine et sociale mission, n'entrant pas dans cette voie, on ne peut raisonnablement s'attendre de voir les familles pauvres les remplacer dans ce que j'appellerai un devoir pour les heureux de ce monde.

« Les orphelins ne devant pas malheureusement disparaître et le nombre des enfants abandonnés grandissant d'année en année, sans doute sous l'influence des facilités de déplacement que les chemins de fer ont créées et aussi, malheureusement, par suite des tendances plus prononcées chaque jour, dans certaines classes inférieures, à se dégager de tous les devoirs et à se soustraire à toutes les responsabilités incombant au chef de la famille, afin de se livrer plus aisément à la vie libre et indépendante de toute règle, il faut donc recueillir ces pauvres délaissés. Qui remplira cette humaine mission ? Faut-il tous les confier à l'assistance publique et alors restreindre les admissions dans les maisons de charité, ou bien partager cette œuvre philanthropique avec la charité privée ?

« Je n'hésite pas à écrire que, pour satisfaire à toutes les impérieuses exigences de ce devoir humain et social, j'estime que ce n'est pas trop de toutes les forces publiques et privées, et ces dernières méritent toute notre

sympathie; car, supportant leur part des charges générales, elles trouvent encore dans les généreuses impulsions de leur âme religieuse, dans des sentiments d'abné-
gation et de sacrifices personnels, le pouvoir de multiplier
leurs ressources en se privant souvent dans leurs propres
besoins. L'Etat, les communes, qui ont déjà à pourvoir
à de considérables dépenses de ce chef, devraient encore
y ajouter des sommes difficiles à déterminer, mais dans
tous les cas énormes.

« J'ai bien lu dans quelques traités sur ce sujet qu'on
ferait un appel direct à la charité privée et qu'on espérait
que des familles accourraient pour se charger des enfants,
les entretenir et les élever dans leur famille; de cette
éducation isolée résulteraient de grands bienfaits venant
obvier aux graves défauts que la réunion d'un personnel
nombreux dans un même établissement fait naître et
développer quelquefois.

« Nous avons vu plus haut ce qu'il faut penser d'un
semblable espoir.

« Si l'on restreignait les placements dans les orphelinats pour diriger les mineurs vers les maisons dépen-
dant de l'assistance publique, il faudrait d'abord agrandir
les locaux existants dans des proportions considérables
et grever les budgets des hospices de frais que tous ne
sont pas en état de supporter.

« Et comme cet accroissement n'aurait certes pas la
vertu d'augmenter le nombre des nourriciers, on verrait
alors un personnel jeune et très multiplié s'entasser dans
les hôpitaux. Ces pupilles, vivant dans un milieu insa-
lubre où règnent sans cesse des miasmes et des germes
malsains, seraient livrés sans défense aux atteintes des
maladies contagieuses et épidémiques.

« Rien dans ces établissements n'est organisé pour
l'instruction primaire et professionnelle des deux sexes...

« Sans doute il resterait la ressource de les placer chez
les cultivateurs; mais, ainsi que je l'ai déjà exprimé, il

y a lieu de croire que, selon les démonstrations quotidiennes, les demandes seraient insuffisantes ; ensuite, il
faut bien tenir compte **des aptitudes, des inclinations
et des forces.**

« Quant aux patrons exerçant un métier, il faudrait,
à la campagne comme à la ville, pour les garçons, selon
l'usage général, leur payer une prime d'apprentissage.

« En ce qui concerne les filles, nous ne trouverons
jamais des couturières et en assez grand nombre qui
veuillent s'en charger et remplir envers elles tous les
graves et sérieux devoirs d'une bonne et attentive mère.

« Peut-on espérer que la charité privée, si généreuse
et si dévouée pour ses œuvres, portera avec le même
intérêt ses offrandes et ses économies aux établissements
publics ? — Je dis : non, avec conviction. On se privera
entièrement **des dons si considérables qui, aujourd'hui, aident, font vivre et protègent les œuvres
de charité.** Prétendre le contraire serait vraiment bien
mal connaître le cœur humain. Au reste, il est un exemple, digne d'être remarqué, corroborant mon opinion. Il
nous est donné par les hospices et hôpitaux qui, depuis
qu'ils sont devenus en quelque sorte des établissements
communaux, ont vu cesser, presque entièrement, les
donations généreuses qui les ont créés à leur origine et
fait vivre pendant de si longues années. . . . . . .

. . . .

« Toutes les considérations de tactique parlementaire
paraissent faibles lorsqu'on voit par quel enchaînement
fatal une fille pauvre, orpheline ou délaissée, passe à
l'état de fille publique ; comment, sans ressources et sans
guide, elle ne peut échapper aux mauvaises fréquentations, même lorsqu'elle n'est pas conduite par de mauvais instincts à les rechercher ; comment les mauvaises
fréquentations l'amènent forcément à l'inconduite et
comment enfin, dans cette descente irrésistible, la première intervention de la police, la première sévérité de

la justice consomment à jamais la perte d'une adolescente qu'un **asile ouvert à temps** et quelques efforts d'éducation auraient sauvée.

« L'œuvre utile, le devoir essentiel c'est d'arrêter la jeune indigente, orpheline ou délaissée, dès ses premiers pas dans cette voie ; c'est de la recueillir et d'assurer son éducation dès la constatation du délaissement et des mauvaises fréquentations qui en sont la conséquence forcée. »

Les administrations des établissements de bienfaisance, asiles, orphelinats, etc., verraient compléter leur œuvre par *des écoles d'apprentissage ou par des ateliers sérieux* dans lesquels seraient placés leurs protégés à l'âge de l'émancipation de l'école, car il faut que l'esprit d'association et la charité puissent et veuillent partout concourir à la création d'écoles manuelles d'apprentissage.

« Ce concours de toutes les forces sociales, dit M. Roussel, que la Commission du Sénat juge indispensable pour assurer la protection légale de l'enfance abandonnée, délaissée ou maltraitée, n'est pas moins indispensable pour la solution de ce que nous appellerons, en nous servant d'une expression à laquelle nous croyons donner sa véritable signification, le **Problème ouvrier**. Le Problème ouvrier consiste, suivant nos profondes convictions, dans l'éducation morale et manuelle, non d'un certain nombre d'enfants, d'ouvriers, mais de tous les enfants des classes ouvrières et plus particulièrement de cette partie de la population dont les conditions d'existence misérable causent à l'enfance les maux auxquels la proposition de loi soumise au Sénat cherche à porter remède. Assurer d'une manière générale, dans les classes ouvrières, aux générations nouvelles, la culture morale qui manque aux adultes, leur **faire apprendre** et leur **faire aimer le travail** comme la seule source du **bien-être** auquel tous aspirent, c'est le fond même de la question sociale. Les efforts tentés en France, depuis dix ans surtout, pour développer les institutions d'apprentissage manuel et de patronage, marquent, mieux encore que le gigantesque effort du Gouvernement républicain pour l'instruction publique, la direction à suivre pour arriver à la résoudre. Cette solution rencontre encore de puissants obstacles dans les conditions générales de la société, c'est-à-dire, dans le désaccord des idées et l'insuffisance même des lois. La question de l'éducation morale reste obscure et n'avance pas, au milieu des querelles ardentes des partis qui se la disputent. Au milieu de ces discordes, l'importance de l'éducation manuelle est loin d'être suffisamment comprise. Au lieu d'en faire partout une partie essentielle de la culture morale de l'homme, on ne l'envisage le plus souvent qu'au point de vue de l'intérêt de nos industries et de la concurrence avec l'étranger. Quant à nos lois, nous n'avons pas à démontrer ici que si le régime des corporations et des maîtrises n'est pas à regretter, que si le régime de la liberté du travail et de l'apprentissage, établi par la loi du 17 mars 1791, a été pour l'humanité un progrès et un bienfait, les lois de l'an XI, du 22 mars 1841, du 4 mars 1851, n'ont pas apporté un remède suffisant aux maux du nouveau régime d'apprentissage. La loi du 19 mai 1874, sur le travail des enfants et des filles mineures employés dans l'industrie, a amené, il faut le reconnaître, dans les conditions d'éducation de l'enfance ouvrière, des améliorations sérieuses. La loi plus récente sur les écoles manuelles d'apprentissage a ouvert la voie à de nouveaux progrès ; mais pour que le bienfait de ces lois s'étende à cette partie des générations nouvelles qui a le plus grand besoin de secours et qui mérite le plus d'intérêt, aux enfants abandonnés, délaissés et maltraités, il ne faut pas seulement, comme nous l'avons dit plus haut, que les grandes municipalités et les grandes industries monopolisent, en quelque sorte, les avantages

que l'apprentissage manuél doit retirer de la loi ; il faut
que ces avantages soient mis à la disposition de tous
ceux qui, par l'initiative individuelle ou par l'association,
ont déjà fait des pas notables dans cette voie. L'Œuvre
de Saint-Nicolas, à Paris, en est un exemple notoire. Il
est d'autres exemples plus obscurs ; il en est surtout de
moins heureux, et nous ne pouvons pas méconnaître que,
sur cette voie, la charité rencontre des difficultés particulières et que la puissance paternelle a été jusqu'ici
pour elle une cause d'échecs et de découragement. L'une
des sociétés parisiennes qui s'occupent de cette question
avec le plus de zèle, la **société de placement et apprentissage des deux sexes**, a déclaré que les enga-
gements pris pour ses protégés et qu'elle n'a pas le droit
de garantir, sont respectés une fois sur vingt.

« On ne doit donc pas être étonné de voir que les établissements et les œuvres qui se dévouent à l'apprentissage sont ceux qui se plaignent le plus amèrement de
l'intervention abusive des parents et réclament le plus
instamment l'intervention d'une loi assurant le respect
des contrats et la stabilité des placements.

« Aussi sommes-nous en droit d'espérer qu'un des
grands bienfaits de la loi présentée au vote du Sénat
sera, en donnant à la charité et à l'assistance libre
l'appui légal qui leur manque, de ranimer leur courage,
de produire un courant d'opinion dont l'éducation de
l'enfance malheureuse ne tardera pas à ressentir les
salutaires effets. »

Si nous nous sommes permis de demander, pour les
orphelinats et les établissements de bienfaisance existant
dans notre canton, la haute protection de l'autorité cantonale avec l'intervention des communes, nous nous em-
pressons, après l'exposé qui vient d'être lu, de remercier
le Gouvernement fribourgeois de la bienveillance qu'il
montre envers les écoles d'apprentissage et les institutions pour le développement des petites industries

dans notre pays. Les subsides que l'on accordera dans ce but atteindront plus sûrement l'extinction de la criminalité que les utopies radicales de nos philanthropes modernes.

Loin de nous la pensée de faire croire qu'il n'y a rien à réaliser dans la réforme pénitentiaire de notre canton : c'est un sujet qui sera traité en son temps ; mais nous sommes persuadé que, pour faire diminuer l'effectif des pénitenciers, nous devons nous occuper surtout et activement de restreindre les causes qui poussent l'individu à commettre le mal, car « il vaut mieux le prévenir que d'avoir à le guérir. »

Mais en dehors de toutes ces nobles institutions, nous devrions signaler la conduite à tenir par les parents vis-à-vis de leurs enfants. Il ne nous appartient point de dicter ici les devoirs paternels et maternels, nous laissons ce soin à des voix plus autorisées et à des plumes plus compétentes. Que l'on nous permette pourtant de dire que trop souvent l'enfant est jeté sur le pavé par une fausse honte que l'on ne veut point supporter ; la faute commise, l'on s'empresse de renier son action sans tenir compte des grandes responsabilités auxquelles un père sera appelé à répondre devant son Créateur ; l'on préfère garder soi-disant son honneur et traîner après soi, jusqu'au dernier moment de sa vie, le remords d'avoir abandonné sa progéniture. Combien de fois le Directeur de pénitencier n'a-t-il pas entendu de la bouche de l'un ou l'autre de ses administrés : — « Ah ! si mon père, qui est un tel, ne m'avait abandonné dans le sein d'une pauvre mère, je ne serais pas ici ; sa position lui permettait de me faire élever honorablement ! »...

D'autres parents, par leur inconduite, leurs mauvais exemples, entraînent eux-mêmes leurs enfants dans le malheur. Rien ne leur rappelle ce qu'ils doivent à ces créatures qu'ils ont mises au monde, et il semble qu'en les créant ils renonçaient déjà à les élever dans la crainte de Dieu et dans le respect des lois humaines. A l'appui de notre dire, l'on nous permettra de reproduire ici la vie d'un forçat rendu célèbre par ses exploits et poussé au vol, avant l'âge de douze ans, par sa mère qui, comme il le dit lui-même, aimait avoir des enfants, mais voulait être dispensée, ainsi que le père, de la peine de les nourrir.

Il est inutile d'insister, le lecteur comprendra facilement ce que nous pourrions dire de plus.

Ce détenu, qui est décédé septuagénaire au mois de mars dernier, au moment où nous venions de terminer notre statistique, a, sur nos instances, bien voulu nous donner sur sa vie les renseignements qui suivent :

« N'exigez pas de moi de vous indiquer mon origine, mes nom et prénom véritables, ni même mon âge, car, sur ces points, je ne suis pas plus déterminé à vous satisfaire aujourd'hui, bien que je sois sur la fin de ma carrière, que je ne l'ai fait à plusieurs magistrats de cantons suisses qui ont fait des tentatives sans succès. Je vous dirai seulement que j'avais six frères et sœurs. Mes parents étaient sans fortune, ils ne vivaient que du travail de leurs mains et de celui de leurs enfants dès qu'ils purent faire quelque chose. Mon père était un bon homme, assez adroit et laborieux, mais d'un caractère léger, presque insouciant. Ma mère avait des défauts très opposés ; bien que laborieuse aussi, elle était avare et méchante. Elle voulait bien avoir des enfants, mais elle aurait voulu pouvoir se décharger de l'obligation de les nourrir. Les moyens dont elle usait à leur égard étaient plus propres à leur inspirer l'éloignement du foyer paternel que l'amour filial ; je dois dire pour abréger que nous devions **aller voler** pour nous nourrir. C'est dans ces procédés, je le déclare, que j'ai puisé les principes qui ont déterminé ma vie criminelle. Je n'avais que douze ans, lorsqu'un jour je dus fuir la maison où j'ai reçu le jour pour ne plus jamais la revoir, me réfugier dans une grange isolée où un paysan venait cependant soigner huit vaches et du menu bétail. J'avais grand'faim. Cet homme eut compassion de mon état ; eu égard à ma jeunesse, il me nourrit, pendant quelques jours, de pain et de lait. La passion du vol qui était déjà invétérée me fit remarquer l'endroit où le paysan cachait son argent et un jour, pendant son absence, je parvins à lui soustraire 60 francs et je m'éloignai pour commencer une vie vagabonde et pleine d'aventures. Je vous ferai grâce d'une série de méfaits de tous genres dont je fus le héros pour arriver à mon départ de Belfort pour Marseille. Je m'étais associé à un jeune homme de mon âge. Nous étions recherchés tous deux par la police et nous fîmes le trajet (immense alors, il n'y avait pas encore de chemins de fer), pédestrement, sans argent et sans papiers. Nous arrivâmes à Marseille de nuit. La saison était bonne, nous y trouvâmes un climat plus doux que celui de l'Alsace et plus favorable surtout pour passer nos nuits à la belle étoile. Mon camarade dut sans retard payer de sa liberté son imprudence dans une expédition. Pour moi, je cherchais avec précaution à m'éloigner, pendant la nuit, du mouvement de cette grande cité. Je trouvais un asile dans les champs embaumés du parfum des abricotiers et d'autres arbres fruitiers qui couvraient la campagne.

« Un soir, caché près d'une immense citerne à l'orient de la ville, je vis arriver, par mer, avec une chaloupe, plusieurs hommes chargés de barriques. Je devinai qu'ils venaient à la citerne faire provision d'eau douce pour le navire ancré à une certaine distance du rivage. Ils étaient suivis du capitaine. Celui-ci s'étant approché de moi m'examina de la tête aux pieds. Voyant ma situation malheureuse, il me dit :

« — Que fais-tu là, mon garçon ?

« Je lui exposai sans détour la cause de ma présence

en cet endroit, de manière à exciter sa pitié ; sur quoi il me dit :

« — Viens avec moi.

« Je ne me le fis pas dire deux fois et je m'embarquai à bord d'un navire qui me parut presque aussi grand que mon village. A bord, je fus installé à la cuisine comme aide. Là, je pus enfin apaiser ma faim par une nourriture abondante. On ne tarda pas à lever l'ancre et à faire voile pour l'Amérique, par Gibraltar, les Açores. Nous traversâmes l'Océan Atlantique pour gagner les côtes du Brésil, dans la région des tropiques. Il y avait bien six semaines que nous naviguions dans des mers inconnues pour moi que je n'avais pas encore pu deviner le but et les intentions de l'équipage ; mais une rencontre avec un navire suédois m'apprit que j'étais engagé pour la piraterie et que le bâtiment suédois, à deux mâts, avec lequel nous dûmes livrer une bataille décisive, était aussi équipé de pirates. Le combat finit par la reddition de notre navire et nous fûmes faits prisonniers sous des conditions encore avantageuses pour les capturés. Nous fûmes dirigés sur le territoire de la république de Venezuela, au moyen d'une chaloupe. En changeant de patron, je passai quartier maître et revins dans les eaux de la Méditerranée. Le partage du butin capturé se fit à bord, mais non effectif : tout devait se borner à des chiffres, sauf pour les principaux. Les autres durent se contenter de promesses illusoires. Je m'étais attaché au cuisinier comme à un père, car il en avait rempli à mon égard toutes les obligations. Cet homme eut le malheur de prendre au sérieux l'engagement pris de nous payer avant le débarquement. Il dut payer de sa vie la réclamation formelle qu'il crut devoir faire des 8.000 francs promis. Je profitai de la leçon et ne me hasardai point à réitérer la réclamation, et je pris alors la résolution de m'esquiver à la première occasion. Elle ne tarda pas à se présenter. Notre bâtiment longea l'île de Corse et vint aborder près de Marseille, à l'endroit même d'où j'étais parti. Cette expédition féconde en expériences de tous genres ne me rapporta d'autre avantage que celui de l'audace... dans le vol.

« Je vins en Suisse et y commençai mes exploits dans le canton de Saint-Gall. Le premier des plus considérables fut un vol de bijouterie à Lichtensteig et de là je me rendis à Einsielden où je fus découvert et arrêté, puis amené à Saint-Gall, devant le magistrat instructeur, M. H... C'était un grand vieillard à barbe blanche, physionomie vénérable, allure imposante, interrogeant à l'ancienne manière germanique en tutoyant ses clients :

« — Tu as volé ces bijoux ? me dit-il.

« — Non, Monsieur, je les ai achetés.

« — Achetés ! tu es donc un Juif ?

« — Comme vous l'entendrez, Monsieur, repartis-je ; les Juifs sont des hommes comme les autres.

« — Alors, me répliqua-t-il, comment t'appelles-tu ?

« Je lui débitai à ce sujet, pendant plusieurs semaines, mensonge sur mensonge, de manière à le déconcerter. Cependant je remarquais que, d'audience en audience, M. H... finissait par s'irriter. J'abusais de sa patience et faisais fi de ses talents. Après les menaces, la bastonnade, qui était encore en honneur à Saint-Gall pour obtenir l'aveu des prévenus, ne devait pas me manquer. Elle m'était annoncée d'abord, puis promise, et elle devenait inévitable très prochainement. J'avisai un expédient. Je me rappelais une ancienne connaissance de Berne, nommée Anton Schwartz, de mon âge et de ma taille, que je savais être parti pour la France. Je déclarai enfin à M. H... que je me nommais Anton Shwartz, qu'on pouvait s'adresser à Berne pour constater l'identité. On écrivit aux autorités bernoises et l'on reçut pour réponse qu'on désirait me voir pour me reconnaître. Cette réponse fut un coup heureux du sort pour moi, car j'entrevis dès ce moment l'occasion favorable pour recouvrer ma liberté.

« Le lendemain, je me mis en route, sous bonne escorte, à pied et menotté, avec un transporté qui venait de Constance pour être dirigé sur Belfort où il avait à répondre à l'accusation d'un vol avec effraction. Nous arrivâmes à Hüttwyl, relai où nous devions passer la nuit. A la prison où nous fûmes introduits, on nous débarrassa, sans doute par mesure de précaution, de notre chapeau, de notre redingote et de nos souliers, puis, par contre, en manière d'échange, on nous logea dans une chambre chauffée, car nous étions en hiver.

« Je communiquai à mon compagnon mon projet d'évasion. Il ne pouvait se résoudre d'abord à le mettre à exécution; je dus, pour le convaincre, chercher à l'effrayer par la perspective inévitable d'une condamnation très longue dans les galères, et, pour achever de le décider, je déclarai que je me chargeais de surmonter toutes les difficultés. Je le laissai s'endormir et je me mis à l'œuvre en disloquant la partie du montant de la porte qui retenait l'unique verrou. L'ouverture faite, je réveillai le dormeur et nous passâmes dans le corridor dont l'une des fenêtres donnait accès dans un jardin entouré de murs d'une certaine hauteur. Ceux-ci étaient garnis d'espaliers qui nous facilitèrent la descente et l'escalade. En dehors de ces murs de ceinture était un ruisseau dans lequel nous tombâmes tous deux. Je laissai là mon compagnon barbotter dans la vase, et moi, recouvert de ma couverture de lit, les pieds enveloppés de chiffons, je fuis à toutes jambes dans la campagne, jusqu'à un village distant d'une lieue environ. J'avisai alors une grange un peu isolée, j'y entrai et m'y cachai dans le foin pour y trouver une retraite et un repos pour la journée. J'en sortis à neuf heures du soir pour me remettre en marche, malgré le froid, malgré la neige qui couvrait la terre et malgré la faim qui me tordait les entrailles.

« J'arrivai ensuite à un village près de Winterthour. Je m'introduisis dans la grange attenante à une maison

habitée, où toutes mes recherches de nourriture abou-
tirent à une poignée de grains de blé et deux poignées
de quartiers de pommes sèches. Je trouvai tout excellent,
mais je fus tourmenté d'une soif violente qui m'empêchait
de dormir. Je n'osais sortir de ma cachette en plein jour
et céder à la tentation d'aller me désaltérer à la fontaine
dont j'entendais, comme une moquerie, le glouglou du
goulot. Cependant vers le soir, n'y tenant plus, je m'enhardis et sortis, me dirigeant droit à la fontaine, la tête
et les épaules toujours entourées de ma couverture. Je
m'y désaltérai complètement pendant qu'une femme de
la maison y vint pour chercher de l'eau. La voyant toute
ébahie de mon costume et ne sachant que penser de mes
allures, je pris la fuite.

« J'arrivai à Thöss, sans rencontre, à la nuit. J'avais
toujours grand'faim. J'abordai une maison de paysans
et, d'un coup d'œil jeté dans l'intérieur de la pièce principale que la lumière éclairait, je pus distinguer la mère
de famille et ses deux filles. Je frappai à la fenêtre qui
me fut ouverte aussitôt par l'une d'elles. Je demandai à
manger. Une voix d'homme répondit de l'intérieur :
« Donnez-lui des pommes de terre. » La jeune personne
m'apporta une douzaine de pommes de terre chaudes et
un morceau de pain. Elle fut presque épouvantée en me
voyant sans souliers et avec une couverture de lit sur
la tête. Je pris congé d'elle en la remerciant et fis ce soir-
là encore trois lieues de route sans rencontrer d'autre
habitation qu'une méchante auberge dans une forêt qu'un
chemin plutôt qu'une route traversait.

« Je pénétrai dans la remise et, inspectant les lieux,
je sentis l'eau-de-vie. A tâtons, dans l'obscurité, je me
trouvai en face d'une porte qui donnait accès dans la
maison et qui céda à la première pression du bras. Je
pus me convaincre que j'étais effectivement dans une
distillerie d'eau-de-vie. A droite, des rayons disposés à
hauteur d'homme contenaient des résidus de l'industrie

et au milieu un alambic installé tout prêt à fonctionner. Une boîte d'allumettes me tombant sous la main me gratifia d'une lumière suffisante pour découvrir une lampe laissée sur un siège. Plusieurs tonneaux alignaient leurs fonds sur deux madriers; l'un d'eux, pourvu de son robinet, m'indiqua l'existence de la précieuse liqueur qui pouvait rendre à mes membres endoloris, harassés de fatigue et brisés par le froid, la chaleur et la vigueur nécessaires pour continuer ma route et mes aventures. J'en bus copieusement et me remis en route comme ressuscité, en chantant dans la forêt. Le sentiment de ma situation compromettante ne m'abandonna cependant pas, malgré le besoin impérieux du sommeil qui me gagnait. Je dus combattre ce besoin, mais non sans peine, jusqu'à mon arrivée à un groupe de maisons de campagne. J'entrai facilement dans la grange de celle qui avait en apparence le plus d'aisance et je me cachai dans le foin jusqu'au lendemain matin.

« J'y étais toujours sur le qui-vive et je calculai qu'au point du jour je pourrais être découvert par la personne qui viendrait fourrager le bétail dont j'entendais le mouvement dans l'étable; en conséquence, je montai plus haut sur un tas de paille, d'où je pus examiner au jour le genre de construction du logis qui m'abritait et la possibilité de m'introduire discrètement dans la partie qui servait à l'habitation, car il s'agissait de me procurer au plus tôt ce qui m'avait été enlevé à Hüttwyl, une chaussure, une coiffure et un habit. Cela m'était indispensable pour continuer mon voyage sans être compromis par un costume à peu près primitif.

« J'attendis sur mon soliveau que ce fût à peu près dix heures. J'entendis le bruit distinct d'un métier à soie dans une pièce de la maison et le va-et-vient perpétuel de la ménagère dans la préparation du repas principal. Je jugeai que le moment était favorable et que, sans crainte, je pouvais faire une descente dans les appartements supérieurs. Je pris toutes mes précautions, elles furent couronnées d'un succès inespéré. Je trouvai une paire de bottes qu'on aurait dites faites sur mesure, un large chapeau de feutre encore propre, une redingote brune en milaine, un pantalon idem et une montre, vieux système, en argent. Dans une pièce attenante qui servait de grenier, étaient des poires sèches et de la viande salée, sèche aussi. Je m'emparai d'un peu de tout cela et remontai discrètement à mon observatoire. Je fis ma toilette, et en m'habillant et mettant par hasard ma main dans l'une des poches du pantalon, je n'en revins point de ma surprise lorsque j'y trouvai une bourse en cuir contenant douze francs. Je me félicitai de mon aubaine et attendis. Un moment après, j'entendis de l'extérieur une voix féminine appeler : « Henri, viens manger! » C'était le moment psychologique, je déguerpis, sortant de la grange du côté opposé à l'habitation.

« Je vins à Zürich, où je vendis la montre dix francs et partis sans retard pour Soleure. C'était Noël. J'avais les pieds gonflés par un abcès qui se déclarait et m'empêchait de continuer mon pèlerinage. Je me guéris par le repos et par des soins dans une bonne auberge que je connaissais et revins à Berne, mais non pas pour me confronter avec Anton Schwartz ou répondre à l'appel du magistrat judiciaire. J'y fis une **visite de commerce** (1) à un consul dont j'escamotai des services en argent, et je me rendis à la Chaux-de-Fonds pour les vendre à un fondeur connu aussi à Neuchâtel comme recéleur. Je fus très bien accueilli de ce personnage qui, comme moi, n'exerçait qu'un métier malhonnête, mais qui usait, par contre, de beaucoup de probité envers ses clients. Les conditions normales qu'il mettait dans l'achat des marchandises qui lui étaient apportées consistaient en ce que lui se chargeait de la formalité du contrôle et de celle du

(1) Nom donné au vol par l'auteur.

comptoir de l'agent de change, et qu'en retour il prélevait la moitié de la valeur; mais, je le répète, il en remettait scrupuleusement... (?) la moitié à ses fournisseurs. Les services en argent du consul passèrent au creuset, vendus au commerce comme métal de bon aloi, et N... n'était pas satisfait.

« — Il me faut de l'argenterie, me dit-il, encore et toujours, va en chercher.

« Et, me donnant cet ordre qui était aussitôt exécuté, il me fournissait avec les adresses des indications précises.

« — Dans tel atelier de gravure, ajoutait-il, il faut pénétrer pendant que les ouvriers prennent leur repas, en se faufilant d'avance dans l'étage supérieur du bâtiment. Dans tel autre de fabricant de boîtes de montres, il faut aller de nuit.

« J'avais garde de perdre de vue aucun de ces détails, surtout celui d'entr'ouvrir à peine une certaine porte garnie d'une sonnette qui s'agitait lorsqu'on ouvrait largement la porte. Il fallait paralyser le mouvement de la sonnette avant de s'introduire. Ces expéditions réussirent bien, car j'étais déjà habile dans ma profession.

« Le lendemain d'une nuit pendant laquelle j'avais opéré une razzia de boîtes de montres, je me trouvais à la fonderie N.... Le patron soufflait, l'ouvrier observait. Nous entendîmes le bruit du tambour dans la rue (c'est au son du tambour qu'à la Chaux-de-Fonds on fait les publications).

« — Va voir ce que c'est, me dit N....

« Ayant pénétré dans le corridor, j'entendis la formule par laquelle on promettait une bonne récompense à celui qui donnerait des indices du vol des boîtes de montres qui avait été commis la nuit dernière. Je rentrai et rendis compte au patron de la chose qui lui parut la plus naturelle du monde; il n'en manifesta ni surprise ni crainte. Il y était familiarisé. Cependant, pour être prudent, il fallait abandonner pour quelque temps ce théâtre. Je me tournai du côté du Jura bernois et visai les églises dont je pouvais enlever les vases servant au culte catholique. Je voyageai quelques jours, faisant des études et recueillant des observations ; j'allais même à la messe. Ma première enquête à Saignelégier fut suivie bientôt de la seconde à Sauggeren (Soihières) près de Delémont, et d'une troisième aux Bois. Le produit de chacune d'elles était toujours fidèlement apporté à N..., qui était bien loin de me faire subir le traitement que Clovis infligea au soldat qui avait enlevé le vase de Soissons.

« Ces divers vols d'église avaient causé une très grande rumeur dans les populations jurassiennes par la coïncidence de la présence d'un certain nombre de Juifs venus d'Alsace et qui avaient sillonné la contrée pour l'exercice de leur commerce. On les accusait, bien à tort, d'être les auteurs de ces vols. Les préfets de Delémont et des Franches-Montagnes ont cru devoir assiéger les autorités alsaciennes (françaises alors) de demandes de perquisitions aux domiciles des Juifs établis dans leurs arrondissements. Naturellement, ces perquisitions n'eurent aucun résultat ; mais l'opinion publique n'en resta pas moins fixée à cet égard et fut l'occasion d'une véritable rage antisémitique. On était loin de soupçonner comme auteur celui qui vous parle, et le fameux fondeur N... comme recéleur.

« Je ne puis pas vous raconter tous les événements qui ont composé ma vie, et, pour abréger, je laisserai inédits ceux qui s'écoulèrent depuis lors jusqu'en 1861. Je me retrouvai à la Chaux-de-Fonds. Il me prit envie de cultiver un riche fabricant d'horlogerie, millionnaire, et de **travailler en grand**. Les employés de son comptoir couchaient au bureau. Je savais cela et je les connaissais. Je les vis un soir entre huit et neuf heures au café. C'était le moment favorable. Je me dirigeai donc vers la maison ..., brisai la fenêtre du corridor et la porte du bureau, et pénétrai sans rencontrer personne. Ce fut une soustraction de 20.000 francs de montres en or. Je n'étais pas seul pour l'opération, et nous étions presque embarrassés de notre marchandise. Nous parvînmes cependant à la vendre le même soir à un Juif N... N... qui, de l'extrême pauvreté, était parvenu à une fortune considérable en vendant comme colporteur des mouchoirs et autres articles de ce genre. Celui-ci remit à plus tard le paiement de la marchandise.

« A minuit, nous partîmes pour Saint-Imier et le lendemain soir nous étions à Berne. Un bijoutier de cette ville était visé, mais nous ne pûmes pénétrer dans son magasin que par les toits. Fort heureusement pour lui que le corridor de son bâtiment était gardé par un énorme boule-dogue. Nous renonçâmes donc aux bijouteries pour dévaliser un libraire en lui enlevant 1.200 francs. Le partage de ce butin, qui me sembla bien maigre alors, se fit chemin faisant jusqu'à Lyss, distant de quatre lieues, puis, passant par Bienne, nous revînmes à la Chaux-de-Fonds.

« Notre juif, que nous abordâmes le soir même, fit des difficultés, sous prétexte de scrupules, mais, en réalité, par crainte de compromission. C'était cinq jours après le vol, le matin du Jeûne fédéral ; nous partîmes pour Saignelégier chargés de nos montres. La fatigue nous obligea à prendre une voiture. Le voiturier, à qui notre fardeau et nos allures parurent équivoques, connaissait l'histoire du vol et, pour obtenir la récompense de 500 francs promise, il alla nous dénoncer. Nous fûmes donc arrêtés à Saignelégier, puis amenés à la Chaux-de-Fonds pour être jugés et enfin à Neuchâtel pour y subir une peine de dix ans de travaux forcés. Mon camarade fut séparé de moi et écroué à Valengin, d'où il parvint à s'évader et à gagner la France. J'ai appris depuis qu'il y commit de nouveaux crimes, puis qu'il y fut jugé et transporté à Cayenne où il fut fusillé.

. « Je restai à N*** où je fus occupé à empailler des chaises,
industrie que je pratique dès mon enfance quand je ne
vole pas. A cause de mon travail, je fus assez bien venu
dans les prisons de N*** où le concierge (geôlier) cumulait
les fonctions d'entrepreneur en industries privées. Mon
arrivée comblait une lacune sentie depuis longtemps.
Pour cela, M*** me traitait bien, m'accordait des libertés
exceptionnelles, des faveurs et même des caprices. C'est
par les privilèges que l'on parvient souvent à obtenir la
tranquillité de certains prisonniers d'humeur batailleuse,
mais aussi ces privilèges constituent souvent des abus
qui viennent parfois renverser le personnel administratif,
surtout lorsque ces exceptions ont un but exclusif et
personnel de spéculation.

« J'avais un canari, un petit chien ; j'aurais obtenu tout
ce que j'aurais pu demander. Mais ces libertés devaient
avoir un terme, car il n'est rien dont l'homme n'abuse.
Je fus accusé, non à tort, d'entretenir des relations avec
la servante du concierge. Je m'en défendis et m'en révol-
tai parce qu'on m'enleva mon chien et mon canari, qu'on
me mit les fers et qu'enfin on me changea de pièce en
m'enfermant dans une chambre haute, à côté de celle
des gendarmes. Je fus forcé de m'y résigner, mais je pris
d'abord mon parti. Un plan d'évasion fut conçu et j'en
préparai de suite les moyens. C'était en octobre, le concierge était parti pour les vendanges. Je profitai de son
absence pendant laquelle l'administration de la prison
était laissée à sa femme, pour fabriquer, avec ma paillasse
et mes draps de lit, une corde longue d'environ 80 pieds
et pour scier les barreaux de ma fenêtre. Pour couvrir le
bruit de la scie, je chantai à plein gosier, tous les matins,
depuis quatre heures. M***, concierge, était déjà de
retour, mais je l'ignorais. Ne pouvant dormir à cause de
mon chant matinal, il vint me trouver et m'invita à ne
plus chanter à cette heure. Je le lui promis à condition
qu'il me fît apporter une bouteille de vin. Il me l'ap-

porta lui-même immédiatement. Je lui répétai alors solennellement que je ne chanterais plus à quatre heures du matin et qu'il pourrait, à l'avenir, dormir en toute confiance. Je tins si bien ma promesse que le lendemain matin, à la même heure, il ne pouvait plus m'entendre. J'étais sur la route des Alpes près la Chaux-de-Fonds. Les gendarmes n'avaient cependant pas manqué, la veille, de sonder les barreaux sciés, mais ils n'avaient rien vu.

« Je pris la direction d'Aarau et Zürich et continuai l'exploitation de mon commerce. A Zürich, je volai deux montres en or et une en argent que je vendis 500 francs, puis à Lucerne, dans une maison de prostitution, puis à Bâle. A cette époque féconde en résultats criminels, l'argent me tombait dans les mains, je ne savais plus l'apprécier. Au reste, les valeurs provenant de cette source se fondent comme la neige au soleil et n'ont aucune consistance. Je m'enhardis à aller voir à Mulhouse si les Français voulaient m'attaquer, car je savais que gendarmes et douaniers étaient avertis ; je savais même qu'on avait l'ordre de me faire passer au clair. Je flairai et m'aperçus à temps des excellentes dispositions prises à mon sujet ; je revins de suite et avec précaution à Bâle, où je saluai de nouveau la Suisse par un petit vol de 150 francs, puis me dirigeai sur Bâle-Campagne, un dimanche.

« J'arrivai vers le soir à Leufelfingen, sur le Hauenstein ; j'étais un peu ivre et dans cet état on ne fait jamais bien les choses. Je volai un paysan et je fus pris et amené à Liestal. Comme ailleurs, j'indiquai un faux nom, disant que j'étais de Constance. Ici, personne ne pouvait répondre au nom donné, de manière que la police de Bâle-Campagne écrivit de tous côtés pour demander des renseignements sur mon identité. J'avais cependant tout lieu de craindre que si l'affaire de N*** parvenait au jour, celles de France n'auraient pas manqué ! !

« Mon signalement fut enfin reconnu à N*** et, de tous

les maux qui pouvaient m'arriver, celui-ci était le moindre. J'étais parvenu, par une présence d'esprit qui me favorisa, à me décharger du chef d'accusation de Leufelfingen et il fut décidé, lorsque M***, concierge à N***, vint pour me reconnaître, que je partirais pour cette ville avec lui, le concierge de la prison de Liestal et un sergent de gendarmerie. J'étais presque content de mon sort et M... encore plus que moi, quoiqu'il eût à me faire payer par une plus grande sévérité la suspension de six mois de traitement qui lui avait été infligée à mon sujet. Mais il avait toujours beaucoup d'ouvrage pour moi et l'intérêt est l'éponge qui efface le mieux toutes les dissensions.

« De nouvelles perturbations se produisirent à la prison, par suite des passions qui pouvaient y avoir un libre cours. Le Préfet, le Directeur de police furent compromis dans une affaire qui fit du bruit. La Commission du Grand Conseil, nantie des plaintes venues de sources diverses, dut donner raison aux plaignants, par l'organe de M. l'Avocat Jacquet. J'avais pris une grande part dans les réclamations et ma témérité devait être punie par la réclusion dans une chambre bien sombre. J'ai résolu de m'en venger sur la personne du préfet, M. K***. Je demandai à lui parler, mais avec l'intention de lui plonger dans le cœur la lame d'un long couteau que j'avais pu me procurer et que je tenais caché dans ma paillasse. Mon projet fut connu, je ne sais trop comment, et une perquisition amena la découverte du couteau. Rapport en fut fait au Conseil d'Etat qui décida de me transférer à Moutier, accompagné de recommandations. Au bout de quelque temps, je déclarai formellement ne pas vouloir rester à Moutier. Mon recours fut admis et je fus envoyé en pension à Berne jusqu'au jour de l'inauguration du nouveau pénitencier de N***. J'eus alors la satisfaction d'y trouver M. le Docteur G*** comme Directeur. Je dois rendre ici un hommage bien mérité à ce magistrat pour les qualités solides apportées à l'exercice de son ministère.

« A ma libération, je fus envoyé à Berne pour répondre aux questions que pourrait me faire un délégué fédéral, M. Knüsel, sur mon origine qui était encore plongée dans le mystère. M. Knüsel ne fut pas plus heureux que ses collègues des cantons suisses qui avaient épuisé à cet égard toutes les ressources de leur esprit et de leur compétence. Il dut se borner à proposer au Conseil fédéral de me faire conduire à la frontière suisse, du côté de l'Alsace. Je m'y laissai conduire, mais je rentrai en Suisse plus tôt que la police qui m'avait servi d'escorte et je recommençai mon commerce à Bâle, à Lenzbourg, où je dérobai à un horloger environ 4.000 francs, à un autre à Saint-Gall pour 3.000 francs, et enfin à Zürich. Je visitai de la même manière le Valais, Vaud et Genève. A Saint-Maurice (Valais) un gros négociant en drap dut fermer son magasin après une visite de nuit. Ses marchandises furent vendues à Lausanne. Un retour sur Martigny fournit l'occasion d'une soustraction identique à un autre marchand de drap dont les articles furent vendus à Genève. Puis, dépistant les recherches, je revins à Berne et à Lucerne où j'enlevai aussi quelques marchandises mais en petites quantités. J'avais eu soin à Berne de payer un policier pour me mettre au courant des recherches et des vacations de la police des divers cantons où j'avais fonctionné. Puis enfin, je vins à Fribourg, pays si facile en explorations, puisqu'on y rencontre rarement des gendarmes, jamais de gardes champêtres, et où les trois quarts des maisons restent ouvertes pendant la nuit. J'y commis quelques vols ; entre autres je participai à celui de 4.000 francs de marchandises à M. Stock, à Morat. Les marchandises furent amenées à Fribourg et mes complices, Egger, Losenegger et Hänggi, jugèrent que des enchères publiques seraient un moyen d'écoulement plus prompt et plus assuré. Je n'étais pas tout à fait de leur avis, mais la majorité était pour les enchères. Ceux-ci, posant en grands négociants, déballèrent à la Fleur de Lys et le public, avec Mme Stock, purent venir constater que ces draps ne venaient pas directement d'Elbeuf ou de Sedan, mais de Morat.

« Egger et Hänggi avaient jugé à propos de se faire confectionner un habillement, et pendant que le tailleur y travaillait, nos deux messieurs étaient allés se promener à Sion et à Lausanne. Revenus à Fribourg, ils furent découverts et arrêtés, Hänggi sur une pointe de rocher à pic surplombant les flots de la Sarine. Tous étaient pris, excepté le **vieux Français** qui continua longtemps encore son commerce dans les cantons de Berne, Vaud et Genève. Dans cette dernière ville, je m'associai Duc, Gross et Siegfried. Le produit de nos expéditions était adressé à un nommé S***, ancien forçat de Lausanne, domicilié rue de ***, à Berne.

« Ici, je logeais à l'Hôtel de la Croix-Blanche, lorsqu'un jour j'eus vent des recherches de police qu'on dirigeait contre ce dernier et moi. J'en donnai avis à celui-ci et nous partîmes dans la nuit avec la plus grande quantité des marchandises, pour aller camper dans une forêt entre Berne et Berthoud. C'est dans cette dernière ville que nous pûmes en trouver le placement. Puis le lendemain nous nous rendîmes à Olten, où je fus l'objet d'un rapport pour contravention. Amené devant le préfet, ce magistrat m'imposa une amende de 4 francs à laquelle je me soumis. Je lui donnai une pièce de 20 francs et, pour me rendre la monnaie d'appoint, il ouvrit son coffre-fort que je pus examiner avec attention, ainsi que son contenu.

« Je revins seul à Lucerne où je me liai avec un nommé F*** T***. Je fis à celui-ci la proposition d'aller enlever le coffre-fort du préfet d'Olten. Elle fut acceptée et nous partîmes. Le coffre-fort fut enlevé et emporté dans la campagne et ouvert un dimanche matin entre trois et quatre heures. Une expédition antérieure faite à Bienne, au bijoutier W'', avait mis à notre disposition environ 4.000 francs de bijoux qui furent vendus à Zürich, à un recéleur d'Unterstrasse.

« Un ouvrier du chemin de fer avait, à Olten, examiné nos allées et venues et avait donné à la police des indications très précises. Nous fûmes reconnus et arrêtés. Nous passâmes en jugement et fûmes conduits à Soleure pour y subir notre peine. Mais la police fribourgeoise recherchait aussi le vieux Français et elle me fit arriver pour me confronter avec mes anciens complices de Morat. Ceux-ci me dénoncèrent comme tel et je reçus en échange les 12 ans de réclusion que vous savez.

« Je fus de nouveau transféré à Soleure pour y subir ma peine. J'étais maladif, néanmoins je pouvais et voulais travailler. Le produit de mes petites industries était toujours recherché et, pour ce motif, le Directeur me faisait donner tous les jours du lait. Cette faveur suscita des jalousies, elle avait duré dix-huit mois et on était exaspéré. Je fus employé depuis à la fabrication des nattes, et pour cela on me fit descendre à l'atelier avec ordre à un gardien de me surveiller avec soin. Cette surveillance spéciale me devenait insupportable, je résolus d'y mettre un terme, et pour cela je refusai formellement le travail. Je fus mis en cellule jusqu'à nouvel ordre. C'est ce que je cherchais. Pendant la nuit, je sciai les barreaux et, à l'aide d'une corde de ma fabrication, je fis la descente dans la cour. Le mur de ceinture de quatorze pieds de hauteur fut franchi au moyen d'une échelle en ficelle dont j'avais garni les extrémités de trois gros clous recourbés en forme de crochets destinés à s'agrafer sur la couverte du mur.

« Je trouvai ainsi la clef des champs, la panacée des prisonniers qui guérit tous leurs maux. Ma liberté dura six mois pendant lesquels s'accomplirent les événements de Vevey que je vous raconterai bientôt et qui me ramenèrent à Soleure.

« Je fus conduit, cette fois, non au pénitencier mais à l'Hôtel de ville où étaient les cachots. Pendant quinze jours j'y fus *in carcere duro*. Ce fut là le premier souvenir de Vevey qu'on me fit méditer, mais je pris la détermination de me venger. Pour ce faire, j'avais rapporté de Vevey, dans ma poitrine, la clef qui ouvre toutes les portes, celle qui, devant la justice humaine, fait absoudre tant de grands crimes et remplace parfois les coupables par les innocents. Ramené au pénitencier, je me vis incarcérer dans une cellule en chêne, bardée de fer. Ces précautions avaient sans doute leur raison d'être, mais elles furent encore vaines. Toutes les difficultés tombent devant l'énergie de la volonté qui a sa source dans le besoin de la liberté, inné à l'homme, et surtout en face de la passion de l'argent qui affaiblit tous les autres sentiments. En m'introduisant dans cette cellule, le Directeur me dit :

« — Je ne vous fais pas donner la schlague, mais je vous fais porter les fers.

« — Vous avez bien fait, répliquai-je ; en faisant comme cela, vous avez pensé à vous plutôt qu'à moi.

« Cela le fit réfléchir. Je me tins tranquille pendant quelque temps. J'étais servi par le domestique du Directeur que je parvins à gagner en peu de temps. Je me fis apporter un couteau de table, puis un autre jour une alène de cordonnier, et successivement du tabac et des allumettes. Il ne me manquait plus que de la lumière, elle ne tarda pas à arriver et sans la réclamer ; le Directeur lui-même me la fit donner et voici comment. Un jour qu'il me fit une visite, je prétextai que j'étais malade et très faible et je lui demandai de l'huile de foie de morue qu'il m'accorda. A l'aide d'une petite tasse en tôle dont je me servais comme Diogène et d'une mèche de coton fabriquée avec les fils d'un morceau de doublure, je fis une lampe et je me mis à l'œuvre. J'arrachai d'abord les clous d'une traverse, puis la traverse et une deuxième

traverse ; je levai ensuite le bout d'une planche du plancher ; puis enfin les pierres d'une voûte que j'enfouis
soigneusement au fond de la paillasse de mon lit, et enfin
je perçai le plafond de l'atelier des tisserands qui était
sous ma cellule. Un peu après neuf heures du soir, je
descendis dans cette pièce et travaillai à faire l'ouverture
nécessaire pour sortir dans la cour et reprendre le chemin de jadis.

« Je savais que le Directeur passait habituellement
ses soirées en ville et qu'il ne rentrait qu'à onze heures.
Je calculai que je ne devais sortir de ma retraite qu'après
onze heures. J'entendis bien sonner à une horloge voisine du pénitencier, mais, malheureusement pour moi,
je comptai mal : je crus entendre frapper douze coups et
ce n'était que onze heures. Mon erreur fut la causse de
mon insuccès, car tout devait réussir pour une évasion
en règle. Je rallumai ma lampe justement au moment où
le Directeur rentra. Il aperçut de la lumière à l'endroit où
il ne devait point y en avoir et je fus trahi par elle.
L'éveil fut donné, d'abord à la garde à l'intérieur et à la
police au dehors. Je fus cerné dans la cour où je m'étais
retranché derrière une bille de bois. On me visa et on
me lâcha cinq coups de revolver. Une seule balle m'ef-
fleura la cuisse et je me rendis.

« Je fus de nouveau ramené au cachot, à l'Hôtel de
ville, pour quinze jours. On m'enleva tous les vêtements,
on ne me laissa que la chemise. Le médecin cependant,
m'ayant visité le second jour, me fit donner une couverture et des chaussons de paille. La visite de ma cellule,
par les soins et les ordres du Directeur de Justice et
Police, plongea ce magistrat dans des suppositions ou
des présomptions pour la plupart absurdes. Il chercha
inutilement, pendant longtemps, par quels moyens
j'avais pu parvenir à me débarrasser de mes fers, à
déclouer les lames de fer, soulever le plancher, percer
une voûte et scier un plafond. Tous les objets que je

m'étais procurés avaient disparu. Interpellée, la science médicale jugea que mon corps pouvait contenir une scie sur un ressort roulé et contenu dans l'intérieur d'une noisette. Cette hypothèse fut mise à l'épreuve, et pour cela il fallait me faire consentir à prendre une purgation qui aurait pour effet l'évacuation complète de tous les corps étrangers à l'alimentation de l'homme.

« Après la garantie toute morale que le médecin me donna, que la purgation qui me serait préparée ne me nuirait en aucune manière, je consentis à la prendre. Pendant tout le temps du travail de la drogue, je fus gardé à vue et tout fut examiné avec soin, mais on ne découvrit pas le mystère. Force fut donc à la magistrature de s'en tenir aux simples conjectures pendant les dix-huit mois qui me restaient encore à subir et pendant lesquels je restai à l'Hôtel de ville. Au bout de ce temps, on me fit observer que j'avais encore les six mois de mon évasion à combler, mais qu'on serait disposé à les effacer si je voulais faire des révélations. L'offre était séduisante, je l'acceptai.

« Je racontai donc en détail, au chef du Département de Justice et Police, comment j'avais rapporté de Vevey, dans ma poitrine, 150 francs en pièces de 10 francs en or ; j'avais pu me procurer le couteau de table, l'alène de cordonnier, le tabac et les allumettes, puis des saucisses, du chocolat, de l'eau-de-vie, etc., par l'intermédiaire du domestique du Directeur ; que j'avais fabriqué la scie avec le couteau, à l'aide de l'alène, etc. Mon expérience fut accompagnée d'un essai pratiqué *de visu* sur un couteau apporté sur-le-champ. Avec cette scie improvisée, je parvins à scier, séance tenante, un morceau de fer qui me fut remis. On était ébahi de ces explications qui venaient dissiper des mystères et mettre au jour les faiblesses des employés de pénitenciers.

« Satisfait de ces déclarations, le Conseil d'Etat auquel le rapport fut adressé ordonna ensuite mon transfert à Fribourg.

« Pour éviter une interruption dans l'histoire de ma détention à Soleure, j'ai omis à dessein le récit de mes aventures pendant les six mois de mon évasion.

« Ayant gagné la campagne, je pris la direction de Saint-Gall, en passant à Zürich. J'avais retourné mes habillements de forçat pour n'être pas reconnu et je voyageai pendant la nuit, me reposant pendant le jour. Ce sont là les précautions élémentaires de tout prisonnier en fuite. Arrivé à Zürich, je me rendis à Unterstrasse chez un ami dont je ne veux pas indiquer le nom. Il me donna des habillements et un viatique et je partis pour Saint-Gall. Je voulus visiter un bijoutier, mais je dus me contenter d'un simple horloger dont la marchandise fut vendue à un autre endroit. Je revins à Zürich récompenser mon ami du service des habillements ; je lui rendis l'argent qu'il m'avait prêté et je repartis pour Bâle ; puis, je traversai le Jura, les cantons de Neuchâtel et de Vaud et me rendis à Vevey. Je cultivai toute la contrée, explorai tous les environs. Des excursions furent faites dans le Valais et dans le canton de Vaud. Le tronc de l'église anglaise à Montreux m'ouvrit ses flancs très bien garnis. A L***, près du **, un marchand d'antiquités en or se vit dévalisé un soir, au moyen d'une fausse clef. (*Ici se place une circonstance que je regretterai jusqu'à mon dernier soupir. La pauvre domestique de la maison fut accusée de ce vol et dut payer pour le coupable que la Justice n'a pu découvrir* malgré l'habileté proverbiale de N***, le fameux limier.) Pauvre justice des hommes, que tu es boiteuse ! Les antiquités furent transportées à Genève, vendues à un grand recéleur qui les expédia à Londres. Je revins sur Vevey et rendis des visites à des pauvres gens dans le Valais ; mais ces visites-ci n'avaient aucun rapport avec les précédentes, puisque je dévalisai trois magasins à Colombey et à Monthey pour leur en apporter le produit. De retour à Vevey, je volai un horloger dans la rue Centrale. C'était malheureusement un pauvre père de famille qui devait encore à ses fournisseurs la marchandise qui lui avait été dérobée ; je l'ai toujours regretté. Les objets furent vendus aussi à Genève, à un autre recéleur. Je demeurai dans cette ville quelques jours, pendant lesquels je fis quelques petits vols de montres qui furent vendues au recéleur T‘‘‘, lequel partit plus tard pour Paris parce qu'il avait toujours des peines à subir pour ses recels, car la police ne faisait jamais, chez lui, des fouilles infructueuses.

« Je revins encore, mais pour la dernière fois, à Vevey. Je m'y associai à un individu qui me proposa une visite à Saint-Saphorin, à la maison de M. Ruchonnet, aujourd'hui Président de la Confédération suisse. Cette maison m'était si bien décrite que la chose était très facile ; les moyens d'y pénétrer par une certaine fenêtre qui ne devait offrir aucune résistance m'étaient bien détaillés ; même les valeurs de plusieurs communes qui y étaient en dépôt, tout cela m'était bien connu. Mais nous avions mal choisi le moment de notre expédition : c'était une nuit de tourmente, il neigeait, les traces de nos pas pouvaient nous compromettre ; nous renonçâmes, pour le moment, à l'exécution de notre projet et nous revînmes à Vevey, tard dans la soirée.

« Nous entrâmes à l'hôtel des Trois-Suisses pour y demander un logement pour la nuit. La dame du logis, à qui nous adressâmes la parole, nous reçut avec un empressement fastidieux qui aurait dû paraître équivoque à un homme comme moi, mais mes jours étaient aussi comptés. Elle me reconnut tout d'abord pour le trop célèbre U‘‘‘, la terreur de la contrée, le criminel si redoutable, l'évadé de plusieurs pénitenciers ; mais elle se garda bien de faire savoir à d'autres qu'à son mari, l'heureuse découverte qu'elle venait de faire. Le tenancier de l'établissement alla sans doute prévenir la police pendant notre sommeil, car le matin nous fûmes réveillés par un sergent de gendarmerie accompagné de deux acolytes, et ensuite conduits en prison.

« Mon camarade avait déjà subi une peine à Lausanne comme pick-pocket, mais dès ce moment je pris la résolution de me charger de toute la responsabilité des faits qui pourraient retomber sur nous et de le faire acquitter, parce qu'il était père de famille. Le lendemain, nous fûmes interrogés et nos premières déclarations, qui furent toujours maintenues, consistaient, en fait de complicité, que nous ne nous connaissions point l'un l'autre ; mais on retint quand même mon camarade en prévention. Quant à moi, on me fit prendre des habits de forçat. Je les acceptai pour aussi longtemps que je ne paraîtrais pas en public ; mais j'étais bien déterminé à ne paraître dans ce costume à aucune audience publique. Le Président du Tribunal en avait décidé autrement que moi, et la grosse question se posait toujours plus terrible, de savoir lequel de nous deux serait le plus fort. J'étais dans mon droit, puisque je n'étais pas jugé, et mon défenseur, un de ces hommes accomplis comme le canton de Vaud peut en produire, sans m'autoriser à entreprendre une lutte aussi inégale et dans des conditions aussi extraordinaires, ne put s'empêcher de me donner raison. Le Président avait pour lui, il est vrai, ses pouvoirs discrétionnaires et une compétence qui n'était limitée que par la défense expresse de me faire aucun mal.

« Les formalités de la procédure s'accomplissaient et l'information ne comptait pas moins de dix-huit chefs d'accusation : c'était, je l'avoue ici, un peu moins de la moitié des vols que j'avais commis. Le vol d'antiquités à L*** était même éliminé par suite d'un imbroglio du fameux N***.

« Jusqu'au jour de la séance du Tribunal, tout marcha bien. Voyant approcher les hostilités, j'eus soin de prévenir la femme du geôlier, personne très respectable, qu'elle eût à aviser son mari de s'abstenir de venir me chercher lui-même pour aller au tribunal.

« — Vous êtes donc armé, répliqua-t-elle, puisque vous êtes décidé à faire résistance ?

« — Certainement que je suis armé, lui répondis-je, j'attends mes hommes.

« Epouvantée, cette femme redescendit apporter la nouvelle à son époux qui se le tint pour dit. J'entendis ensuite arriver les gendarmes qui, ouvrant d'abord timidement le guichet, m'invitèrent à descendre. Mon refus fut formel. Ils ouvrirent alors la porte et, bien que je ne fusse vêtu que d'un caleçon et d'un gilet de flanelle avec une chemise, ils avancèrent deux baïonnettes au bout de deux carabines. Placé derrière le mur, pour n'être pas en face, j'assénai sur les deux armes un coup de gourdin qui les rompit toutes deux ; l'une d'elles resta dans la cellule pour ajouter à ma défense. Les deux canons des carabines s'avancèrent ensuite et subirent le même sort. Déconcertés, les gendarmes refermèrent la porte, opérant une retraite dans le corridor pour informer le magistrat, prendre conseil et inventer de nouveaux moyens de s'emparer de ma personne. J'entendais tout, la prison était pleine de monde, plus de 800 personnes stationnaient aux abords. Je me tins prêt à tout événement. Le Président persistait et je m'opiniâtrai autant que lui.

« Un matelot d'eau douce, gros batelier du lac Léman, s'offrit de me prendre contre 20 fr. de récompense. Je le vis venir et s'avancer dans ma cellule avec une couverture qu'il tenait étendue devant lui. Voyant mon attitude et mon élan pour l'atteindre à la tête, il s'esquiva prudemment.

« Une dose puissante de chloroforme fut ensuite jetée par le guichet et répandue sur le plancher de ma cellule ; mais j'eus soin d'en prévenir les effets en jetant dessus le contenu d'un certain vase et de couvrir le tout avec la paillasse du lit, puis je me promenai bien vivement pour combattre le sommeil.

« Voyant l'inutilité de ces moyens, on avisa deux jets

de pompe, l'un qui devait venir du dehors par la fenêtre
et l'autre du dedans par le guichet de la porte. Je prévins
le coup, et avant qu'on eût enlevé le grillage extérieur de
la fenêtre, j'avais amarré solidement aux barreaux intérieurs la paillasse avec les draps de lit. Au commande-
ment de « prêt », je vis s'avancer, par le guichet, un
piston de pompe. Un violent coup de gourdin mit en deux
morceaux le piston en cuivre. Ce dernier stratagème
échoua encore, bien que j'eusse à marcher dans l'eau
jusqu'aux genoux.

« On se retira encore pour inventer d'autres procédés,
et pendant ce temps, à l'aide de la baïonnette restée dans
ma cellule, je soulevai une planche du plancher et l'eau,
trouvant son écoulement, alla se répandre sur les meu-
bles et le linge du concierge, dans sa chambre. La femme
de celui-ci, consternée par l'inondation de son appartement, s'offrit alors de venir elle-même me proposer le
seul moyen qu'on aurait dû prendre pour éviter tout ce
scandale, celui de me rendre mes habillements personnels. Je vis entrer cette femme, seule, dans ma prison.
Tout le monde tremblait sur son sort, et pourtant, ce que
la force de la loi n'avait pu produire, cette personne l'obtint à sa première parole. Elle m'invita à descendre pour
m'habiller.

« — Non, madame, lui répondis-je ; là-bas, je ne pourrais pas me défendre contre tant de monde, je serais con-
traint de me rendre. Apportez-moi mes habillements ici,
avec une bouteille de vin.

« Cette dernière chose souleva bien quelques objections
de la part du Président, mais le geôlier prit sur lui-même
la responsabilité de tout et sa dame revint avec l'un et
l'autre. Je m'habillai promptement, vidai la bouteille et
annonçai au sergent de gendarmerie que j'étais prêt à
me rendre au tribunal, avec une voiture, car il n'était
pas possible de se frayer autrement un passage à travers la foule. En sortant de ma cellule, je remis au ser-

gent, par le gros bout, le gourdin qui m'avait valu la reconnaissance de mon droit et en même temps une défense invincible, pendant une grande partie de cette journée, qui restera certainement célèbre dans les annales judiciaires.

« Au tribunal, le Président ne put se défendre de violentes paroles sur les circonstances qui venaient de se passer ; mais mon défenseur saisit avec énergie l'occasion de lui attribuer, à lui, Président, la responsabilité entière des événements et des conséquences, car il avait violé la loi. Le public applaudit. Le Président dissimula son dépit et dirigea les débats avec impartialité.

« J'avouai tout et je fus condamné. Mon camarade, ainsi que je l'avais prévu, fut acquitté et reconduit sur Genève, d'où il partit plus tard pour Paris. Mon retour à la prison ressembla presque à une ovation de la part du public, à cause, bien sûr, de la résistance que j'avais faite à la force. Depuis ce moment jusqu'à mon départ pour Soleure, je fus l'objet, je dois le dire, d'attentions particulières et même de bienveillance. Mon voyage à Soleure se fit en voiture.

« Me voici donc à Fribourg, depuis le mois de juillet 1881. Après mon arrivée, je fus conduit au chantier de Planfayon et m'évadai encore de la baraque de ce chantier avec plusieurs co-détenus. Cette évasion, qui était l'expression de protestation contre les abus, s'effectua en mai, l'année suivante, et elle dura, pour moi, 300 jours. Tous les fugitifs étaient repris bien longtemps avant moi ; mais mes succès avaient eu leur cours, je ne fis plus que des vols malheureux. Je parcourus pourtant les cantons de Berne, Lucerne, Argovie et Saint-Gall, où je ne commis pas moins de 18 effractions sans grande réussite. Je ne trouvai généralement qu'à manger. Je sillonnai, dans les mêmes conditions, les petits cantons, ainsi que le Valais. Dans le canton de Vaud, je ne fis plus que quelques petits séjours pour la fabrication de

fausses clefs. Je vins visiter l'église de Tavel. Ma décep·
tion fut grande, je n'y trouvai que peu de monnaie dans
les troncs et, à la sacristie, un petit calice en cuivre doré :

> « Du goujon,
> « Est-ce bien là lu dim r d'un héron !

« Je refermai l'église sans y opérer aucune soustraction
et je me dirigeai sur l'Oberland bernois. A Erlenbach,
je fus reconnus par la police au moment où je traversais
un pont et reconduit ici.

« Vous savez le reste.

« J'ai bientôt terminé ma carrière, mais je vous déclare que si elle était à recommencer, je ne la ferais pas
criminelle ! ! !

« C'est une immense folie que j'ai accomplie. »

Le lecteur nous pardonnera d'avoir prolongé nos citations, mais elles nous présentaient un intérêt d'une
certaine valeur à l'appui de nos observations et nous
permettaient de faire saisir avec plus de facilité ce que
l'enfant devient naturellement lorsqu'il se trouve dans
l'abandon.

Nous reprenons ici la continuation de notre statistique,
introduisant le tableau N° 14, concernant les causes et
la nature du crime ainsi que la durée des peines prononcées contre les 99 détenus de la Maison de force.

Il nous fait connaître :

1 homme, 0 femme condamnés pour assassinat, brigandage et incendie ;
1 » 0 » » » assassinat et brigandage ;
1 » 0 » » » assassinat et vol ;
3 » 2 » » » assassinat ;
1 » 0 » » » tentative d'assassinat ;

MAISON DE FORCE

Tableau N° 14.

NATURE DU CRIME	H.	F.	CAUSES DU CRIME	De 6 mois à 5 ans		De 5 à 10 ans		De 10 à 20 ans		De 20 à 30 ans		À perpétuité	
				H.	F.	H.	F.	H.	F.	H.	F.	H.	F.
Contre la vie et la sûreté.													
Assassinat, brigandage et incendie	1		Abus du schnaps									1	
Assassinat et brigandage	1		Boisson et oisiveté									1	
Assassinat et vol	1		Ivresse et vie déréglée									1	
Assassinat	3	2	Vengeance, jalousie d'amour (h.), férocité (f.), boisson					1	1			2	1
Tentative d'assassinat	1		Accès de folie			1							
Brigandage	4		Mauvaises compagnies, abandon, misère, gêne dans le ménage			1		2				1	
Lésions corporelles graves	1		Entraînement dans l'orgie					1					
Moyens abortifs	1		Compromission de paternité illégitime	1									1
Homicide		1	Aversion et dégoût du conjoint		1								
Infanticide et avortement		1	Fausse honte et passion		1								
Infanticide et cèlement de couches		1	Honte		2								
Infanticide		2	Détresse, abandon et misère		1								
Complicité d'avortement		1	Fausse honte										
Contre la sûreté.													
Incendie	5	3	Ivresse, vengeance, jalousie de la prospérité d'autrui, aberration d'esprit et colère			1	2	4	1				
Incendie de sa propre maison	1		Symptôme de folie			1							

NATURE DU CRIME	H.	F.	CAUSES DU CRIME	De 6 mois à 5 ans		De 5 à 10 ans		De 10 à 20 ans		De 20 à 30 ans		À perpétuité	
				H.	F.	H.	F.	H.	F.	H.	F.	H.	F.
Contre la foi publique.													
Fabrication de fausse monnaie	1		Détresse	1									
Faux et escroquerie	1		Ambition et entraînement			1							
Faux	2		Besoin, inconduite	2									
Escroquerie	2		Inconduite, ambition de ressaisir par le jeu une fortune perdue	2									
Contre la propriété.													
Vol qualifié, faux mat. et im.	1		Mauvaise éducation, abandon par les parents, entraînement au vol par son père			1							
Vol qualifié	9		Mauvaise éducation, abandon, inconduite des parents, nécessité, besoin dans le ménage, paresse, débauche, passion, boisson	8				1					
Vol	35	2	Besoins, mauvais conseil, ambition de parvenir, paresse, débauche, charge de famille, détresse dans le ménage, défaut de moyens d'existence, passion, nécessité, ivrognerie, mauvaise éducation, extrême pauvreté, ressaisissement d'une fortune spoliée, dureté d'une mère, nécessité de pourvoir à son entretien	31	2	3		1					
Complicité de vol	1		Intérêt à la vente d'objets volés pour être payé d'une prétention	1									
Tentative de vol	1		Oisiveté et mauvaise éducation	1									
Contre les mœurs.													
Attentat à la pudeur	8		Passion, ivresse, occasion de satisfaire la passion, boisson	6		2							
Attentat brutal à la pudeur	3		Passion, brutalité, ivresse par le schnaps			2		1					
Viol et vol	1		Passion par la boisson			1							
Bigamie	1		Passion par la boisson	1									
Viol	1		Passion par la boisson					1					
	86	13		54	7	14	2	12	2	»	»	6	2

4 hommes, 0 femme condamnés pour brigandage ;
1 » 0 » » » lésions corporelles ;
1 » 0 » » » moyens abortifs ;
0 » 1 » » » homicide ;
0 » 1 » » » infanticide et avortement ;
0 » 1 » » » infanticide et cèlement de couches ;
0 » 2 » » » infanticide ;
0 » 1 » » » complicité d'avortement ;
5 » 3 » » » incendie ;
1 » 0 » » » incendie de sa propre maison ;
1 » 0 » » » fabrication de fausse monnaie ;
1 » 0 » » » faux et escroquerie ;
2 » 0 » » » faux ;
2 » 0 » » » escroquerie ;
1 » 0 » » » vol qualifié, faux matériel et im-
matériel ;
9 » 0 » » » vol qualifié ;
35 » 2 » » » vol ;
1 » 0 » » » complicité de vol ;
1 » 0 » » » tentative de vol ;
8 » 0 » » » attentat à la pudeur ;
3 » 0 » » » attentat brutal à la pudeur ;
1 » 0 » » » viol et vol ;
1 » 0 » » » bigamie ;
1 » 0 » » » viol.

Sur ces 99 condamnations nous avons rencontré les causes du crime :

26 fois dans l'abandon ;
24 » » la boisson (1) ;
13 » » la misère, la gêne, la détresse ;
7 » » la passion, la débauche ;
3 » » les accès de folie, idiotisme, trouble des
facultés ;

(1) Dans beaucoup d'autres causes, la boisson vient se placer au second rang.

2 fois dans la vengeance ;
2 » » les mauvaises compagnies ;
2 » » la fausse honte ;
2 » » l'ambition ;
2 » » l'inconduite, et enfin
1 » » la jalousie d'amour, la dureté, la paresse, compromission de paternité illégitime, entraînement, aversion et dégoût du conjoint, etc., etc.

D'où il résulte que le plus grand nombre de causes se trouvent : 1° dans l'abandonnement, question que nous venons de traiter ; 2° dans la boisson, laquelle se rencontre 24 fois ; et ce qu'il y a de plus effrayant c'est de constater, par les données de notre tableau, que les plus grands crimes, ceux contre la vie et la sûreté et qui ont entraîné des condamnations à perpétuité, ont été commis sous l'influence de la boisson.

Si nous ajoutons à ce chiffre celui de la Maison de correction où nous devons rechercher les causes dans la boisson, 13 fois, nous sentons la nécessité de discuter cette question en prenant comme base les idées émises par des hommes compétents. Les recherches faites en France, en Angleterre, en Amérique, en Suisse, nous montrent que la boisson est déjà la cause générale qui amène dans les familles la gêne, la misère, l'oisiveté, le vagabondage, la ruine, et notre statistique nous prouve qu'elle est la cause directe d'un grand nombre de délits, de crimes et de récidives. La boisson n'envoie-t-elle pas continuellement, devant nos tribunaux, des individus qui, sans elle, seraient restés honorables ? N'est-elle pas l'une des causes principales du mal en progrès ?

La découverte de l'esprit-de-vin, de l'alcool, a été l'origine d'un mal inconnu aux anciens et dont les ravages se sont manifestés moins par l'augmentation des scènes bruyantes et des scandales de l'ivresse des rues que par l'accroissement de l'immoralité sous toutes ses formes, des instincts pervers, de l'abrutissement, du suicide, des crimes contre les personnes, de l'aliénation mentale et de maladies, jadis inconnues, pour lesquelles la médecine a dû créer une nomenclature particulière. C'est surtout depuis l'époque où les boissons fermentées, dont le vin est le principal type, et l'eau-de-vie elle-même, produit de la distillation du vin, ont cédé la place, dans la consommation des masses populaires, aux boissons distillées, obtenues à bas prix, des céréales, du seigle, de l'orge, du maïs, du riz et enfin de toute substance végétale contenant du sucre, que l'ivrognerie a perdu, de plus en plus, l'aspect animé des bacchanales, pour revêtir les traits sombres, dégradés, maladifs, sous lesquels elle apparaît de nos jours, avec un cortège de maux jadis inconnus, qui frappent, à sa suite, les familles et l'espèce humaine. C'est dans les pays du Nord que l'ivrognerie a pris d'abord ce caractère pathologique qui lui a valu dans la langue anglaise le nom d'*empoisonnement* (intoxication) et qui portait un grand médecin, Frédéric Hoffmann, à proposer, pour l'alcool, le nom d'*eau-de-mort*. Dans les pays scandinaves, en Allemagne, en Russie, on constatait, dès le siècle dernier déjà, l'influence croissante de ces alcools nouveaux sur la mortalité et la *criminalité*. Une série de mesures répressives était mise à la disposition du pouvoir public pour contenir ce mal envahissant. Le Code russe, empruntant à l'Église luthérienne une de ses prescriptions, admettait l'ivrognerie parmi les motifs légitimes de divorce. Les sociétés de tempérance se mettaient à l'œuvre dès le commencement de ce siècle. Les Etats-Unis d'Amérique inauguraient, à partir de 1855, l'institution des *Asyles* ou *Hôpitaux d'ivrognes d'habitude* (habitual druncards), qui sont actuellement au nombre de plus de 25 dans la Grande-Bretagne.

La France et la Suisse n'ont pas échappé à l'envahissement de ce fléau social. Ses progrès se mesurent par les chiffres de plus en plus élevés de la consommation de l'alcool. Ce ne sont pas seulement nos populations urbaines et industrielles qui en sont infectées ; on pourrait dire qu'il n'est plus, aujourd'hui, un seul village qui ne connaisse ce type dégradé de l'homme alcoolisé, et où l'on n'ait observé un de ces cas dans lesquels, peu à peu, jour par jour, sans manifestations bruyantes, un homme d'abord honnête, raisonnable, sous l'influence d'une dose d'alcool chaque jour augmentée, perd son intelligence, ses sentiments, sa moralité, son libre arbitre, en sorte qu'avant même qu'une loi répressive de l'ivresse publique ait pu l'atteindre, ses actes : **vols, incendies, meurtres, attentats,** l'ont signalé comme un être dangereux pour sa famille et ses semblables, et que la justice, quand il arrive devant elle, ne sait plus si elle a affaire à un criminel ou à un aliéné.

Il a été convenu qu'en réprimant l'ivresse manifeste comme une contravention relevant des tribunaux de simple police, on prendrait une mesure utile, mais sans proportion avec l'importance sociale et la gravité des questions que l'ivrognerie alcoolique impose au législateur ; que, pour se conformer aux indications fournies par l'étude des faits, pour protéger la société et la famille, il fallait non seulement des mesures de répression d'une sévérité croissante avec les récidives des manifestations d'ivresse, mais qu'il fallait surtout des mesures de protection de la famille contre l'individu abruti par l'alcool.

Pour atteindre ce but, le législateur devrait admettre l'interdiction des **droits civils, politiques** et de **famille** lorsque l'ivrognerie a pour effet un crime, un délit ou motive des plaintes sérieuses d'une famille. Il n'a pas contesté la gravité du mal ni l'urgente nécessité des remèdes. Il jugea prudent de commencer par établir la **répression de l'ivresse publique,** mais il ajourna la question de la protection de la famille et de la société contre l'alcoolisme. Depuis lors, l'alcoolisme a continué ses progrès effrayants. Tous les organes de l'opinion publique, tous les hommes d'étude sont du même avis et expriment les mêmes craintes. « J'ai entendu, au Congrès d'Amsterdam, disait le docteur Petithan aux hygiénistes réunis à Bruxelles en 1880, l'aveu désespéré des médecins allemands, anglais et hollandais... Actuellement, ajoutait-il, parlant de la Belgique, l'alcoolisé qui n'est pas parvenu à la dernière période n'est ni un aliéné, ni un être responsable. Il continue de prendre part à la vie civile, à la vie politique. Il dirige sa famille et administre ses biens. Son état mental n'étant ni la démence, ni la fureur, ni l'imbécillité, il ne peut même pas être interdit d'après le Code civil. Cet état spécial, indéfinissable dans les termes légaux actuels, lui enlève, à coup sûr, la responsabilité et la culpabilité en lui laissant la faculté de commettre les actes les plus criminels. Tous les jours il ruine et déshonore sa famille, il vole, il tue, rien ne l'arrête. »

Le médecin belge terminait en demandant d'introduire dans la loi les deux dispositions suivantes :

« 1° L'alcoolisé dont l'état est reconnu médicalement et légalement est interdit ;

« 2° Quand il est interdit, on doit l'enfermer dans un établissement spécial où il sera traité et obligé de travailler suivant ses forces. »

Nous n'avons pas à examiner ces propositions, soutenues depuis quatre ans par les vœux des congrès scientifiques. Nous devions les mentionner. Les progrès de l'ivrognerie alcoolique ont des liens trop étroits avec le sort des enfants délaissés ou maltraités pour que nous ne soyons pas ramenés à établir la nécessité des mesures capables de **protéger l'enfance dans l'intérieur des familles,** contre l'abrutissement des parents par l'alcoolisme.

L'application de mesures pénales à l'égard des père

et mère qui s'adonnent à l'ivrognerie peut être d'un emploi pénible, douloureux même pour certaines familles ; elle peut n'être pas exempte de difficultés pour la justice. La possibilité d'y recourir n'en devrait pas moins être inscrite dans la loi, comme dernière ressource réservée aux membres encore sains de ces familles malheureuses, au Ministère public et aux comités de protection, pour sauvegarder l'éducation et l'avenir des enfants et enfin pour tarir la source de la criminalité.

On l'a dit énergiquement :

« Un homme qui se laisse dominer par la passion des liqueurs fortes est un homme perdu ;

« Une famille où l'intempérance vient s'asseoir au foyer est une famille perdue ;

« Une société qui est profondément affectée par le fléau de l'alcoolisme est une société perdue. »

Dans son manuel d'instruction populaire, le Révérend Curé Thierrin ne vient-il pas renforcer notre exposé en disant : « Désormais on ne peut plus rien attendre de bon de l'homme qui se livre aux excès alcooliques ; il ne s'arrête pas à ses excès, il lui faut doubler les stimulants pour en ressentir l'excitation qu'il recherche. Il avait perdu le sentiment du devoir et de la moralité, demain il sera criminel, voleur et assassin. L'alcool ne laisse rien intact chez l'individu qui absorbe chaque jour ce poison. Dominé uniquement par les détestables passions qu'a éveillées chez lui l'abus des boissons enivrantes, il ruine ou déshonore sa famille par des désordres ou des crimes qu'il va expier quelquefois sur les bancs de la cour d'assises.

« La détestable passion de l'ivresse n'a pas seulement pour résultat inévitable la dégradation et le malheur de ceux qui s'y livrent, elle fait le tourment de leur famille, victime de l'égoïsme de son chef qui sacrifie tout à son vice et trop souvent encore aggrave par ses brutalités les misères dont il est cause. On ne peut être indulgent vis-à-vis de l'homme marié qui délaisse son foyer, abandonne sa femme et ses enfants, afin d'avoir la liberté de perdre au cabaret et sa santé et son argent, tandis que sa malheureuse femme est obligée de se lever avant le jour et de se coucher tard dans la nuit pour procurer un morceau de pain à ses pauvres enfants.

« Ce n'est pas sans une douloureuse et sympathique pitié que l'on songe à ces femmes si nombreuses qui, en face de leurs petits enfants qui pleurent, attendent en vain le salaire qu'un mari ou un père sans cœur va follement perdre dans l'orgie du cabaret. Que de mères dont le cœur est brisé ! Que de foyers sont dévastés ! Que de gens ont vu les joies de la famille se changer en un deuil continuel ! Que d'enfants dispersés comme des épaves dans un monde sans pitié ! Un voile de malheur, un cri de désespoir qui s'échappe continuellement de familles infortunées, parlent de misères dont Dieu seul peut connaître la mesure.

« L'ivrogne a des enfants, et il en fait des vagabonds.

« Le désespoir de la mère, les souffrances des enfants, la misère de la famille, voilà les conséquences premières de l'abrutissement du père qui sacrifie tout à sa passion pour l'alcool.

« L'ivrogne est pour la société une menace continuelle. Le crime n'attend plus le nombre des années. De tout jeunes gens, des enfants presque, volent, assassinent, s'organisent en bandes armées et vivent dans la société comme de véritables pirates. La ruse et la violence pourvoient seules à leurs appétits démesurés. »

Après ces exposés, il est superflu de placer sous les yeux du lecteur d'autres citations que nous pourrions encore emprunter d'auteurs les mieux qualifiés. Nous croyons que nous pouvons sans crainte demander aux hautes autorités, qu'avant de se laisser aller à de grandes dépenses qu'exigerait la réforme complète de nos pénitenciers, elles étudient les voies et moyens pour arriver à frapper le plus vite possible l'alcoolisé, l'alcoolisme qui occasionne de grands ravages dans notre pays et devient une des causes qui conduisent directement et qui fournissent le plus de détenus dans les maisons pénitentiaires.

En relevant notre population par l'instruction, par la diminution des excès alcooliques, par la protection de l'orphelin et de l'enfant abandonné, nous arriverons incontestablement à arrêter dans une forte proportion les condamnations correctionnelles et criminelles, et par là nous aurons atteint l'un des premiers buts que tout citoyen, s'occupant sérieusement de la réforme pénitentiaire, veut atteindre; car, dans les mots « Réforme pénitentiaire », l'on ne comprend pas seulement le désir d'introduire le grand confortable que les philanthropes modernes veulent accorder aux détenus par la construction de pénitenciers ressemblant à des palais, par l'élaboration de nouveaux règlements qui se perdent dans la poussière des cartons ou qui ne sont que superficiellement appliqués, mais l'on entend le devoir de chercher par tous les moyens possibles à faire comprendre aux détenus, par l'influence de la religion, par de bons procédés et, s'il est nécessaire, par des peines infligées paternellement, par le goût du travail, par l'économie, par la sobriété, par l'instruction, que, s'ils se repentent et se corrigent, ils peuvent être rendus à la société et devenir de bons citoyens.

Nous n'ignorons point que nos lois cantonales frappent l'individu qui se livre aux excès de la boisson de pénalités proportionnelles, qu'elles prévoient également l'interdiction des droits politiques, civils, et enfin l'interdiction des auberges; mais s'il nous était permis d'exprimer nos desiderata, nous aimerions voir le législateur introduire dans nos lois des dispositions qui permettent aux juges d'interner dans des **asiles** ou **hôpitaux d'ivrognes d'habitude**, les individus qui se livrent trop souvent à la boisson. Nous nous permettons de demander l'établissement, dans notre canton, d'une maison telle que celle qui existe à Ellikon, où seraient internés les condamnés pour excès de boisson; notre pays ayant à sa disposition plusieurs grands domaines, il serait assez facile d'y placer cette nouvelle institution et de donner du travail à un bon nombre d'individus qui y seraient condamnés.

L'on pourrait aussi perfectionner le système de baraquements et faire assainir, par cette catégorie de condamnés, soit le Grand-Marais, soit les terrains marécageux de Sâles (Gruyère), soit enfin rendre à la culture les grèves du lac, à Estavayer, Font, Cheyres, etc.

Cette première innovation, comme nous l'avons dit plus haut, réduirait considérablement les jugements pour crimes et délits, ne nécessiterait pas la construction d'un grand pénitencier, et diminuerait, par là, les dépenses dans une forte proportion.

Le code pénal fribourgeois prévoit, dans son art. 296, § 8, et son art. 306, la privation des droits de la puissance paternelle, laissant au juge la faculté d'appliquer cette peine pour les délits correctionnels.

Nous exprimons le désir de voir cette disposition s'étendre énergiquement dans les cas de récidive d'ivresse et d'ivrognerie par habitude, en frappant principalement le père de famille insoucieux de l'avenir de ses enfants, afin que la société puisse, sans encombre, s'en occuper.

Nous comprenons l'hésitation du juge à prononcer la peine de déchéance des droits paternels aussi souvent que le cas lui paraîtrait nécessaire, car souvent il se trouverait en présence d'une famille sans chef; mais si l'on répond d'une manière affirmative à la question des enfants abandonnés, délaissés ou maltraités, son hésitation disparaîtra et rendra efficace une mesure des plus opportunes.

En souhaitant l'établissement prochain d'une maison de travail et de punition pour les ivrognes, nous ne faisons que demander l'élaboration de la loi prévue à l'art. 55, 2e alinéa, de celle du 28 septembre 1888, sur les auberges.

Après avoir exposé les ravages que la boisson cause à

la société et signalé combien de malheureux elle conduit au pénitencier, nous remarquons encore sur notre tableau N° 14 que la troisième cause qui occasionne un grand nombre de crimes, est **la misère** allant quelquefois jusqu'à **la détresse.** Cette cause se rencontre treize fois sur quatre-vingt-dix-neuf condamnations. Si nous ajoutons à ce chiffre celui obtenu par la statistique de la maison de correction qui met en second rang la misère parmi les causes des délits, notre lecteur comprendra que la société est, ici, directement prise à partie.

Nous n'ignorons pas ce que la société distribue de secours pour soulager le paupérisme ; nous reconnaissons tous les sacrifices que les associations charitables et de bienfaisance s'imposent, les dépenses disproportionnées à leurs moyens que font une partie des administrations communales, mais nous revenons à l'idée déjà émise et nous nous demandons si ces sacrifices et ces dépenses sont bien appliqués. N'y a-t-il pas, au contraire, une certaine catégorie de malheureux qui profitent de ces largesses au détriment de l'autre catégorie, que nous appellerons celle des pauvres honteux ? Combien n'a-t-on pas rencontré, dans nos pénitenciers, de détenus chargés d'une nombreuse famille, occupant un poste ou pratiquant un état insuffisamment lucratif, et qui, pour faire face aux dépenses nécessitées par les besoins des leurs, préfèrent, il est triste de le dire, le vol, le faux, l'escroquerie, quelquefois la banqueroute frauduleuse, et enfin trop souvent les tentatives de suicide, l'homicide, etc., plutôt que de recourir à la charité publique !

Un second point que nous devons relever c'est qu'une partie considérable des secours s'accumule sur telle famille qui a su faire converger à son profit les largesses de la charité en apitoyant sur son sort, tout à la fois, les administrations communales, les sociétés de bienfaisance et les personnes généreuses. Membres de la Société de Saint-Vincent de Paul, n'avons-nous pas rencontré des familles qui, par les secours qu'elles recevaient de différentes institutions de bienfaisance, de bourgeoisie, etc., vivaient aisément dans l'oisiveté ? A côté d'elles, le pauvre honteux souffrait de la faim et du froid, sans que depuis longtemps il ait pu voir les bienfaits de la charité franchir le seuil de sa demeure.

Afin que les produits de la charité publique et privée puissent être répartis équitablement sur tous les besoins réels, ne serait-il pas utile que les administrations communales et les sociétés de bienfaisance se communiquent la liste des secours accordés à leurs protégés avec les noms de ces derniers ?

Une plaie qui contribue aussi à entretenir le paupérisme dans notre pays et qui doit être cicatrisée par tous les moyens possibles, c'est l'insouciance de certains milieux à faire apprendre à nos jeunes gens une profession grâce à laquelle ils gagneraient plus tard leur vie d'une manière indépendante. Nous rencontrons dans notre pays et particulièrement dans les villes un nombre considérable d'individus n'ayant aucun état, ne pouvant être occupés qu'aux travaux de terrassements et comme manœuvres ; il s'ensuit qu'ils ne trouvent du travail qu'une partie de l'année et lorsque la saison est propice. Comment veut-on alors que, dans les chômages prolongés, l'homme qui est à la tête d'une famille puisse suffire aux dépenses de son entretien ? La misère s'introduit au foyer domestique, et avec elle un cortège de maux dont nous rencontrons trop souvent les victimes dans nos pénitenciers.

Il résulte de là encore que, si nous voulons effectivement réduire le nombre des délits et des crimes, nous devons combattre la misère par la charité bien comprise d'abord, puis persuader à la jeunesse qu'elle a l'obligation d'apprendre et d'exercer un métier, afin de se suffire à elle-même et de venir en aide ensuite aux auteurs de ses jours.

Que le goût du travail soit donc favorisé et poussé vers les apprentissages. Pour cela nous adressons nos plus vives recommandations aux autorités communales qui sont le plus souvent appelées à accorder des secours administratifs et à surveiller de près les familles de leurs ressortissants pauvres.

Ici nous nous permettons d'ouvrir une parenthèse.

Il est des administrations officielles qui s'acquittent, envers leurs administrés, de leurs devoirs légaux d'une manière correcte, équitable, impartiale. Nous en connaissons et nous aimons à leur rendre un témoignage qui sera approuvé par tout le monde. Mais nous devons le dire aussi, il est des administrateurs pour qui l'équité et l'impartialité ne sont de mise que lorsqu'un sentiment personnel ne vient pas les détourner de la bonne route en les faisant favoriser des individus ou des familles qui ont su capter leur bienveillance par des moyens que nous n'indiquerons pas ici. Nous voyons d'une part les abus de secours administratifs et d'autre part des déshérités qui ont cependant plus d'un titre à l'assistance communale.

Avant de terminer nos observations sur cette cause de délits, l'on nous permettra de nous adresser aux personnes si généreuses qui se trouvent à la tête des divers orphelinats de notre pays et de leur demander d'établir, dans leurs maisons et pour autant que cela est possible, des écoles d'apprentissage pour les jeunes gens des deux sexes; car si l'orphelin, l'enfant abandonné recueilli par elles, est, au sortir de leurs institutions, armé d'une solide instruction religieuse et civile, avec quelle facilité ne volera-t-il pas de ses propres ailes lorsqu'il sera en possession d'un état qui lui permettra de gagner honorablement sa vie !

Si la richesse peut disparaître par des revers de famille ou par d'autres causes, si la santé peut, un moment, être ébranlée, rien ne saurait enlever les connaissances professionnelles.

Dans le cours de notre travail, nous avons cité l'influence de l'instruction sur la personne, et d'un autre côté la nécessité de l'apprentissage d'un métier pour combattre, par l'emploi combiné de ces deux moyens, la criminalité et résoudre une partie du problème de la **réforme pénitentiaire**. A cette occasion l'on nous permettra de rendre un hommage bien mérité au Directeur de l'Instruction publique, M. Python, conseiller d'Etat, qui, tout en s'occupant d'une manière si élevée des hautes études, n'a pas négligé un instant les écoles inférieures et spécialement les écoles d'apprentissage, patronnées d'une manière si bienveillante et avec un dévouement sans bornes par M. Bossy, conseiller d'Etat, directeur de l'Intérieur, qui, malgré toute l'attention et tout l'intérêt qu'il porte à l'agriculture, trouve encore le temps d'étudier la grande question du relèvement de l'industrie dans notre pays.

Que ces magistrats nous permettent de leur demander de bien vouloir continuer, pour le bien de notre pays et spécialement celui de la classe indigente, pour la diminution des délits et des crimes dans notre canton, d'étendre toujours davantage la sollicitude du Gouvernement fribourgeois sur le développement des deux moyens de relèvement social indiqués ci-dessus; car, c'est notre conviction profonde, ils résoudront par ces moyens une partie du problème de la réforme pénitentiaire.

Enfin, une quatrième cause de délits et de crimes, et qui ne mérite pas moins l'attention, c'est la passion, qui se rencontre 7 fois sur le tableau des détenus criminels et 3 fois sur celui des correctionnels. Cette cause ne peut être combattue que par l'influence religieuse basée sur les enseignements et les pratiques de la sainte Eglise. La passion, qui ne donne qu'un moment de satisfaction et qui laisse après elle le remords, le trouble, la honte, le désespoir dans l'âme, ne trouve de frein efficace qu'aux pieds du divin Crucifié et dans le sein de son Eglise.

MAISON DE FORCE

ÉTAT DE SANTÉ						
DES DÉTENUS	H.	F.	DES PARENTS		PÈRE	MÈRE
Santé bonne..............	66	9	»	»	88	86
Santé faible	8	2	»	»	7	6
Epilepsie.................	1		»	»	1	1
Aliénation mentale et idiotisme.......	4		»	»	1	2
Phtisie..................	5	1	»	»	2	2
Hystérie.................		1	»	»		1
Anémie..................	2		»	»		1
	86	13			99	99

Aptes au service militaire.....	25
Réformés....................	61
Total.....	86

Parmi les autres causes, se trouvent les accès de folie
ou trouble des facultés, l'hystérie (3 fois), la vengeance,
les mauvaises compagnies, la fausse honte, l'ambition,
l'inconduite (2 fois), et une fois la jalousie d'amour, la
dureté, la paresse, la compromission de paternité illégitime, l'entraînement, l'aversion et le dégoût du conjoint, etc.

Notre tableau N° 15, concernant l'état de santé des
détenus, nous fait connaître que, sur les 99 personnes
qui se trouvaient sur le registre d'écrou de la Maison
de force, le 20 mars dernier, 75 (66 hommes, 9 femmes)
étaient d'une constitution bonne; 10 (8 h., 2 f.) d'une

santé faible ; 1 homme épileptique ; 4 atteints d'idiotisme et d'aliénation mentale ; 6 (5 h., 1 f.) de phtisie ; 1 femme d'hystérie ; et enfin 2 hommes anémiques.

La santé des parents se rencontre bonne 88 fois chez le père et 86 fois chez la mère ; faible, 7 fois chez le père et 6 fois chez la mère ; atteints d'épilepsie, 1 fois le père, 1 fois la mère ; d'aliénation mentale, 1 fois le père, 2 fois la mère ; de phtisie, 2 fois le père, 2 fois la mère ; d'hystérie, 1 fois la mère, et d'anémie 1 fois aussi la mère.

Abordant immédiatement le résultat de la statistique résumée dans ce tableau, nous devons faire connaître au lecteur que, si nous l'avons établie, c'est pour conclure à l'irresponsabilité de plusieurs condamnés et demander à la haute autorité législative et judiciaire la nomination, auprès de nos tribunaux et de nos cours d'assises, d'une commission médico-légale assermentée, afin d'éviter à l'avenir, que des êtres irresponsables soient frappés d'un jugement criminel ou correctionnel et enfermés dans nos maisons pénitentiaires, au lieu d'être internés, comme leur état de santé l'exige, dans un asile d'aliénés ou dans une maison pour le traitement des maladies nerveuses et mentales ; comme aussi d'empêcher les autorités communales de refuser les soins et les secours qu'exigent de pauvres épileptiques et de faire condamner des individus désignés par la notoriété publique comme atteints d'aliénation mentale, d'hystérie suivie de troubles des facultés : tristes procédés qui mettent à la charge de l'Etat, des individus qui devraient être secourus directement par leur commune d'origine.

Empressons-nous de le dire pour l'honneur du Gouvernement : aussitôt que la Direction de Police cantonale est avisée par le Directeur de pénitencier qu'il se trouve en détention répressive une personne offrant des symptômes d'aliénation mentale ou de trouble des facultés, ordre est donné à l'officier de santé de remplir immédiatement un questionnaire médical et, après constatation de l'homme de l'art, le condamné est dirigé sur une maison de santé.

Mais si, par les exemples que nous produisons ci-après, nous prouvons que, dans plusieurs cas d'épilepsie, d'hystérie, d'idiotisme et d'aliénation mentale, l'individu aurait dû être au bénéfice de l'art. 56, litt. *a*, du Code pénal fribourgeois, nous serons fondé à demander non seulement l'établissement d'une commission médico-légale, mais aussi la **révision** et la **révocation du jugement**, afin de rendre à l'individu irresponsable l'honneur qui appartient de droit à lui, à sa famille, à ses descendants. C'est sur ce point que nous appelons toute l'attention du ministère public; c'est à lui d'étudier cette grave question et d'empêcher que des aliénés soient flétris par une condamnation criminelle ou correctionnelle. L'on nous fera observer que chaque fois qu'un tribunal condamne un individu, le ministère public ne peut être informé de l'état de santé de la personne accusée; à cela nous répondons affirmativement; pourtant, c'est au représentant de la haute autorité judiciaire d'étudier la question et d'empêcher à l'avenir le renouvellement des actes que nous avons constatés. Chaque fois que des doutes se présentent sur la santé de l'individu ou que la défense plaide l'irresponsabilité basée sur l'état mental de l'accusé, l'on devrait suspendre les débats et faire intervenir la commission médico-légale dont nous demandons l'établissement. L'individu serait transféré des geôles de district à la prison centrale et mis à la disposition des hommes de l'art chargés de dresser procès-verbal sur son état de santé en groupant tous les renseignements nécessaires pour établir soit les causes héréditaires, soit les causes prédisposantes et déterminantes qui ont pu amener le trouble dans ses facultés. Il est vrai que la détention préventive serait prolongée, mais l'on ne verrait plus se renouveler les faits dont nous avons été les témoins ni induire en erreur la justice. Après procès-verbal dressé par cette commission, le Juge pourrait se prononcer en pleine connaissance de cause, et on ne verrait plus se renouveler le fait d'un médecin, après avoir traité en deux périodes un jeune homme placé dans une maison de santé pour aliénation mentale très caractérisée, venant délivrer à l'autorité judiciaire un certificat attestant que l'accusé était responsable de menaces et voies de fait contre les personnes qu'il rencontrait dans son délire mélancolique et dans ses idées de persécution. Condamné à 6 mois de détention, ce malade ne resta que 15 jours au pénitencier et de là fut conduit directement dans l'asile d'aliénés d'où les personnes qui l'avaient placé n'auraient jamais dû demander sa sortie avant la complète guérison. On ne verrait pas non plus se reproduire le fait d'une femme atteinte d'hystérie compliquée d'aliénation mentale, être condamnée à un an de détention pour immoralité, scandale public et calomnie. Conduite au pénitencier pour subir sa peine, elle s'y livrait à des actes de folie, tels que scrupules, mortifications, surexcitations, prostrations, etc., accompagnés d'hallucinations et d'illusions de la vue, du goût et de l'odorat. Aussi, après constatation de ces faits par l'officier de santé, elle fut placée d'urgence à l'asile de Marsens où elle se trouve actuellement.

Nous pourrions continuer nos exemples en exposant l'un après l'autre les cas indiqués par les chiffres de nos tableaux N° 15 et N° 7 sur l'état de santé des détenus criminels et correctionnels. Nous croyons qu'à la suite de notre statistique et des faits produits, nous sommes fondé à demander l'institution, dans notre canton, d'une commission médico-légale. Membre de la Société suisse pour la réforme pénitentiaire, nous pensions qu'il était de notre devoir de réclamer, pour notre canton, cette innovation qui entre en première ligne dans le cadre de la **réforme pénitentiaire.**

S'il était démontré que, par la faute des familles et

des communes, des individus en certain nombre, au lieu d'être traités dans un établissement d'aliénés, restent mêlés à la population et commettent inconsciemment parfois des actes qui relèvent du Code pénal, qu'en conclure, sinon qu'il y a lieu de prendre des mesures pour que l'hospice de Marsens suffise aux besoins du canton de Fribourg?

La nécessité de l'agrandissement de l'hospice s'impose, quand même, au témoignage d'un juge compétent, par des considérations multiples dont voici les principales :

1° Accroissement continu de la population des malades depuis l'ouverture de l'hospice jusqu'aujourd'hui. Le maximum des places disponibles, fixé d'une manière un peu arbitraire, il est vrai, d'abord à 125, puis à 136, a été atteint dès l'année 1882, et dépassé depuis lors toutes les années, sauf 1884. A partir de 1886, la moyenne des présences est toujours supérieure au maximum des places disponibles. Le résultat immédiat de cet accroissement a été l'encombrement, qui a créé une situation intolérable, surtout dans les dernières années. Le service intérieur est devenu très difficile, principalement à cause du grand nombre de malades agités, et du manque de locaux d'isolement. Il est clair que ces défectuosités tournent au détriment des malades en traitement.

A l'appui de ce que nous venons de dire, nous donnons le tableau de la population de l'hospice de Marsens, depuis l'année 1876 (l'ouverture de l'hospice a été faite le 20 novembre 1875).

		H.	F.	Total.
1er janvier	1876	6	16	22
»	1877	48	26	74
»	1878	49	40	89
»	1879	59	47	106
»	1880	60	52	112

		H.	F.	Total.
1er janvier	1881	60	60	120
»	1882	57	67	124
»	1883	63	72	135
»	1884	68	67	135
»	1885	60	71	131
»	1886	69	74	143
»	1887	70	71	141
»	1888	72	69	141
»	1889	77	68	145
»	1890	80	73	153

Le maximum des présences, en 1889, a atteint le chiffre de 160 !

L'effectif au 22 août dernier était de 159 !

2° Sur les 159 malades à cette date, 43 étaient étrangers au canton ou à la Suisse. En les renvoyant, il resterait 116 malades fribourgeois, auxquels il semble qu'on pourrait en ajouter une quarantaine pour arriver à la moyenne de l'année précédente, qui a été de 156. Mais ce chiffre serait trop élevé. Celui de 136 fixé primitivement est lui-même exagéré. En l'admettant, on pourrait disposer immédiatement d'une vingtaine de places, mais l'hospice ne serait pas moins insuffisant.

En effet, le chiffre des sorties ne fait pas équilibre à celui des entrées, de sorte qu'au bout de peu d'années, cinq au plus, l'hospice serait dans l'état où il est aujourd'hui. Il est bien établi que l'augmentation des maladies mentales n'est pas seulement apparente, mais qu'elle est réelle. De plus, comme, sur le nombre des admissions qui ont lieu chaque année, les guérisons n'ont porté que sur les proportions d'environ 24 0/0 (moins du quart !), il est mathématiquement certain que l'hospice serait de nouveau encombré dans un avenir très rapproché. On ne peut pas espérer un résultat meilleur du traitement parce que, soit les familles, soit les communes se décident bien rarement à faire interner les malades atteints d'aliénation tant qu'ils sont susceptibles de guérison.

3° Nous avons discuté dans la supposition qu'on renverrait tous les malades étrangers, pour faire de la place aux Fribourgeois. Mais ce serait là une fort mauvaise spéculation financière, puisque les étrangers paient une pension de 1re ou de 2me classe, soit de beaucoup supérieure aux frais d'entretien. La majeure partie des malades du canton se recrute dans la population agricole ; ce sont des malades de 3me classe. Le plus grand nombre même sont assistés par la commune d'origine. Le subside de l'Etat devrait faire compensation à la diminution de ressources résultant de l'absence de malades des classes supérieures. Il en résulterait une charge nouvelle d'au moins 20.000 fr. chaque année.

Pour tous ces motifs, l'agrandissement de l'hospice de Marsens s'impose. M. le conseiller d'Etat Théraulaz en a entretenu plusieurs fois le Grand Conseil, et certes personne n'était mieux qualifié que lui pour traiter cette question avec autorité et compétence. L'on n'a pas oublié que M. Théraulaz fut chargé par la confiance de ses collègues du conseil d'Etat d'achever la construction du bâtiment de Marsens, et d'organiser l'administration de l'hospice des aliénés. Il s'acquitta de cette tâche d'une manière distinguée, qui lui valut les remerciements des autorités et du pays tout entier. Depuis lors, la surveillance de l'administration de l'hospice de Marsens est restée dans ses attributions. Il apportera dans les nouvelles constructions, devenues nécessaires, l'esprit de sage économie et d'installation intelligente et pratique qu'il déploie dans les ouvrages exécutés sous sa direction par le département des travaux publics.

Pour donner plus de poids à nos observations et à notre demande et en prouver la légitimité, nous plaçons sous les yeux du lecteur les données d'un homme de l'art, M. le docteur Louis Gremaud, médecin de la Faculté

de Berne, lequel se charge de démontrer tout spécialement les ravages que l'épilepsie et les crises hystériques
occasionnent sur le système nerveux et sur le cerveau.

**« L'influence de l'épilepsie et des crises hystéri-
ques sur les organes cérébraux et la responsabilité
morale.**

« La question qui nous est posée repose sur le débat
philosophique des rapports du physique et du moral.
Sans vouloir épuiser le sujet, qui est inépuisable, comme
l'ont démontré les récents progrès de la psychologie,
nous devons tout d'abord déclarer que les phénomènes
pathologiques et les phénomènes moraux ont entre eux
une connexion réelle, indéniable et facile à constater.
Cette vérité qui, au premier abord, semble d'une évidence
primitive, a été cependant contestée maintes et maintes
fois par des hommes qui, dans l'un et l'autre camp, ont
mérité de voir leurs noms écrits sur le livre d'or de
l'humanité.

« C'est ainsi qu'un magistrat reconnu dans l'histoire
du second Empire français n'a pas craint d'écrire les
lignes suivantes, que seule une autorité comme la sienne
pouvait lancer en public au temps des Nélaton, des
Sédillot et des autres célébrités médicales du xixe siècle :

« La médecine légale affiche depuis quelque temps
la prétention d'imposer ses oracles à la jurisprudence.
Il faut l'avouer, ce que j'ai vu et entendu de certains
médecins, dans ma carrière judiciaire, dépasse toute
croyance ; il n'y a pas un homme que l'on ne pourrait
déclarer monomane en les écoutant. Si Pascal n'était
pas mort, il devrait prendre garde à lui, car je connais
maint docteur qui le tient pour halluciné. Socrate est
bien heureux d'être venu si tôt ; il a péri du moins avec
la réputation du plus sage des hommes, tandis qu'on
pourrait bien trouver, dans plus d'un savant écrit médical, qu'il était à peu près monomane avec son démon

familier. Enfin, faut-il le dire ! combien n'ai-je pas vu de consultations qui rappellent, trait pour trait, les scènes de notre divin Molière ! Un mouvement nerveux dans le visage, un tic familier, une manière de parler, un geste, les choses, en un mot, les plus simples et les plus naturelles étaient tournées en diagnostic et pronostic comme la sputation fréquente de M. de Pourceaugnac. Et l'on voudrait que nous autres juges, qui tenons dans nos mains la liberté et la capacité civile des personnes, nous fissions dépendre de si frivoles symptômes ces grandes questions où sont engagés l'honneur des familles, la succession des biens et les droits les plus chers de l'homme ! Je pense que la médecine légale n'a ajouté aucun progrès sérieux aux doctrines reçues dans la jurisprudence et qu'elle ne doit en rien les modifier. »

« Nous indiquerons brièvement, comme on le demande, la nature des résultats produits par l'épilepsie et les crises hystériques.

« 1° Nous définirons l'épilepsie une névrose convulsive caractérisée par des attaques intermittentes, en général de courte durée, très variables sous le rapport de l'intensité des convulsions, mais s'accompagnant constamment d'une perte subite et complète de connaissance, et, dans la majorité des cas, de troubles intellectuels. Des tentatives pleines d'intérêt ont été faites pour arriver à donner une théorie physiologique de l'accès d'épilepsie et pour expliquer, à l'aide des résultats obtenus par les expérimentateurs modernes, les phases diverses qui se succèdent avec une grande régularité pendant la durée de cet accès. MM. Brown-Sequard, Marshall-Hall et Foville sont parvenus à expliquer en partie le mécanisme de l'accès d'épilepsie. Il résulte des travaux de ces savants que l'accès débute par une excitation périphérique quelconque, émotion morale, sensitive ou musculaire. Cette excitation est transmise à la moelle allongée qui, en vertu de son pouvoir réflexe, réagit sur les filets du grand sympathique qui accompagne et anime les tuniques contractives des vaisseaux de la tête et du crâne. Ces vaisseaux se contractent, chassent le sang contenu dans leur intérieur, d'où la pâleur de la face, la perte subite dé connaissance qui caractérisent le début de l'accès. La moelle allongée réagit en outre sur les nerfs moteurs, elle amène des contractions tétaniques qui, s'opposant à la liberté des mouvements respiratoires, déterminent dans tous les organes une accumulation anormale de sang veineux et par suite l'asphyxie. La moelle, paralysée par cette accumulation de sang veineux, cesse de réagir et l'accès se termine. Si elle se dégorge assez vite pour pouvoir réagir, il se produit une série d'accès se succédant sans interruption.

« Ici nous donnerons la parole à un certain nombre de sommités scientifiques dont les écrits nous ont initiés aux mystères de la science et dont les révélations sont confirmées par la pratique quotidienne de notre art :

« Tous les médecins qui ont vu de près les épileptiques savent qu'à quelques exceptions près, ces malades deviennent très vite irritables, soupçonneux, querelleurs; on les entend se plaindre de tous ceux qui les entourent, critiquer d'une manière agressive ce qui se passe devant leurs yeux et présenter une versatilité de goûts et d'humeur qui est un trait caractéristique de leur situation mentale : tantôt ils sont gais, pleins d'entrain et offrent même un léger degré d'excitation intellectuelle qui rend leur imagination plus féconde et plus vive; tantôt au contraire, préoccupés de leur affreuse maladie, poursuivis par des idées hypochondriaques, ils se montrent tristes, moroses, déprimés, incapables d'un travail un peu soutenu, et se laissent aller à tous leurs mauvais penchants. Ces inégalités de caractère, ces alternatives incessantes d'excitation et de dépression influent singulièrement sur leurs actes et sur leurs allures. Autant, dans certains

moments, ils sont taquins, querelleurs, irascibles, autant,
dans une période nouvelle, ils se montrent humbles,
soumis, obséquieux.

« Sans constituer un état positif d'aliénation mentale,
cette mobilité de sentiments et de caractère doit être
prise en sérieuse considération dans l'appréciation des
actes commis par les épileptiques, et l'on comprend sans
peine qu'elle ait été invoquée, sinon comme motif d'ex-
cuse, du moins comme circonstance atténuante; d'autant
plus que ces dispositions morales, lorsqu'elles vont en
s'aggravant, conduisent très souvent à l'**aliénation mentale confirmée.** » (*Traité pratique des maladies mentales,*
par Marcé, p. 535 et 536.)

« Tant que la folie épileptique n'est pas constituée et
que le mal est borné à des attaques convulsives intermittentes plus ou moins rapprochées, mais entre lesquelles
la santé et la raison reparaissent dans leur intégrité, il
est bien certain que l'on ne peut à aucun degré traiter
l'épileptique comme un aliéné, ni le déclarer incapable
ou irresponsable. Il est non moins évident que lorsqu'il
est arrivé à l'état de fureur soit d'imbécillité ou de démence épileptiques, il tombe dans la catégorie des fous
incurables, inconscients autant qu'incapables, et que les
mesures de la séquestration, de l'interdiction, tout comme
les bénéfices de l'irresponsabilité, lui sont complètement
applicables. » (*Etude médico-légale sur la folie,* par
Tardieu, p. 131 et 132.)

« Une proportion curieuse des épileptiques responsables et irresponsables nous est fournie par le *Dictionnaire
du docteur Jaccoud :*

« J'ai constaté à Bicêtre, où j'ai été chargé du service
des épileptiques, que, sur une soixantaine d'épileptiques
non aliénés, 4 seulement étaient sains d'esprit; tandis
que, parmi 150 épileptiques admis comme aliénés, 22
étaient autant sains d'esprit que les premiers.

« Sur 148 malades dont j'ai recueilli l'observation en

dehors de mon service hospitalier, j'en trouve au plus 10 dont l'intelligence soit en état de pondération parfaite ; parmi les 138 autres, plusieurs sont dans un état évident d'infériorité mentale, et beaucoup, quoique livrés à eux-mêmes et maîtres de leurs actions, présentent quelques particularités qui empêchent de les considérer comme entièrement sains d'esprit. »

« Enfin, M. J. Fabret, dans son *Traité de l'état mental des épileptiques,* s'exprime ainsi :

« Les troubles intellectuels doivent être divisés en trois catégories principales : 1° ceux qui, se manifestant chez les malades dans l'intervalle de leurs accès, sont indépendants de ces accès et constituent l'état mental habituel des épileptiques ; 2° ceux qui, survenant passagèrement avant, pendant ou après l'attaque, peuvent être considérés comme de simples épiphénomènes de cette attaque elle-même ; 3° enfin, des troubles intellectuels d'une plus longue durée qui, survenant sous forme d'accès, soit en relation directe avec les accidents convulsifs ou vertigineux, soit d'une manière indépendante, méritent spécialement le nom de **folie épileptique.** »

« De toutes ces citations dont on ne saurait contester l'autorité et auxquelles vient s'ajouter le témoignage de notre expérience, il est facile de dégager les conclusions suivantes :

« **L'épilepsie produit chez le sujet qui en est atteint une altération organique qui trouble ses facultés mentales ;** il est donc nécessaire que tout individu atteint d'épilepsie, lorsqu'il est appelé à rendre compte de ses actes, soit soumis à l'examen attentif, sérieux et prolongé d'une Commission médico-légale qui constatera la période de la maladie et qui jugera de la responsabilité que l'on peut attribuer au malade. La société, fixée par la science sur la validité morale de l'individu, pourra lui appliquer par suite les lois de la justice ou de la clémence. En outre, comme il est évident que l'épilepsie suit une marche ascendante, il importe que le malade dont l'état moral est soumis à des variations devienne l'objet de nouvelles constatations médicales qui pourront modifier ses conditions d'existence. C'est ainsi qu'un sujet affecté des troubles que M. Fabret place dans la première catégorie de sa classification, peut être affecté plus tard des troubles rangés dans la 3° catégorie et doit, par suite, changer de régime, de soins et de milieu.

« 2° L'hystérie est une névrose caractérisée principalement par des accès convulsifs qui s'accompagnent de la sensation d'une boule qui remonte de l'épigastre vers la gorge et par des troubles variés de la motilité, de la sensibilité et de l'intelligence persistant à un degré plus ou moins marqué dans l'intervalle des accès.

« L'histoire détaillée de l'hystérie est faite dans tous les traités spéciaux. Nous nous contenterons d'en indiquer les traits principaux ; notre but étant de faire ressortir les troubles intellectuels qui accompagnent cette névrose. Le docteur Charcot a, dans ses leçons sur les maladies du système nerveux, rapporté un certain nombre de faits, accompagnés de croquis exécutés d'après nature, qui reproduisent les phases ascendantes que l'on retrouve chez les hystériques comme chez les épileptiques.

« Les dispositions érotiques des hystériques, aliénées ou non, méritent de nous arrêter un instant, car il importe de ne pas tomber à cet égard dans les erreurs et les exagérations qui ont cours, non seulement dans l'opinion du monde, mais même dans la science. Il faut distinguer d'une part la nymphomanie, véritable fureur utérine, excitation morbide des organes génitaux, et, d'une autre part, le déréglement de l'imagination et des sens, les habitudes vicieuses ou même simplement l'ardeur naturelle d'un tempérament exalté, et enfin la forme érotique que prend assez souvent le désordre intellectuel chez des folles d'ailleurs atteintes de délire général. Quoi qu'il en soit, ces dispositions, que quelques auteurs ont aujourd'hui trop de tendance à restreindre et à effacer, sont un des signes sinon constants, du moins essentiels et importants de l'influence qu'exerce l'hystérie sur l'état mental et sur les facultés morales des femmes. Elles ne peuvent être négligées par le médecin légiste qui aura plus d'une fois à en constater les effets variés et les degrés divers.

« Au sujet de l'hystérie, comme nous ne pouvons entrer dans des détails qui demanderaient des volumes, nous nous bornerons comme pour l'épilepsie à citer les conclusions des travaux importants qui ont été faits sur la matière.

« A côté des formes délirantes, on observe assez souvent chez les hystériques des troubles psychiques isolés, **des hallucinations, des impulsions irrésistibles.**

« Ainsi, l'on voit persister, après des accès de folie, **des hallucinations isolées,** compatibles avec l'état de raison, et qui peuvent exister pendant un temps assez long sans amener aucun acte insensé. » (*Traité pratique des maladies mentales,* par Marcé, p. 567.)

« Le caractère des actes commis par les hystériques n'est pas toujours facile à déterminer : c'est en combinant le mensonge qui leur est naturel avec l'altération de leurs facultés affectives qu'elles arrivent à des actes qui, tout en paraissant le fruit d'une affection et d'une intention coupables, sont cependant l'effet d'une perversion instinctive de la volonté qui atténue considérablement, si elle ne l'annule, la responsabilité de certaines filles hystériques. » (*Etude médico-légale sur la folie,* par Tardieu, p. 165.)

« Mais il est une parole de Sydenham qui nous dictera la nature de nos conclusions :

« Cette névrose, a dit l'illustre praticien, est un véritable Protée et peut se présenter sous autant de couleurs que le caméléon. » D'où il suit que l'hystérique, plus que tout autre, nécessite un examen médical, lorsqu'il s'agit d'apprécier ses actes. Comme la maladie dont il est atteint varie à l'infini d'intensité et de formes, toutes les fois que la société est appelée à statuer sur la conduite d'une hystérique ou à décider sur les conditions de son existence, il importe que les praticiens soient appelés à faire une enquête, et c'est sur leur avis que doivent être basées les conclusions relatives au malade. »

A l'appui des citations de ces sommités médicales et qui nous sont transmises par notre compatriote, M. le docteur Gremaud, nous pouvons recommander les ouvrages suivants qui traitent le sujet :

La clinique médicale de l'Hôtel-Dieu de Paris, par A. Trousseau (pages 67 à 99). Nous y verrons traiter tout spécialement les rapports de l'épilepsie avec l'aliénation mentale. Plus loin (pages 205 à 212), de la chorée hystérique et toux hystérique.

Traité pratique des maladies mentales, par le docteur Marcé (pages 534 à 576), **de l'état mental des épileptiques**. Chap. III, **de l'Hystérie**.

Manuel complet de médecine légale, par le docteur Briand et Ernest Chaudé, docteur en droit.

Nous pourrions également relater plusieurs faits que nous avons été à même de constater à l'époque de notre stage à l'asile de la Waldau, canton de Berne, pendant les quatre années que nous avons passées à l'asile de Marsens en qualité de surveillant-chef de la division des hommes, et au cours de l'inspection générale des aliénés dans le canton de Fribourg où nous avons été appelé à remplir les fonctions de secrétaire.

A notre avis, il ressort de l'exposé médical qu'on vient de lire, que l'institution d'une Commission médico-légale assermentée s'impose aux législateurs de notre canton. Ce cénacle scientifique serait appelé à apporter le secours de ses lumières dans toutes les occasions ou un sujet affligé d'épilepsie ou d'hystérie devrait répondre de ses actes devant la loi. L'intégrité de la justice trouverait dans l'autorité médicale un appui important qui faciliterait sa tâche, éviterait les méprises et en quelque sorte consacrerait ses sentences.

Mais la Commission médico-légale ne se bornerait pas à une enquête passagère ; elle serait appelée à donner son avis sur les individus reconnus responsables au moment de l'instruction judiciaire et que les progrès de la maladie auraient conduits dans la suite à l'aliénation complète. C'est dire que la Commission médico-légale aurait à fonctionner sur la demande de la haute administration pénitentiaire.

En publiant notre statistique nous avons eu pour but, et nous croyons l'avoir atteint, de découvrir les maux dont la société est affligée par la consommation des crimes et des délits. Nous avons cherché à en faire ressortir les causes et nous les avons exposées d'après l'expérience acquise pendant ces huit années de fonctions au milieu des détenus, ainsi que par l'étude personnelle des 74 condamnés à la Maison de correction et des 99 à la Maison de force. En regard de chacune de ces plaies, toujours et partout béantes, nous avons indiqué le remède. Nous l'avons fait sans indulgence parce qu'il était de notre devoir. Au reste, nous l'avons puisé, avant de nous en rapporter à nous-même, dans les traités des spécialistes, dans les opinions d'hommes dont l'humanité s'honore et qu'elle délègue dans les congrès universels et internationaux. Nous l'avons trouvé aussi, et cette source n'est pas équivoque ou incertaine, dans les indications, les aveux, les confidences de ces mêmes individus que la justice humaine retranche de la société, par un jugement criminel ou correctionnel. En face de ce rapprochement des deux extrêmes sociaux, nous n'avons pas hésité et nous ne pouvions pas reculer devant l'accomplissement de cette partie de notre mission.

Généralement, nous avons étudié jusqu'ici tout ce qui avait rapport à la première condamnation. Notre programme nous obligeait à prolonger notre travail et à voir sur quel domaine et dans quelles proportions le crime ou le délit étendait ses ravages. C'est ce qui nous a amené, par des calculs successifs, à l'établissement de nos tableaux statistiques. N° 16 concernant la Maison de correction, et N° 17 relatif à la Maison de force.

En groupant les chiffres, nous trouvons depuis 1882 jusqu'à 1889 :

1° Délits contre l'ordre public........ 441 hommes, 70 femmes,
   Crimes contre l'ordre et la sûreté   »   »
     publics..................... 55 » 25 »
                    Total........ 496 hommes, 95 femmes. = 591

soit en moyenne 74 condamnations par année.

2° Délits contre la foi publique........ 42 hommes, 1 femmes,
   Crimes contre la foi publique......, 66 » 2 »
                    Total........ 108 hommes, 3 femmes. = 111

soit en moyenne 14 détenus par année.

3° Délits contre la sûreté et les personnes. 183 hommes, 12 femmes,
   Crimes contre la vie et la sûreté... 144 » 39 »
                    Total........ 327 hommes, 51 femmes. = 378

soit en moyenne 47 jugements par année.

4° Délits contre les mœurs........... 154 hommes, 339 femmes,
   Crimes contre les mœurs......... 150 » 0 »
                    Total........ 304 hommes, 339 femmes. = 643

soit en moyenne 80 personnes par année.

5° Délits contre la propriété......... 622 hommes, 47 femmes,
   Crimes contre la propriété........ 446 » 29 »
                    Total........ 1.068 hommes, 76 femmes. = 1.144

soit en moyenne, par année, 143 individus.

Nous sommes forcé de conclure que ce sont les crimes

MAISON DE CORRECTION

Résumé des causes de condamnations.

NATURE DES DÉLITS	1882		1883		1884		1885		1886		1887		1888		1889		TOTAL	
	H.	F.	H.	F.	H.	F.	H	F.	H.	F.	H.	F.	H.	F.	H.	F.	H.	F.
Délits contre la propriété.............	99	9	85	7	52	3	73	6	60	6	89	6	94	5	70	5	622	47
Délits contre les mœurs.............	27	46	19	51	10	16	21	43	18	40	22	50	24	40	10	51	154	339
Délits contre la foi publique	6		5		4		5	1	5		9		6		5		42	1
Délits contre l'ordre public.............	63	7	57	12	38	10	75	7	49	9	65	9	42	11	42	5	441	70
Délits contre la sûreté et les personnes....	4	1	33	2	20	2	17	2	21		7	3	30	1	51	1	182	12
	199	63	199	72	124	31	191	59	153	55	192	68	196	57	178	62	1.442	469

MAISON DE FORCE

Résumé des causes de condamnations.

NATURE DES CRIMES	1882		1883		1884		1885		1886		1887		1888		1889		TOTAL	
	H.	F.	H.	F.	H.	F.	H.	F.	H.	F.	H.	F.	H.	F.	H.	F.	H.	F.
Contre l'ordre et la sûreté publique.......	8	2	6	2	7	4	7	4	7	4	6	3	7	3	7	3	55	25
Contre la vie et la sûreté.............	26	7	21	3	18	4	16	4	16	4	15	4	17	5	15	8	144	39
Contre la foi publique.................	10		6		7		7		8		9		10	1	9	1	66	2
Contre la propriété...	54	3	48	4	55	3	60	5	59	5	57	3	52	3	61	3	446	29
Contre les mœurs.....	20		22		17		13		16		16		24		21		150	
	118	12	103	9	104	11	103	13	106	13	103	10	110	12	113	15	861	95

et délits contre la propriété qui entraînent le plus grand nombre de condamnations, et en se reportant à nos tableaux antérieurs Nᵒˢ 6 et 14, sur les causes des condamnations pour cette nature de faits, nous arrivons à conclure que ce sont l'abandon, la misère et la boisson qui sont les causes les plus nombreuses du mal social, et enfin que l'individu condamné n'est pas, dans la plupart de ces cas, le seul coupable.

Mais, nous objectera-t-on, pourquoi les causes de la première faute commise se reproduisent-elles dans les récidives, et pourquoi l'individu frappé par un jugement et ayant expié sa peine n'est-il pas corrigé et retombe-t-il si facilement dans le crime ?

Soyons logiques et répondons :

Si on a admis que l'individu condamné n'est pas le seul coupable et qu'il n'a pu, par sa détention, faire disparaître les causes qui l'ont poussé au mal, il nous est facile de prouver que personne ne s'est présenté sur sa route pour les détruire, ces causes, et que parce qu'il sera plus faible par la première chute qu'il a faite, les mêmes causes n'auront pas diminué de force et d'intensité.

En effet, pour qui connait les difficultés que rencontre à sa libération un détenu, même repentant et corrigé, pour retrouver et conserver une position sociale, des explications et des raisonnements seraient oiseux. Comment un individu presque ignorant (nous savons que c'est le plus grand nombre), sans profession, sans parents, puisque beaucoup de délinquants sont des orphelins ou des abandonnés ; sans amis, puisqu'il ne s'en trouve que dans la prospérité ; sans protecteur, puisque la charité chrétienne et la miséricorde ont disparu ; comment, disons-nous, cet individu que tout le monde repousse parce qu'il est flétri par un jugement, fera-t-il disparaître, seul, les causes de sa première condamnation ? Ne seront-elles pas plutôt agrandies, multipliées ?

Pour les faire disparaître, il faut non seulement que

lui-même le veuille, par le goût du travail, par l'économie, la sobriété, la moralité, en un mot par la pratique
de la charité chrétienne. Il faut que cette vertu soit
enseignée aux masses populaires, aux grands de ce
monde, et qu'à leur tête il y ait des exemples. C'est par
cet unique moyen que l'on parviendra à diminuer considérablement la moyenne annuelle de 134 récidives à la
Maison de correction et 30 à la Maison de force, comme
nous l'annoncent nos tableaux statistiques Nos 18 et 19
ci-annexés, soit 58 0/0 de détenus correctionnels et
25 0/0 de criminels.

Cette dernière et sensible différence s'explique par le
résultat général de notre statistique, par la courte durée
des jugements correctionnels et encore par la position
sociale précaire des détenus correctionnels. A l'appui de
ce que nous avançons, nous citons l'opinion d'une autorité,
M. Lefébure (France), qui résout la question comme suit :

« De quoi se compose en général, dans la plupart des
pays, l'élément récidiviste ? D'individus condamnés à
des peines de courte durée, de vagabonds, de mendiants,
de petits délinquants. C'est la statistique qui nous fait
cette réponse. »

Ce qui se passe en France et ailleurs ne peut-il pas se
répéter chez nous ?

Nous disions que la pratique de la charité envers les
détenus était le meilleur moyen de combattre la récidive.
N'est-ce pas ce qu'ont pensé et le but que se sont proposé
les hommes dévoués et chrétiens avant tout, qui, au
Congrès pénitentiaire de 1887, ne se sont pas bornés à
combiner éternellement et stérilement des réformes et
des règlements sur l'entretien ou à rêver l'érection idéale
de monuments publics, mais qui sont accourus à l'appel
du Comité d'initiative de patronage des détenus libérés,
pour venir apporter, avec leurs dons et leurs cotisations,
leur influence bienveillante, leurs encouragements, leurs
connaissances spéciales et leur activité féconde ?

MAISON DE CORRECTION

1re condamnation et nombre de récidives.

CONDAMNATIONS	1882 H	1882 F	1883 H	1883 F	1884 H	1884 F	1885 H	1885 F	1886 H	1886 F	1887 H	1887 F	1888 H	1888 F	1889 H	1889 F	PREMIÈRE TOTAL H	PREMIÈRE TOTAL F	RÉCIDIVES TOTAL H	RÉCIDIVES TOTAL F	TOTAL GÉNÉRAL	MOYENNE
1re condamnation.	71	31	68	35	55	16	72	28	59	28	53	28	77	24	72	31	527	221			748	93
2e —	36	14	50	16	24	9	41	18	21	11	30	9	43	19	37	14			282	110	392	49
3e —	22	10	24	11	17	6	26	6	24	6	12	7	24	8	20	8			169	62	231	29
4e —	17	4	21	7	5	3	19	5	21	8	8	1	15	3	10	2			116	33	149	18 5/8
5e —	13	2	8	2	3		8		5	1	11		14	1	11	3			73	9	82	10 2/8
6e —	13	1	8		5		5	1	3		3		4	1	12	2			53	5	58	7 2/8
7e —	5		6		5		7	1	6		2		5	1	4	1			40	3	43	5 3/8
8e —	4				4		2		3		5		5		4	1			27	1	28	3 4/8
9e —	6	1		1	2		2		3		1		2		2				18	2	20	2 4/8
10e —	4		6		1		2		3		2		3		1				22		22	2 6/8
11e —	3		1		3		1		1		1		1		1				12		12	1 4/8
12e —			4		1		3		2				1		1				12		12	1 4/8
13e condamnation.													1						1		1	1/8
14e —	1								1		1								3		3	3/8
15e —	1																		1		1	1/8
20e —	1																		1		1	1/8
22e —	1																		1		1	1/8
23e —	1		1																2		2	2/8
25e —			1																1		1	1/8
26e —			1		1														2		2	2/8
27e —					1														1		1	1/8
28e —					1				1										2		2	2/8
29e —											1								1		1	1/8
35e —											1		1						2		2	2/8
37e —															1				1		1	1/8
38e —															1				1		1	1/8
39e —															1				1		1	1/8
Total	199	63	199	72	124	34	191	59	153	55	189	68	196	57	178	62			845	225	1.818	

1re faute H. 527
— F. 221
748

Récid. H. 845
— F. 225
Total.. 1.070
1re faute. 748
1.818

MAISON DE FORCE

1ʳᵉ condamnation et nombre de récidives.

CONDAMNATIONS	1882		1883		1884		1885		1886		1887		1888		1889		RÉCIDIVES TOTAL		TOTAL GÉNÉRAL	MOYENNE
	H.	F.	H.	F.	H.	F.	H.	F.	H.	F.	H.	F.	H.	F.	H.	F.	H.	F.		
1ʳᵉ condamnation.	87	11	77	8	77	10	73	12	76	12	75	9	81	12	80	15			715	8 7/8
2ᵉ —	21		19		20		23		24		20		19		24		167		167	20 7/8
3ᵉ —	7	1	4	1	5	1	5		4		6		8		9		48	3	51	6 3/8
4ᵉ —	1		1		1		1	1	1	1	1	1	2		2		10	3	13	1 5/8
5ᵉ —	1		1														2		2	2/8
6ᵉ —					1		1		1		1		1		1		6		6	6/8
7ᵉ —	1		1														2		2	2/8
	118	12	103	9	104	11	103	13	106	13	103	10	111	12	113	15				

Récidives hommes. 235   6

femmes.. 6

Total.. 241

1ʳᵉ faute 715

956

Nous sommes du nombre de ceux qui sont persuadés que, sur ce point du relèvement des détenus libérés en vue de la diminution des condamnations, la société a de grands devoirs à remplir et qu'il y a beaucoup de progrès à réaliser, parce que nous savons qu'il y a chez un bon nombre de détenus des dispositions qui donnent de l'espérance, et à qui il faut de l'instruction, surtout religieuse, une profession ou un placement à la campagne, un ami puisqu'ils n'ont plus de parents, et un protecteur pour faire d'eux des citoyens utiles et honnêtes.

Nous souhaitons donc, en vue de la **réforme pénitentiaire,** que la Société de patronage pour les détenus libérés prenne rang parmi celles qui doivent être recommandées par le clergé à nos chrétiennes populations et à l'Etat par ses subsides.

La diminution du nombre des récidives n'est-elle pas subordonnée et proportionnée à l'élan de la charité?

A ce sujet, nous nous permettons de citer quelques extraits des rapports et des discussions qui s'en sont suivies, au Congrès pour la réforme pénitentiaire, tenu à Stockholm en août 1878, et qui ont trait à la question.

Co-rapport de M. César Pratelli. (Italie.)

« Rappeler, dit-il, l'homme au bien quand il a été perverti par le mal, le ramener dans les sentiers de la vertu. une fois qu'il est tombé dans le vice et le crime, rendre à la société des citoyens qu'elle croyait perdus : telle est la tâche que se sont imposée les sociétés de patronage pour les libérés de la prison ; sociétés qui, inspirées de l'amour de Dieu et de la justice, comme l'a dit un auguste écrivain, le roi Oscar de Suède, ont tâché de satisfaire aux exigences de la charité chrétienne, même envers les déchus, bien convaincues de cet ancien précepte du Sage que la faute se rachète par le repentir et par la miséricorde.

« Quand la peine était considérée comme une vengeance

et que la prison n'était qu'un lieu d'expiation matérielle, les institutions de patronage pour les libérés n'avaient pas de raison d'être. Elles n'auraient, en effet, trouvé aucun appui dans la société qui, en excluant pour toujours les condamnés de la communion des honnêtes gens, empêchait leur réhabilitation.

« Cependant, depuis que la peine, dont le but principal est de protéger l'ordre social, a été considérée en outre comme moyen de correction ; depuis que le système d'emprisonnement, tout en conservant son caractère répressif, a été aussi organisé comme école d'amendement, l'opportunité des associations de patronage a commencé à se faire sentir ; je dirai même que leur concours s'est montré indispensable soit pour que la peine, afin d'atteindre son but, ajoutât à l'efficacité morale, soit pour que les réformes dans les prisons produisissent les résultats bienfaisants que la société en attendait.

« En effet, la peine exerce bien rarement sur le coupable une influence réformatrice ; elle peut mortifier la tendance au mal, mais non pas moraliser celui qui en est atteint ; la statistique des récidives ne laisse aucun doute sur ce point. Nous ne pouvons attendre de la pénalité pure et simple qu'une chose, c'est qu'elle n'entrave pas le retour au bien, soit par sa nature, soit par la manière dont elle est infligée. Il est, en effet, désormais hors de doute que les peines corporelles qu'on employait dans un temps heureusement déjà assez loin de nous, faisaient perdre au condamné tout reste de pudeur et toute retenue à mal faire.

« Pour que l'effet moral suive la peine, il faut que l'œuvre de la charité intervienne : qu'elle profite de l'abattement salutaire auquel tout coupable ne saurait échapper au moment de son incarcération ; qu'elle lui fasse voir les conséquences funestes de son méfait, les malheurs qu'il a occasionnés par son crime même, les douleurs qu'il peut avoir causées à ses parents ; et, en lui prodiguant les conseils pendant le temps de son expiation, qu'elle le guide avec amour vers le bien et le **préserve des récidives** quand il aura payé sa dette à la justice vengeresse. C'est là le rôle et la tâche de la Société de patronage.

« En examinant avec pondération ces principes fondamentaux qui distinguent et caractérisent les œuvres ayant pour but la réhabilitation morale et civile des prisonniers, on ne saurait s'empêcher d'y reconnaître, comme incarnée, une pensée très louable qui forme pour ainsi dire le complément du système pénitentiaire. Il est, en effet, certain, désormais, que si la prison empêche, grâce à la séparation, les effets contagieux de la promiscuité et si, par le système du travail, elle préserve le délinquant des égarements de l'imagination et des dangers d'une solitude oisive, elle n'a cependant pas la puissance efficace d'adoucir le cœur du condamné et de le ramener à la vertu. On sait bien d'ailleurs que les effets de la peine ne se circonscrivent pas entre les parois d'une prison et que, **souvent, ils ont une suite bien longue pour le condamné, même après qu'il a été rendu à la liberté.**

« Or, le moment le plus dangereux, pendant lequel devient nécessaire l'œuvre de l'institution du patronage, **c'est quand, sa peine une fois expirée, le détenu se trouve de nouveau libre de ses actes.** Bien souvent il retourne dans la société sans une position assurée, sans aucun moyen de pourvoir à ses premiers besoins; et, tandis que les honnêtes gens fuient sa présence, les anciennes occasions de mal faire se présentent à lui avec la même puissance de séduction; les liaisons qui l'ont porté au mal l'entourent de nouveau; il se trouve enfin au milieu des mêmes dangers qu'autrefois. C'est alors qu'il a le plus grand besoin de direction et de conseil, qu'il faut développer les germes du bien jetés dans son cœur pendant sa réclusion ; **c'est là, on peut dire, la période**

éritique de sa réforme morale. Et c'est aussi dans ce moment que commence le rôle de la société de patronage ; elle le confie à un patron, lui fournit les secours même pécuniaires, propres à faire face à ses nécessités urgentes, lui procure un placement, le réhabilite dans la société des honnêtes gens, et, graduellement, tantôt par des conseils, tantôt par la bienfaisance, enfin par tous les moyens de la charité vraie et réelle, l'affermit dans ses bonnes résolutions et le tient éloigné des dangers d'une rechute. **Certes, sans cette pieuse tutelle, le détenu ne sortirait souvent de prison que pour tomber dans de nouvelles fautes qui l'y ramèneraient !** Aussi l'importance des Sociétés de patronage est-elle, à ce qu'il me semble, hors de question.»

Placé encore une fois sur le terrain comparatif des idées, le lecteur saisira facilement l'occasion de rapprocher ce que le savant congressiste italien vient d'exposer avec les déductions que nous avons tirées de l'expérience ; il en constatera l'analogie en concluant encore une fois que l'on peut prévenir les récidives par l'œuvre de la bienfaisance et que ce remède est plus énergique et plus sûr que celui de l'introduction, dans les pénitenciers, de mesures sévères qui ont plutôt pour effet le découragement et l'abrutissement que la guérison morale des condamnés.

Nous citons encore des opinions, sur ce même sujet, données au point de vue législatif :

« La différence, dit M. Brusa, entre les criminels d'habitude ou de profession et les criminels d'occasion, réclame, à mon avis, toute l'attention des membres de cette assemblée. Le délit d'habitude, en effet, est bien tel que M. Wahlberg le dit, savoir : « L'expression d'une dépravation physique et morale, résultat des antécédents du criminel et formant la base de son caractère. » Considéré subjectivement et objectivement, le délit d'habitude est plus grave que le délit d'occasion. L'habitude vicieuse présente une volonté plus décidée pour le mal, c'est-à-dire plus dépravée, et, par conséquent, elle doit inspirer plus de crainte. Il est bien vrai, cependant, que l'habitude affaiblit tellement la volonté qu'elle se change en une seconde nature, et dès lors la culpabilité, au lieu de continuer à augmenter, tend plutôt à décroître. C'est pour cela, paraît-il, que les législateurs des divers pays de l'Europe n'admettent généralement pas le passage de la peine temporaire à la peine perpétuelle pour cause de récidive. M. Wahlberg ne paraît pas envisager cela comme une difficulté lorsqu'il propose d'édicter l'emprisonnement à vie pour les criminels d'habitude qui, après avoir subi cinq condamnations pénales pour actes d'un caractère grave contre la sûreté et la morale publique, et après un examen sérieux, ont été reconnus décidément incorrigibles.

« M. Wahlberg tire de son idée principale, à savoir : la distinction à faire entre les criminels d'habitude et les criminels d'occasion, plusieurs propositions qui méritent d'être examinées et dont la discussion montrera la portée. Il en est une qui va si loin, selon moi, qu'il est bon de la signaler tout particulièrement. Le savant professeur de Vienne voudrait rendre plus évident pour le public le caractère particulier de la peine infligée aux récidivistes, et, dans ce but, il propose que les récidivistes subissent leur peine dans des prisons spéciales. Evidemment, cette remarquable proposition n'a qu'un défaut, c'est de ne pas se soucier des difficultés économiques qu'entraînerait son application.

« Mais, pour ne pas entrer dans des détails qu'interdit la brièveté du temps, il me paraît que la section ferait mieux de ne pas s'occuper de chacune des propositions présentées : de se borner plutôt à l'examen de la distinction fondamentale qui existe entre les criminels d'occasion et les criminels d'habitude. . . . . »

Plus loin, M. Yvernès (France), s'exprimant d'une manière plus catégorique, dit :

« Pour rechercher les moyens de combattre la récidive, il faut remonter aux causes qui la provoquent. A mon sens, elles sont, au moins en général, au nombre de quatre : l'indulgence de la législation pour les récidivistes ; — la faiblesse de la répression de la part du juge ; — l'insuffisance du régime pénitentiaire au point de vue moralisateur, — et la difficulté du reclassement des libérés dans la société.

« En effet, les peines prononcées par les lois pénales n'atteignent peut-être pas toujours le but qu'elles doivent se proposer . . . .

« Le juge, dans les pays où la législation lui permet de se mouvoir entre un minimum et un maximum et d'admettre les circonstances atténuantes, prononce-t-il toujours ou même souvent contre le récidiviste l'aggravation de peine édictée par le Code ?

« Quant au régime pratiqué dans les prisons, les efforts que font les législateurs et les administrateurs **pour le perfectionner,** établissent surabondamment qu'il n'est pas encore considéré comme présentant toutes les conditions nécessaires pour produire l'amendement de ceux qui y sont soumis.

« Enfin, et c'est là, je crois, **la cause la plus fréquente de la récidive,** lorsque le condamné sort de la prison, son retour dans la société n'est pas suffisamment facilité; **il est plutôt entravé par des mesures, des restrictions résultant de la loi ou du jugement. »**

Cet exposé n'est-il pas d'un grand enseignement pour notre canton ? Si nous voyons se développer lentement, mais, nous croyons pouvoir le dire, sûrement, l'œuvre du patronage pour les détenus libérés; si, dans l'un ou l'autre de nos pénitenciers, de petites écoles d'apprentissage sont établies, qui permettent au détenu, au moment de sa libération, d'entrer dans quelque atelier de notre canton ou des pays voisins et de se procurer un travail rémunérateur en combattant l'occasion de la récidive ; si notre administration cantonale s'occupe d'apporter, autant que faire se peut, quelques améliorations dans notre système pénitentiaire, il n'en est pas toujours de même de l'administration judiciaire.

Nous reconnaissons que plusieurs de nos tribunaux, dans leurs jugements, tiennent, sans fléchir, compte des art. 73, 75 et spécialement 76 du Code pénal, Titre VII, du concours des crimes et de la récidive. Mais, par contre, il en est d'autres qui passent trop légèrement sur ce dernier article qui prévoit :

« *a*) En cas de première récidive, la peine sera élevée d'un quart en sus du maximum de la peine encourue ;

« *b*) En cas de seconde récidive, elle sera portée jusqu'à la moitié en sus du maximum de celle encourue ;

« *c*) En cas de récidive ultérieure, la peine sera portée jusqu'au triple du maximum de la peine encourue. »

Cela surtout en matière correctionnelle.

N'avons-nous pas rencontré, maintes fois, des individus condamnés pour un délit quelconque à une peine déterminée, s'élevant, par exemple, à un an, deux ans, revenir pour un fait identique, en deuxième ou troisième récidive et plus, avec une peine diminuée des deux tiers, des trois quarts, etc. ? Aussi devons-nous signaler avec quel mépris de la loi et de la justice ces individus acceptent leur jugement. Faut-il s'étonner dès lors du nombre des récidives ?

L'on nous fera peut-être observer que ces condamnations n'ont pas été prononcées pour le premier délit et en récidive par le même tribunal. Pour quelques cas, nous acceptons l'observation, mais elle n'est pas fondée pour la majorité des faits qui ont trait à nos remarques. Nous croyons qu'il serait facile de faire disparaître cet état de choses en établissant un contrôle général des condamnations criminelles et correctionnelles qui serait adressé d'une manière régulière à tous les greffes respectifs ; l'on éviterait par là de laisser induire en erreur le juge par de fausses déclarations des prévenus, lesquels, lorsqu'ils ne sont pas connus, prétendent toujours en être à leur première faute.

La question des récidives étant celle qui, dans ce moment, au sein des congrès pénitentiaires internationaux, soulève le plus d'attention et suscite le plus d'études, nous croyons devoir faire suivre ce premier exposé, d'opinions très autorisées, venant de divers pays et qui ont été présentées au Congrès international de Stockholm. Le lecteur pourra facilement se convaincre, après avoir pris connaissance des faits avancés par les spécialistes, qu'il ne faut point rechercher les causes des récidives dans de simples questions de service intérieur, dans l'élaboration de règlements concernant ce service, ou dans le déploiement de constructions pouvant occasionner des dépenses injustifiables pour un modeste pays comme le nôtre ; mais, comme nous l'avons déjà dit en partie dans le cours de notre travail, il faut les chercher où elles se trouvent, c'est-à-dire dans les mêmes causes qui ont produit le premier délit : le défaut d'instruction religieuse et civile, l'abandon, la misère, la boisson, le défaut de connaissance d'un métier, le manque de charité chrétienne au sein de la société ; enfin, dans la législation pénale et son application, etc.

Nous laissons la parole aux honorables spécialistes qui s'occupent depuis nombre d'années de toutes les questions concernant les détenus. Nous sommes heureux de citer en première ligne quelques extraits du brillant exposé de M. le docteur Guillaume (Suisse).

« Si la législation donnait à un tribunal l'obligation de fixer la durée de l'internement et du traitement des aliénés, et si l'on posait à une réunion de médecins aliénistes la question qui nous est soumise, on peut admettre avec certitude que le premier vœu formulé serait la durée illimitée de l'internement, soit de laisser les malades dans l'établissement jusqu'au moment où se manifesteraient les symptômes de la convalescence.

« Pour les criminels, et j'ai toujours en vue ceux qui forment la catégorie ordinaire des délinquants, c'est-à-dire ceux dont l'éducation a été négligée, qui trahissent des penchants héréditaires au vice et au crime, ceux dans la famille desquels on compte des cas d'aliénation mentale ou autres affections du système nerveux, ceux qui sont **sans instruction, sans profession**; pour les criminels de cette catégorie, en un mot, pour les récidivistes, ne serait-il pas utile, dans l'intérêt de la société et dans le leur, d'exiger que leur séjour dans la prison fût prolongé jusqu'au moment où on pourrait admettre avec probabilité que leur retour dans la société n'offre plus de dangers ?

« Dans tous les pays où la réforme des prisons a eu lieu, il a été admis que, pendant la détention des criminels, on devait chercher à provoquer la réforme morale de ces derniers. Mais la législation pénale a conservé presque partout l'ancienne échelle arbitraire des peines. On a l'habitude d'apprécier l'efficacité d'un régime pénitentiaire d'après la proportion des récidives. **Mais cela est-il raisonnable ?** Aussi longtemps que la durée de l'éducation pénitentiaire est fixée d'avance par le juge, qui, pour prononcer la durée de la sentence, ne tient compte que de la gravité du délit et non du degré de perversité de caractère du coupable, c'est-à-dire de ce dérangement de la vie affective dont j'ai parlé, aussi longtemps on ne pourra pas mettre exclusivement au compte de l'**inefficacité du système pénitentiaire** les cas de récidive qui auront été observés.

« Et même lorsque la législation serait mise en harmonie avec le régime éducatif de la prison, on n'arrivera jamais à prévenir les rechutes d'une manière complète, pas plus que parmi les aliénés et les malades d'autres hôpitaux. Il existera toujours un certain nombre d'individus moralement incurables, sur lesquels l'influence de l'éducation pénitentiaire ne pourra jamais dépasser la limite tracée par leur organisation physique. Chez ceux-là, le caractère n'est susceptible d'amélioration que jusqu'à un certain degré déterminé par leur nature individuelle, et cette dernière, à son tour, est le résultat de l'hérédité et de l'éducation.

« Quant aux moyens qui doivent être appliqués dans le régime pénitentiaire en vue de prévenir les récidives, nous sommes encore **loin d'être unanimes**. Il a été reconnu cependant que l'usage des châtiments corporels devait être aboli et, parmi ceux qui ont voté le maintien de cette peine, il en est beaucoup qui ne croient à son efficacité que comme influence intimidante et qui ne la feraient jamais appliquer. Parmi les peines disciplinaires, on n'a pas indiqué celle qui, à mon avis, produirait le meilleur effet et qui consisterait à prolonger la durée de la sentence prononcée. **L'Etat fait assez souvent usage du droit de grâce et abrège la durée de la peine en cas de bonne conduite du détenu, pourquoi ne prolongerait-il pas la détention en cas de mauvaise conduite ?** Cette punition serait plus intimidante, plus conforme au but de la discipline pénitentiaire, que la privation de la nourriture qui, très souvent, appauvrit le sang, rend le détenu irritable et peu apte à donner à sa volonté la direction qu'on désire lui voir prendre.

« Enfin, les récidives seront diminuées si on redouble d'efforts pour améliorer les conditions **sociales et économiques** des classes de la société dans lesquelles se recrutent d'habitude les criminels. C'est surtout en cultivant ce champ immense que l'on arrivera, peu à peu, à élever le niveau moral et intellectuel d'une nation et, par conséquent, à diminuer le crime et les récidives. Les moyens préventifs sont, il est vrai, lents à produire des résultats

visibles et palpables, mais ils sont rationnels, plus agréa-
bles et plus faciles à appliquer que les remèdes plus
violents, tels que l'emprisonnement, les châtiments corporels et la peine de mort. On ne doit pas se faire d'illusions à l'égard de ces derniers; l'intimidation d'une
législation pénale terrorisante n'exerce pas l'influence
que l'on croit généralement, et l'on ne doit jamais oublier
que les vices et les crimes ne sont que les exanthèmes
des maladies infectieuses du corps social.

« La législation pénale devrait donc être mise en harmonie avec le but que se propose la discipline pénitentiaire,
et elle devrait remplacer les courtes sentences répétées
par des peines suffisamment longues, afin de pouvoir
soumettre les récidivistes à un traitement efficace. »

Plus loin, M. J. A. Annell, docteur en philosophie,
aumônier de pénitencier (Suède), exprime l'opinion suivante qui, selon nous, pourrait être introduite dans nos
lois et qui aurait pour effet de combattre la récidive :

« La privation des droits civiques et civils est, à mon
avis, une peine accessoire plus sévère qu'on ne le croit
généralement, et il est certain que lors même que la
durée de cette privation n'est que d'une année, elle est
suffisante pour détruire l'existence d'un détenu libéré et
le rejeter de nouveau dans la carrière du crime. Je n'oublierai jamais les paroles d'un détenu qui me disait :
« L'Etat a, sans doute, le droit et le devoir de punir les
infractions à ses lois, mais il devrait ensuite pardonner
et oublier ; quant à la punition, il n'oublie pas de l'in-
fliger, mais quant à pardonner, jamais. »

« Ces paroles firent sur moi une impression profonde,
car je sentais en moi-même qu'elles étaient l'expression
de la vérité.

« Qu'arrive-t-il donc, lorsqu'un individu qui, dans la
prison, a pris les meilleures résolutions, rentre dans la
société ? Il se voit, après sa libération, repoussé de tout
le monde. Il devient un ennemi de la société. L'orateur

envisage que cette peine accessoire devrait disparaître du Code ou du moins ne pas être infligée aux coupables qui en sont à leur premier délit. »

En terminant ce chapitre, nous répétons avec M. le docteur Guillaume : Est-il raisonnable d'apprécier l'efficacité d'un régime pénitentiaire d'après la proportion des récidives ? Les résultats que nous avons obtenus par notre étude, les preuves que nous avons fournies au lecteur, l'opinion d'hommes éminents nous permettent de répondre : Non.

CHAPITRE IV

Administration.

~~~~~~~~

Conformément à l'art. 25 du Code pénal qui prévoit
que la loi règle le régime et la discipline applicables aux
condamnés à la réclusion et à l'emprisonnement, ainsi
que l'organisation et l'administration des établissements
de détention, le Grand Conseil du canton de Fribourg,
sur la proposition du Conseil d'Etat, décréta, le 20 novembre 1877, une nouvelle loi sur les pénitenciers en révo-
quant la loi du 12 novembre 1852, ainsi que toutes les
dispositions législatives contraires.

D'après cette nouvelle loi, le Conseil d'Etat administre
les pénitenciers qui sont :

a) La Maison de force pour les condamnés criminels ;

b) La Maison de correction pour les condamnés correctionnels,

par l'organe de sa Direction de police, laquelle en a la
haute surveillance.

Ce poste élevé et difficile est actuellement entre les
mains de M. le Conseiller d'Etat H. de Schaller, député
aux Etats suisses, Président du Congrès suisse pour la
réforme pénitentiaire tenu à Fribourg en septembre 1887,
Président de la Société fribourgeoise de patronage pour
les détenus libérés, membre du Conseil d'Etat depuis 1858,
soit depuis 32 ans, période pendant laquelle il a dirigé
avec un égal succès l'Intérieur, l'Instruction publique et
~~~~~~~~

enfin la Police depuis le décès de l'honorable M. Fournier. Il ne nous appartient point de retracer ici tout l'intérêt que ce magistrat éminent voue à la bonne administration des pénitenciers et l'attention qu'il porte à tout ce qui touche de près le sort des détenus ; il suffit de signaler les fréquentes visites qu'il leur fait et la bienveillante protection qu'il accorde à ses subalternes. C'est dire que son dévouement égale ses talents, et, pour connaître le fond de son âme, nous signalons au lecteur la devise qui lui est chère : « C'est par la confiance réciproque que nous obtiendrons le succès. »

Le chef de la police cantonale a sous ses ordres, dans chaque établissement, un Directeur.

Sont, en outre, attachés à chaque maison, un aumônier pour chaque culte, un officier de santé et des gardiens.

Nous ne nous permettons pas la critique d'une loi que nous avons juré d'observer en tous points ; cependant, dans l'intérêt général, nous devons en faire remarquer quelques côtés désavantageux. Nous croyons que l'art. 3 de la dite loi, concernant la nomination d'un Directeur pour chaque pénitencier, est à revoir ; car ne doit-on pas désirer pour l'administration, pour la discipline, pour le bien-être des détenus, l'unité complète dans les moyens et le but ?

Est à revoir également l'art. 6 relatif au traitement des Directeurs, lequel prévoit un traitement minime qui, toutefois, est compensé par des indemnités allouées pour affouage, blanchissage, fourniture de soupes, etc., indemnités qui placent la haute administration, ainsi que les Directeurs, sous une critique habituelle inspirée par des instincts mauvais et qui ne repose sur aucun fondement sérieux.

Pour mettre fin à des accusations déplacées, ne serait-il pas préférable de donner au Directeur une position indépendante, à l'abri de tout soupçon, en lui accordant un traitement fixe ?

A. - DIRECTEUR

Chacun comprendra qu'il nous est difficile et délicat de tracer une ligne de conduite à suivre pour le Directeur d'un pénitencier, car chaque pays a ses usages et ses traditions, usages et traditions qu'il faut souvent observer aussi bien que les lois ; cependant, la tâche que nous nous sommes imposée en commençant notre travail nous oblige de nous arrêter, très superficiellement, sur ce que doit être le Directeur d'un pénitencier.

Si l'on veut énumérer les qualités que doit avoir un Directeur de pénitencier, il faut en donner d'abord les définitions :

Il est le fonctionnaire chargé de la répression du crime et du délit ;

Le magistrat chargé par l'Etat de l'exécution des jugements de la loi pénale ;

L'intermédiaire entre la société et le coupable ;

Le médecin d'un hôpital pour les maladies morales ;

Le médiateur entre la puissance qui frappe et le vaincu à qui il reste des droits ;

Le père d'une famille de malheureux.

S'il revêt tous ces titres, il doit posséder toutes les connaissances spéciales à chacun d'eux, les posséder pleinement, plus encore par le cœur que par l'intelligence ; car, étant la tête d'un corps légalement constitué, il doit imprimer à tous les membres une impulsion efficace, et il n'imprimera cette impulsion que s'il aime sa vocation pour la faire surnager au-dessus de tout autre mobile ; étant le cœur, principe de la vie et du mouvement d'un système organique d'où émanent toutes les pulsations qui doivent se communiquer aux différentes parties du corps social malade, il doit leur communiquer sa vie, sa force, sa chaleur morale, pour en activer la guérison.

Il doit envisager ses fonctions au point de vue administratif comme employé de l'Etat, et au point de vue de la
civilisation qui n'admet pas que ses administrés sont des
êtres inguérissables.

Il se pénétrera donc de l'idée première et fondamentale
que si l'Etat a des droits consacrés sur le coupable qui a
enfreint les lois, il a aussi des devoirs corrélatifs à remplir envers lui ; et enfin de l'idée principale, corollaire de
la première, que la séparation qu'un jugement a établie
entre la société et l'offenseur doit disparaître graduellement par l'expiation, de manière à rapprocher ces deux
ennemis par l'action divine de la miséricorde de l'un et
l'amendement de l'autre.

Comme administrateur, il veillera à ce que toutes les
forces possibles soient utilisées au profit de l'Etat. Il
tirera parti de toutes les productions que le savoir-faire,
la volonté, le courage, l'amour-propre, le génie des détenus pourront réaliser. En retour, il rendra ou fera
rendre à ceux-ci tout ce que leur position présente et
future et leurs dispositions pourront réclamer. Il aura à
cœur de leur procurer au plus tôt et à tout prix la santé
spirituelle et morale, et ne négligera rien pour leur conserver ou pour leur rendre la santé corporelle dans la
mesure d'une sollicitude éclairée.

Comme réformateur des vices sociaux qu'il est appelé
à combattre, il s'efforcera de faire pencher la société vers
le pardon et de procurer aux détenus une régénération
morale qui les réhabilitera dans la société.

Pour ce faire, il choisira pour gardiens des hommes
propres à cette œuvre, sachant étudier les caractères
qu'ils auront à corriger, assouplir ou stimuler, des
hommes pouvant donner des exemples de politesse, d'ur-
banité, de patience, de bonté, doués en même temps
d'une fermeté douce et éventuellement *d'une énergie que
rien ne pourra fléchir.*

Si l'humanité pouvait être parfaite, il faudrait désirer

qu'elle le fût pour remplir les fonctions de gardien dans un pénitencier.

Le Directeur connaîtra autant qu'il lui sera possible le fond du caractère de tous les détenus, sans exception, leurs antécédents et leur conduite privée, sans que ceux-ci puissent s'en apercevoir. Cette connaissance constituera le champ d'observations qu'il cultivera selon la nature du terrain. *Il est indispensable dès lors qu'il connaisse les langues en usage dans le pays, afin qu'il ne soit pas forcé de se servir d'intreprète pour entrer en relations avec ses administrés.*

Sachant qu'il est, en premier lieu, un fonctionnaire de justice, le Directeur aura surtout en vue de se garder de prononcer une punition imméritée, comme aussi il devra punir toutes les fautes qui parviendront à sa connaissance. A propos de ce dernier point il doit punir même, et souvent avec sévérité, les vices qui donnent occasion de commettre des actes non prévus par le Code. Ainsi la loi ne punit pas le mensonge, mais le Directeur doit le punir. Il s'abstiendra de juger si une punition doit être infligée, avant de s'être assuré de la cause qui a produit la faute, de l'occasion qui l'a fait naître, et de savoir au juste quels en sont les auteurs réels.

Il se convaincra du principe basé sur l'expérience que plus les punitions sont rares, plus elles ont d'efficacité. Pour certaines natures, une punition peut être imprudente ou maladroite, une parole peut quelquefois suffire.

Le Directeur peut rechercher si la sévérité qu'il est obligé de déployer dans certaines circonstances ne doit pas être tempérée ou paralysée par l'intervention opportune d'un tiers, comme serait celle de l'aumônier, d'un gardien-chef, etc.

Enfin il aura recours à l'influence des idées religieuses qu'il doit faire naître chez les uns ou réveiller chez les autres. La religion, où elle peut pénétrer, est la panacée universelle à toutes les maladies, elle est le remède spécifique à toutes les douleurs. Elle est de son ressort autant que de celui de l'aumônier vis-à-vis duquel les préventions les plus absurdes et les plus injustifiables peuvent fermer des consciences égarées.

Les lignes suivantes, que nous empruntons à un auteur anglais, diront mieux que nous ne venons de le faire le rôle que doit jouer un Directeur à l'égard des détenus :

« Je voudrais que, dans le cours de chaque journée, les traitements dont le prisonnier est l'objet fussent remplis de douceur et d'humanité ; je le voudrais parce que le contraire entraîne les résultats les plus déplorables. Je l'ai déjà dit, tout homme qui se voit rejeté par ses semblables, les rejette à son tour et leur rend dans le secret de son âme tous les outrages qu'il en reçoit. Les hommes rompent avec lui, il rompt avec eux ; et l'état d'hostilité où il se constitue à leur égard lui paraît juste parce qu'il est réciproque. La rage permanente qui le transporte le rend sourd à toute bonne idée, à tout bon sentiment ; ou bien, s'il manque de cette audace et de cette vive énergie qui rend guerre pour guerre, s'il est d'une trempe moins ferme, il tombe dans l'abattement et le désespoir, il tourne sur lui ses propres mains ou il devient plus insensible que la brute. Au contraire, environnez le prisonnier d'intérêt, d'affection, de douceur, je dirais presque de politesse ; s'il se compare avec vous, il se juge, il rougit de lui-même ; il s'aperçoit qu'il est des hommes meilleurs que lui, et des actions généreuses auxquelles il est forcé d'applaudir puisqu'elles lui sont utiles. Pour peu que vous réchauffiez dans son cœur ce qu'il a conservé de juste, d'humain et de social, il se rassure, il reprend de sa propre estime, il espère : le modèle de conduite que vous mettez sous ses yeux, il l'aime, il le respecte, il se dispose à l'imiter ; c'est ainsi que, ne vous abaissant point à lui, mais l'élevant jusqu'à vous, vous lui ouvrez une carrière nouvelle où tout lui sourit et où l'appellent des biens inconnus jusque-là. J'ajoute qu'il n'est point

de filtre, ni d'enchantement qui puisse pénétrer jusqu'aux sources de la vie avec plus d'efficacité, que des
espérances si consolantes et une si douce perspective.
Tous les tissus s'épanouissent, toutes les fonctions se
régularisent, toutes les forces se développent ; la raison
s'éclaire, la volonté s'épure, la santé s'affermit ; et par le
travail dont le goût se fortifie de plus en plus et se
change en passion, l'homme coupable un instant, mais
purifié par *une peine que vous avez rendue salutaire*, peut
enfin recouvrer tout son prix. Je sais qu'il est des naturels durs, des caractères indomptables, que rien ne
touche, dont rien ne fléchit la férocité, qui s'irritent
également du bien et du mal, qui traitent la justice de
barbarie et la bonté de faiblesse ; mais ces cœurs de
bronze sont de vrais monstres et les monstres sont rares :
ils font exception ; et, dans la conduite des affaires, ce
n'est jamais sur des exceptions qu'il faut se régler, quelles
qu'elles soient. Du reste, ce qui doit trancher sur ce
point c'est *l'expérience*. Bicêtre réalisait, à une certaine
époque, l'enfer des poëtes ; dans l'autre, qui est l'époque
actuelle, il s'administre comme un couvent. »

B. — AUMONIER

Dans le cours du chap. II, nous avons dit que nous
traiterions spécialement la question du culte et que nous
discuterions le système actuel. Au vu de la dernière loi
sur les pénitenciers et en parcourant ses art. 7 et 8, l'on
pourrait croire que le service religieux, dans nos pénitenciers, se fait par un aumônier attitré n'ayant à s'occuper que des détenus, et que seulement dans les chantiers le service religieux est confié au pasteur dans le
ressort duquel les détenus sont situés. Or la situation
n'est point telle qu'elle le parait par cette loi, puisque
nous nous trouvons encore en présence d'un autre
système réglé par une convention en date du 27 dé-

cembre 1872, et passée entre le haut Etat de Fribourg et les Recteurs des paroisses de Saint-Maurice et de Saint-Jean. Par cette convention, M. le chanoine Recteur de Saint-Jean est plus particulièrement chargé et responsable du service religieux des Maisons de force et de correction, tout en conservant l'administration spirituelle de sa paroisse qui compte environ 3.000 âmes, et M. le Recteur de Saint-Maurice est chargé de celui de la prison centrale des Augustins. Comme tel il remplit les fonctions d'aumônier de cet établissement.

L'administration s'adresse à ces honorables ecclésiastiques pour tout ce qui concerne le service catholique romain.

La ligne suivie jusqu'à ce jour pour l'enseignement religieux dans nos pénitenciers est, nous regrettons de le dire, défectueuse. Plus d'une fois nous avons présenté nos observations à ce sujet et nous apprenons, avec une vive satisfaction, que la question est à l'étude, et nous espérons que, sous peu, elle sera tranchée dans un sens favorable à l'amélioration morale de nos détenus, car l'absence d'un aumônier exclusivement attaché à nos établissements de détention est une lacune qu'il importe de combler sans retard. Cette remarque ne doit pas jeter du trouble dans l'âme de nos populations chrétiennes et leur faire croire que les détenus de nos pénitenciers sont abandonnés par l'autorité ecclésiastique; que les secours de la religion leur sont administrés d'une manière indifférente. Non. Nous reconnaissons que la convention passée avec l'Etat de Fribourg, que la loi sur les pénitenciers du 20 novembre 1877 (aumôniers), ont toujours été observées ; que tous les dimanches et fêtes nos détenus du culte catholique assistent régulièrement au service divin et qu'ils profitent des instructions qui sont données ; que deux fois par année ils sont appelés à s'approcher des sacrements et qu'enfin, lorsque leur état de santé s'aggrave, l'assistance du prêtre ne leur a jamais fait défaut ; et nous constatons ici, avec bonheur, que, depuis les huit années que nous sommes à la direction de la Maison de correction, un seul détenu, âgé de 86 ans, frappé d'apoplexie foudroyante, est décédé sans les secours de la religion. Mais enfin, en reconnaissant tout le dévouement que les ecclésiastiques chargés du service religieux dans nos maisons pénitentiaires prodiguent à nos détenus, nous croyons que la mission de l'aumônier d'un pénitencier est encore plus grande qu'elle n'a été prévue jusqu'à ce jour. Nous aimerions ici que nos faibles lumières pussent nous aider à dire le bien qu'un aumônier ayant les qualités spéciales et la grandeur d'âme pour remplir les fonctions de père spirituel des prisonniers, ferait auprès d'eux en les suivant pas à pas, jour par jour, dans l'action du repentir. Qu'il serait doux et consolant pour eux de rencontrer souvent l'âme évangélique qui aurait pour première mission la tâche de rendre un jour à la société le prisonnier guéri !

L'on a fait remarquer qu'il semble contraire à toute raison de borner les fonctions d'un aumônier de pénitencier à célébrer les cérémonies religieuses, les dimanches et fêtes, et à assister les malades. Est-ce là distribuer suffisamment les consolations de la religion ? Ne faut-il pas parler, instruire, commander en son nom ? autrement les prisonniers ne la voient que comme un simple objet de cérémonie, qui ne leur fait aucune impression et qui se trouve ainsi privée de son influence la plus salutaire, en même temps que du respect qui lui est dû.

Sous ce point de vue, la place d'aumônier n'est point une fonction ecclésiastique ordinaire ; elle demande toute l'ardeur d'un missionnaire habitué à pénétrer le cœur humain, à l'émouvoir.

L'assistance d'un bon prêtre est encore une condition nécessaire : la pratique du culte, les consolations de la religion, des prédications sages, des lectures morales ne peuvent être que d'un effet salutaire pour les prisonniers et occuper utilement les dimanches qui sont ordinairement des journées de désordre dans les prisons, même là où le travail est établi. Mais il est essentiel de trouver des prêtres capables de sentir et de bien remplir cette utile et honorable tâche. Aussi faut-il qu'un tel prêtre observe, instruise, exhorte, et, si les prisonniers sont nombreux, qu'il réside dans la prison et ne remplisse ailleurs aucune fonction. Les prisonniers manquent souvent d'instruction élémentaire : il faut qu'ils en reçoivent ; mais c'est surtout l'instruction religieuse qui est nécessaire, car l'absence des sentiments qu'elle tend à développer est la grande source de tous les crimes.

Nous devons à la bienveillance de M. l'abbé Corboud, Révérend Curé d'Onnens, les considérations suivantes sur l'influence de la religion dans les pénitenciers et sur la nécessité d'un aumônier des maisons de détention :

« L'influence moralisatrice de la religion sur les détenus est immense ; et celui qui s'aviserait de la contester, nierait l'évidence même. Il irait directement à l'encontre de l'expérience journalière.

« Il est bien certain, en effet, que l'homme, lorsqu'il a totalement perdu la crainte du Seigneur qui, d'après les Livres saints, est le commencement de la sagesse, lorsqu'il ne se laisse plus guider par les lumières de la foi chrétienne ; lorsqu'il n'est plus soutenu dans les luttes de la vie, dans les sacrifices qu'impose le devoir par la divine espérance, l'homme n'est plus qu'une brute déchaînée, avide de toutes les jouissances terrestres ; car il ne voit rien au delà de l'existence présente, et, comme il sait qu'elle est courte, il a hâte d'en jouir le plus possible.

« S'il n'a point les ressources matérielles pour se les procurer, que fera-t-il ?

« Pour jouir, il ne reculera devant aucun crime, le vol, l'assassinat et tant d'autres forfaits de tout genre. Il mettra tout en œuvre pour parvenir à son but. Hésitant, timide, craintif d'abord, l'habitude du vice ne tardera pas à le rendre audacieux pour le mal.

« Mes lecteurs ont pu se convaincre, par le récit de la vie de plusieurs détenus, que c'est précisément pour avoir oublié, ou, plus souvent encore, pour n'avoir point été élevés, éduqués dans les préceptes salutaires du Décalogue, qu'ils sont tombés si bas.

« Le Décalogue en effet, fondé sur la justice immuable et infinie de Dieu et qui devrait par conséquent servir de base à toute législation humaine, règle avec la plus admirable sagesse tout ce que l'homme doit à Dieu, Créateur et partant maître absolu de tout ce qui existe.

« Il règle encore tout ce que l'homme doit à l'homme son semblable, et enfin tout ce qu'il se doit à lui-même ; et comme sanction à ce code divin, Dieu a promis au delà des limites du temps des récompenses ou des châtiments sans fin.

« Voilà le phare lumineux qui doit constamment diriger l'homme durant la traversée de la vie.

« Heureux donc l'enfant qui, dès ses premiers pas, a senti s'imprimer dans sa jeune âme, par les saintes leçons de sa bonne mère, ou par les fermes, justes et prudentes corrections d'un père sincèrement chrétien, ces divines croyances. La route de l'honneur s'ouvrira devant lui toute tracée. Il la verra bordée de deux barrières : d'un côté par la loi positive qui lui commandera le bien à effectuer, de l'autre par la loi négative qui lui indiquera le mal à éviter

« Mais combien dans le monde qui, par suite de funestes circonstances, n'ont point eu ce bonheur !

« Que de fois, en effet, la mort ne fait-elle pas le vide autour du berceau de l'enfant en lui ravissant ses guides et ses soutiens naturels ! Nombreux sont ceux à qui un doux visage de mère n'a jamais souri et qui, tout petits encore, se sont vus pour cela misés au rabais comme de vils animaux, pour être trop souvent élevés sans soins et sans amour.

« Combien encore qui ne sont point nés de parents craignant Dieu, qui, au lieu de les former de bonne heure au bien, par leurs conseils, leurs corrections, mais surtout par leurs exemples, n'ont reçu que de funestes leçons de vagabondage, de mendicité, d'ivrognerie, de vol et de tant d'autres vices dégradants !

« Combien enfin qui ont été forcément, par les nécessités de la vie, en raison de leur pauvreté, soustraits trop tôt aux enseignements et à l'influence salutaire du ministre de la religion, et qui pour cette raison n'ont point su marcher d'un pas ferme et sûr dans le droit chemin !

« Les punir de leurs crimes, la société gouvernée par l'Etat en a certes le devoir et le droit : le devoir, parce qu'elle a reçu de Dieu mission de protéger les innocents et les faibles ; le droit, parce qu'elle est en cas de légitime défense. Loin de moi donc la pensée de faire ici du faux sentimentalisme ; mais se contenter de punir ces pauvres dévoyés, ce serait de la justice, oui, mais de la justice froide et j'oserais presque dire inhumaine. Il faut que cette justice soit tempérée par la charité, et cette charité devra se traduire par l'étude sérieuse et approfondie des causes du mal, par des efforts intelligents, par des remèdes pratiques pour arriver à l'amendement de ces malheureux.

« La justice, sans cette charité, ne ferait que des récidivistes et non des hommes repentants, désireux de se corriger, résolus de mieux faire et de racheter leurs forfaits par une conduite sans reproche.

« Qu'on ne l'oublie point, la crainte de la justice humaine ne les a pas retenus sur la pente glissante du vice, parce que l'espoir de n'être pas découverts et l'idée de s'évader s'ils sont saisis hantent sans cesse l'esprit des criminels.

« Or, qui pourra rendre à ces infortunés assez de foice morale pour imposer une digue à leurs mauvais instincts?

« Qui sera assez puissant pour ramener dans ces esprits et ces cœurs flétris par le vice, l'idée du devoir, le sentiment de l'honneur, du droit et de la justice, fondement nécessaire de l'ordre social? La religion seule par ses sublimes enseignements ; encore sa tâche sera-t-elle ardue, car il peut se faire que pendant longtemps un bon nombre restent sourds à sa voix ; mais la divine semence, arrosée par la grâce, à l'heure marquée par la Providence, ne manquera point de porter d'heureux fruits, sinon durant la vie, du moins au dernier moment du criminel.

« Il est donc, on a pu s'en convaincre, de la plus haute importance, pour l'amendement des détenus, je dirai plus, il est de toute nécessité d'établir un aumônier de chaque culte, uniquement chargé du soin spirituel de ces pauvres déchus. Il faudra que le prêtre catholique surtout à qui incombera cette belle et grande mission, cette tâche régénératrice, ne rougisse jamais de se considérer comme le père de ces malheureux.

« Il faudra qu'au nom de Jésus-Christ qui a tant fait pour les sauver, il aime en Dieu et pour Dieu, du fond de son cœur, ces âmes égarées dans le chemin de la perdition, se rappelant les paroles de l'apôtre saint Jacques : « Celui qui ramène à Dieu l'âme de son frère, assure le salut de sa propre âme » ; il faudra que son unique souci, sa seule ambition, d'accord en cela avec Messieurs les Directeurs de chaque pénitencier, soit de les rendre meilleurs et, par tous les moyens possibles, de les faire avancer à pas rapides et sûrs dans la voie de leur relèvement moral. Il devra apporter le plus grand soin pour ne jamais laisser éteindre dans son cœur de prêtre le feu sacré de la divine charité, car elle guidera et soutiendra constamment son zèle à travers les mille difficultés inhérentes à la culture d'une terre abandonnée, couverte de ronces et d'épines. Ce flambeau divin de la charité le rendra, ce zèle, infatigable et ardent, mais en même temps, pour être plus utile, prudent et éclairé.

« Nous avons vu, par la statistique de l'instruction de chaque détenu, que le plus grand nombre était totalement illettré. L'instruction religieuse, dès lors, nous pouvons en être bien certains, sera chez eux sinon nulle, du moins fort peu développée. De là, très certainement, ces chutes de tout genre dans la honte et la dégradation.

« L'aumônier, homme d'expérience, de savoir, et habile dans la connaissance du cœur humain, comprendra donc que son premier devoir consistera à les instruire solidement de toutes les vérités religieuses qu'il est nécessaire à l'homme de connaître pour parvenir à ses destinées éternelles.

« Il devra, comme le ferait un curé de paroisse ayant charge d'âme, au moins une fois la semaine, dans chaque pénitencier, faire ce que j'appellerai un cours de catéchisme raisonné. Il exposera la doctrine catholique d'une manière simple, claire et facile, afin de faire mieux comprendre et de se mettre plus facilement à la portée des intelligences les plus incultes. Chaque dimanche et jour de fête d'obligation, il leur rompra abondamment le pain de la parole de Dieu, et, pour le rendre plus substantiel et plus nutritif pour leurs âmes, il le préparera avec soin.

« Pour ressembler au divin Maître, pour retracer fidèlement en lui l'image du bon Pasteur, du Pasteur par excellence, qui pourrait dire : « Je connais mes brebis et mes brebis me connaissent », du Pasteur qui sacrifia sa vie pour ses ouailles, il fera une étude constante et approfondie du cœur des détenus, afin d'en découvrir la fibre sensible pour la faire vibrer vers le bien. Il cherchera à connaître leur caractère, leurs habitudes, leurs instincts et leurs passions, afin de se rendre un compte plus exact des causes de leurs chutes et pouvoir ainsi apporter des remèdes plus sûrs aux plaies morales qui les rongent. Il verra souvent ceux qui lui sont confiés et, comme un bon

père au milieu de ses enfants, s'informera de leur conduite, pour les louer, les encourager quand elle sera
bonne, les blâmer et les réprimander quand ils auront
mal fait.

« Il veillera à ce que la prière du matin et du soir soit
faite par tous, avec piété, foi et respect; car la prière
bien faite sera pour eux comme une rosée céleste. Elle
ne saurait manquer de rafraîchir et vivifier ces âmes
brûlées par l'ardeur des passions et fortifier ces cœurs
abattus par les orages de la vie.

« Mais là surtout où l'aumônier devra concentrer tous
ses efforts, tourner toute sa sollicitude, ce sera pour
amener ses brebis égarées à la fréquentation des sacrements. Le sacrement de Pénitence, en effet, dignement
reçu, pas un catholique digne de ce nom ne l'ignore, est
le sacrement de la réconciliation, du relèvement et de la
régénération morale par excellence. Et dans le sacrement
de l'Eucharistie ils retrouveront, avec la grâce qui est la
sève de l'âme, force et courage dans les luttes pour le
bien contre le mal ; car le Sauveur l'a dit : « Dans la
fuite du vice et la pratique de la vertu, sans moi vous ne
pouvez rien faire. »

« C'est ainsi qu'insensiblement il fera rentrer dans ces
cœurs desséchés le sentiment chrétien et simultanément
leur rendra le sens moral oblitéré en eux par les instincts
mauvais.

« Pour occuper utilement leurs loisirs, comme récréation et comme récompense, il fournira de bons livres à
ceux qui sont capables de les utiliser.

« Au chevet des malades, il laissera déborder son
ardente charité ; car, pour un certain nombre, c'est
l'heure de la grâce, de la miséricorde et du pardon ;
heure tardive, il est vrai, mais néanmoins heure bénie
pour le pasteur vigilant puisqu'il sait que sa brebis
perdue sera sauvée.

« A l'expiration de leur peine, sa vive sollicitude ne les

abandonnera point encore; car il s'efforcera de leur procurer des places et du travail, pour les mettre à même de gagner honorablement leur vie.

« Oh ! pour ce cœur de père, quel beau jour que celui où, par ses soins, il pourra rendre ces pauvres dévoyés, justes et bons à la patrie et à la société ! Ange de la paix et de la charité, il méritera alors, ainsi que les nobles Magistrats qui l'auront, de concert avec l'autorité diocésaine, chargé de sa mission régénératrice, le glorieux titre de : **bienfaiteur de l'humanité** déchue. »

C. — OFFICIER DE SANTÉ

Le service de santé dans nos pénitenciers est confié à M. le docteur Esseiva, médecin-chirurgien, ancien chirurgien-major au service du Saint-Siège, Vice-Président et secrétaire de la Commission de santé du canton de Fribourg, lequel remplit ses fonctions avec un dévouement tout paternel depuis le 29 septembre 1857.

Grâce à ses talents, à sa régularité, à l'amour de l'humanité inspiré par l'art médical et ses profondes convictions religieuses, à sa modestie, il est reçu au milieu des détenus, même des plus endurcis, comme un père au milieu de ses enfants.

D. — GARDIENS

Pour la surveillance des détenus et la sûreté des pénitenciers, il est établi, sous les ordres de chaque Directeur, un corps de gardiens dont le nombre est proportionné à l'effectif des détenus. Ils sont nommés par la Direction de la Police cantonale sur la proposition du Directeur. Ils sont soumis à la discipline et au code militaire et revêtent la qualité d'agents de la force publique.

Leur service et leurs devoirs sont déterminés par le règlement qui les concerne et qui fixe les compétences.

Dans les maisons principales et dans chaque chantier détaché, un gardien-chef, ayant grade de sergent, est désigné pour recevoir et communiquer les ordres, pour surveiller les autres gardiens et pour représenter le Directeur.

L'on a maintes fois, dans les réunions pénitentiaires et les Congrès internationaux, discuté les voies et moyens à prendre pour obtenir de bons gardiens. Plusieurs voix se sont élevées et ont demandé l'établissement d'écoles normales pour leur formation ; d'autres, s'opposant à ce système, préféraient patronner celui du stage, c'est-à-dire celui de l'essai de l'individu employé d'abord à titre provisoire dans le pénitencier ; ils font observer que, si la théorie est une excellente chose, dans les fonctions que remplissent les gardiens de détenus, la pratique doit être prise la première en considération. C'est ce dernier point de vue qui a toujours dirigé l'autorité cantonale fribourgeoise, appuyée par les différents directeurs de nos pénitenciers. Nous savons qu'en 1874 des cours théoriques ont été donnés en Suisse aux employés de prisons, que plusieurs gardiens-chefs de différents pénitenciers les suivirent ; mais nous doutons que l'essai ait été complet, car il fut décidé de le renouveler et de recommander aux directions des pénitenciers d'organiser pour les employés des conférences hebdomadaires, une bibliothèque, etc. En outre on arrêta de fonder un journal périodique pour les fonctionnaires des établissements pénitentiaires.

Excellente disposition, mais qui, à notre point de vue, ne peut l'emporter sur l'aptitude qu'acquiert un gardien par la pratique ; c'est ce qui a été démontré par la suite. Aussi sommes-nous heureux que le système suivi *pour la formation de nos gardiens* soit celui qui a rencontré le plus de faveur et qui a été chaudement recommandé par M. le Conseiller d'Alinge, directeur du pénitencier de Zwickau, lequel s'exprime comme suit :

« Tout en admettant l'importance de rendre les employés

de prison aussi aptes que possible aux fonctions difficiles et délicates qu'ils ont à remplir envers les détenus, je doute cependant qu'une éducation spéciale soit nécessaire, et je crois qu'une institution pour former les employés n'est pas pratique pour les raisons suivantes :

« 1° Une éducation semblable déplacerait le centre de gravité et donnerait trop d'importance au développement scolaire des aspirants, sans élever en général les moyennes relatives à d'autres aptitudes. Il semble, au contraire, préférable de choisir pour le service pénitentiaire des éléments meilleurs, et le besoin de former des employés dans les écoles spéciales ne se fera plus sentir.

« Le plus grand inconvénient de l'organisation actuelle consiste, en fait, dans la nécessité de confier les postes de gardiens à des individus qui ne possèdent pas d'aptitudes pour ce service.

« 2° Les qualités indispensables d'un bon employé de prison sont et doivent être : une grande force de caractère ; une fermeté inébranlable dans son maintien et sa manière d'agir, la sévérité dans l'exercice de ses fonctions, et toutes ces qualités doivent être alliées à un sentiment très vif du malheur et des misères des détenus. Au moyen de leçons données dans une école spéciale, il est peut-être possible de développer ces qualités. Mais, à coup sûr, l'école ne serait pas capable de les créer et de les fonder.

« 3° Les fonctions d'un gardien surveillant sont *telle-ment pratiques* de leur nature, qu'elles ne peuvent s'acquérir que *par la pratique,* de sorte qu'il serait en tous cas nécessaire de faire entrer dans le programme d'une école spéciale l'*élément pratique* à côté des leçons théoriques.

« 4° Les essais d'écoles normales faits jusqu'à présent n'ont pas réussi. Aussi, pour résoudre la question, je propose :

« *a*) D'élever le traitement de ces employés, afin de pouvoir recruter pour le service des prisons des personnes possédant les aptitudes nécessaires et surtout une culture intellectuelle suffisante ;

« *b*) D'élaborer un programme des qualités et conditions morales et physiques que doivent posséder les aspirants à ce service ;

« *c*) Quand un candidat aurait subi cette épreuve, de l'admettre à titre provisoire dans un établissement pénitentiaire dirigé par un homme capable ;

« *d*) De ne lui donner un emploi définitif que lorsqu'il aurait prouvé son aptitude pendant un temps qui ne devrait pas dépasser une année. Au cas où il ne remplirait pas les conditions voulues, il serait renvoyé après avoir reçu une indemnité ou une gratification pour son année d'épreuve. »

Il appartient donc au Directeur d'un pénitencier d'étudier avec soin quel est le degré d'intelligence, d'aptitude et de conduite qu'a toute personne qui passe son stage d'aspirant au poste de gardien, et de ne jamais présenter à l'administration supérieure, pour le remplir, un homme qui n'aurait pas les conditions qu'exige la surveillance des détenus.

E. -- DÉTENUS

L'étude du caractère des détenus, considérée au point de vue général et surtout isolément, tel est le programme presque unique que s'imposent le Directeur, l'Aumônier et les gardiens désignés pour accomplir leur réformation morale. Les bien connaître, c'est la science de ceux qui sont commis à leur garde. Cette science est d'autant plus difficile à acquérir que l'ensemble des détenus présente des diversités ou des différences qui ont pour base l'âge, l'esprit national, les tendances, les vices et les défauts, la première faute ou la récidive, etc.

Simultanément avec leurs dispositions au mal, les détenus apportent au pénitencier des qualités et des connaissances. Chez les uns et généralement chez ceux qui y arrivent pour la première fois, leurs défauts et leurs qualités ne se révèlent pas immédiatement comme chez ceux qui ont déjà bu la première honte et dont les instincts, jadis manifestés, prennent un caractère plus audacieux. Timides d'abord, on voit les premiers se livrer à la réflexion, à l'observation, puis, selon leur trempe, ils se déterminent à reprendre courage ou à se laisser aller à l'abattement. On voit combien il importe d'user à leur égard de procédés conformes à la force ou à la faiblesse de leur caractère. Bien saisir le premier mouvement qui se manifeste, le diriger d'une manière compatissante, réveiller le sentiment religieux ou le faire naître, telle est la tâche délicate, la mission sublime d'un homme qui se dévoue à la garde de ces malheureux. Les traiter tous d'une manière égale, avec les mêmes procédés, serait une imprudence coupable et une ineptie notoire.

Les détenus de nos pénitenciers confiés à notre surveillance se subdiviseraient, sous le rapport des caractères, en autant de formes qu'il y a d'individus; le classement n'en serait guère possible. Cependant, comme moyen d'amendement, le code pénal fribourgeois rend obligatoire le travail à l'extérieur ou à l'intérieur, suivant les forces de l'individu, bien qu'il appelle réclusion ou détention la nature de la peine.

On voit, dès le premier jour de son arrivée au pénitencier, le détenu laborieux, industrieux et soucieux de son avenir, entreprendre de lui-même un travail manuel. Le contraire se rencontre chez celui qui a des habitudes de paresse, d'oisiveté; il attend qu'on l'appelle, qu'on lui commande, qu'on lui prescrive et qu'on le pousse. Le premier s'impose un travail extraordinaire qui remplit tout son temps, tandis que le second cherche à occuper le moment du repos ou de la récréation par quelque chose de futile, quand il n'est pas contraire à l'ordre ou à la tranquillité de ses compagnons.

Nos détenus aiment le système de la promiscuité introduit dans nos pénitenciers depuis leur fondation, parce qu'ils sont généralement sociables. Ce système, qui a beaucoup d'inconvénients, nous le reconnaissons, surtout pour la nuit, offre cependant des avantages incontestables au point de vue du travail et du perfectionnement des petites industries qui se pratiquent, même dans les baraques des chantiers en dehors des heures réglementaires de travail. Beaucoup de détenxs qui pratiquent et connaissent un métier, sont assez charitables pour enseigner à leurs camarades les notions de leur profession; nous dirons même qu'il s'établit entre eux une espèce de solidarité qui produit d'heureux effets pour la tranquillité générale d'une chambrée ou d'une baraque. Ces effets se perpétuent au delà de la libération. Nous avons vu beaucoup d'exemples qui seraient à eux seuls tout un enseignement. Nous ne pouvons résister à retracer celui qui nous a été raconté en février dernier. Nous avons vu libérer un jeune homme qui avait reçu de sa commune d'origine des habillements convenables pour se présenter chez des agriculteurs et y solliciter une occupation. La saison en février n'est pas propice pour trouver une place. Or, se retrouvant à l'endroit où il avait travaillé comme forçat, il rencontra ses anciennes connaissances. Celles-ci devinèrent son manque de ressources et la faim qui le poussait, se cotisèrent entre elles et parvinrent à lui remettre une somme de trois francs et du pain; ce qui lui permit de prolonger ses recherches sans être forcé de recourir à la mendicité, délit qui, pour un grand nombre, est envisagé comme plus coupable que le vol.

Si nous avons rencontré dans nos détenus très peu d'instruction scolaire et religieuse, nous pouvons cependant constater, chez un grand nombre, l'amour du travail; nous sommes heureux surtout de trouver de l'adresse, de l'intelligence naturelle, du raisonnement, du bon sens et beaucoup de franchise sur les questions qui ont rapport à leurs travaux. Les uns excellent même dans l'amour-propre relatif à leur fabrication ; on les voit avec plaisir se livrer à des travaux très remarqués dans les concours ou expositions, et ce n'est pas sans bonheur que nous pouvons exhiber dans nos maisons pénitentiaires des diplômes fort mérités.

Le bien dont nous sommes heureux de rendre témoignage s'étend surtout sur la discipline. Nous avons, il est vrai, quelques caractères rétifs et quelques natures rebelles, mais ce sont des exceptions et ces exceptions ne rencontrent généralement que la désapprobation parmi les détenus. Le plus grand nombre se soumettent facilement, non seulement au règlement, mais encore aux désirs exprimés par leurs supérieurs. Il en est même qui accomplissent avec zèle des ordres donnés, surtout lorsqu'on sait y ajouter un peu de confiance. J'ajoute que la grande majorité des détenus, même de ceux qui sont condamnés à perpétuité, ne cherchent pas à se soustraire à l'action de la justice ; mais il faut le dire aussi, des mauvais traitements les rendraient indomptables, et l'espérance même éloignée de l'abréviation de leur peine, par voie de grâce, leur fait maintenir une bonne conduite, une obéissance relative et un travail assidu. En effet, l'art. 94 du Code pénal prévoit que la grâce peut être accordée aux détenus condamnés à perpétuité, lorsqu'ils ont subi 20 ans de leur peine ; à ceux condamnés à temps limité, lorsqu'ils ont subi les deux tiers de leur peine s'ils sont en première faute, et les trois quarts seulement lorsqu'ils sont en récidive.

La loi du 20 novembre 1877, dans son art. 38, accorde à ceux qui n'ont pas été au bénéfice de la grâce une remise du 10 % de leur peine, si leur conduite a été exempte de peines disciplinaires. Ces dispositions législatives produisent sur le détenu un effet plus moralisateur qu'un régime intimidant, et nous ne connaissons pas de mesure plus sage que celle qui a été adoptée ainsi par le Grand Conseil ; elle prévient mieux les évasions, les mutineries, les révoltes que tous les moyens que l'on pourrait inventer pour les réprimer.

Les peines pour délits correctionnels étant beaucoup moins longues et le plus grand nombre étant inférieures à une année, il s'ensuit que les détenus de la Maison de correction n'ont pas tous l'avantage de ceux de la Maison de force, d'être libérés avec des connaissances industrielles acquises pendant leur détention. Les économies faites sur leur pécule étant également peu considérables, on s'explique, comme nous l'avons déjà dit, la moyenne plus élevée du nombre des récidivistes.

En somme, sans vouloir nous apitoyer plus que de raison sur l'état des détenus, sans vouloir surtout chercher à excuser les motifs qui les ont amenés en réclusion ou en détention, nous ne devons pas seulement étendre une paternelle sollicitude sur celui qui rachète ses fautes, car l'expiation est un acte de douleur morale et physique qui a droit au respect, à la miséricorde ; mais nous devons aussi, et c'est là une de nos obligations les plus chères, souhaiter que cet acte de douleur, que nous apprécions à la balance de la justice, soit couvert par un acte de plus haut intérêt de la part des gouvernements.

Si nous en exceptons quelques hommes retenus dans le pénitencier par les infirmités, les maladies, la sentence des tribunaux ou l'aptitude aux emplois du service intérieur, les détenus du sexe masculin sont employés à la construction des routes cantonales décrétée par le Grand Conseil. A cet effet, des baraques sont construites sur les divers chantiers et, les formalités d'écrou accomplies, les détenus y sont transférés et remis aux ordres du gardien-chef qui remplit également les fonctions de piqueur des travaux de l'administration cantonale des Ponts et chaussées, relevant de la Direction des Travaux publics.

En raison de la nature de leurs travaux en plein air, ils reçoivent une quantité de nourriture déterminée ci-après, dont ne sont pas gratifiés ceux qui restent à la maison pour l'un des motifs indiqués ci-dessus.

La durée des heures réglementaires de la journée de travaux publics varie suivant la saison, mais ne peut dépasser les 6 heures du matin et les 6 heures du soir. Les dimanches et les fêtes, ainsi que les jours de mauvais temps, sont des jours de chômage. Les détenus peuvent profiter de ces derniers pour se livrer à leur compte personnel à des travaux manuels, tels que vannerie, nattes, chaussons, cassettes, etc., dont le produit leur est abandonné et avec lequel ils se procurent des aliments de leur choix ou accroissent leur pécule pour leur libération.

La nature de ces travaux leur donne de l'appétit, conserve leurs forces et leur santé, occasionne une somme de fatigue profitable au sommeil de la nuit et aux heures de repos, et enfin garantit la moralité comme les travaux de la campagne influent sur le bien-être et la santé du cultivateur. Ce système est loin d'être mal vu par les détenus qui, en général, le préfèrent au régime de la réclusion dans lequel sont tenus ceux de leurs compagnons employés à la maison, à l'exercice d'un métier ou au service intérieur.

Le Directeur du pénitencier est tenu de leur faire des visites régulières, à l'occasion desquelles ils peuvent lui soumettre leurs demandes, leurs besoins et leurs réclamations.

Les travaux à l'extérieur sont interdits aux femmes. Elles sont employées soit au service de la maison pour le blanchissage du linge, pour la couture, le tricotage, etc., soit à des industries introduites par les soins du Directeur. Dans le premier cas, elles reçoivent une indemnité en rapport avec la valeur de leur travail, et dans le second, la moitié du produit leur est abandonné. Dans les deux établissements, les industries pratiquées par les détenues sont le tricotage à la machine et le cartonnage.

A la Maison de force, les hommes employés à l'industrie sont les tisserands, les cordonniers, les vanniers, tailleurs, horlógers, etc. On a de plus introduit, l'année dernière, la confection des cahiers pour les écoles primaires du canton. A la Maison de correction, où le nombre des détenus en réclusion est très restreint, il n'y a que les cordonniers, le tailleur et le menuisier qui soient employés habituellement et exclusivement pour le service de la maison. Par contre, la plupart des femmes sont occupées à l'atelier de tricotage, de fabrication de babouches, cartonnage, etc., lequel a permis depuis quelques années à 28 personnes d'apprendre un état rémunérateur et de se placer, au sortir du pénitencier, dans différentes fabriques.

Lorsque les détenus fournissent eux-mêmes les matières premières de la fabrication, il n'est prélevé que le quart sur le produit de leur travail, tandis que dans le cas contraire on leur retient la moitié de leurs recettes. Les cordonniers, tailleurs et autres, travaillant au service de la maison, reçoivent, en compensation, une gratification proportionnée à l'importance de leur travail.

La grave question du travail industriel dans l'intérieur des pénitenciers a été largement discutée au sein du Congrès pour la réforme pénitentiaire, tenu à Fribourg en septembre 1887, et présentée sous un jour brillant par M. le rapporteur Chicherio, Directeur du pénitencier de Lugano, lequel, dans les conclusions de son rapport, demandait l'introduction obligatoire, dans tous les pénitenciers, du travail industriel.

Déjà, au sein de ce même congrès, nous nous sommes permis de présenter nos réserves sur les conclusions de l'honorable rapporteur, et nous formulions les deux propositions suivantes qui n'ont pas été combattues :

1° Le travail à l'intérieur doit être recommandé plutôt pour les pénitenciers placés dans un centre essentiellement industriel ;

2° Dans les pénitenciers placés au milieu d'une population agricole, les travaux des champs et des routes sont préférables ; ils peuvent être combinés avec le travail industriel, pourvu que les produits de ce travail ne dépassent pas les besoins de la maison, à moins qu'il ne s'agisse d'une industrie nouvelle qui ne pourrait nuire aux industries existantes et au travail de l'honnête artisan.

Nous estimons que le travail industriel dans nos pénitenciers est une institution défectueuse pour un pays agricole comme le nôtre. Il y a plusieurs années, à la suite de l'introduction de ces sortes de travaux, les maîtres d'état et chefs de petites industries avaient formulé des plaintes contre la concurrence des métiers pratiqués par les détenus. A Fribourg, nous avons supprimé autant que possible ce travail industriel des pénitenciers ; les détenus qui ne sont pas employés aux travaux des routes sont occupés aux traveaux nécessaires à la maison ou bien à la confection d'articles qui ne font pas concurrence au travail de l'honnête artisan, par exemple, la confection de babouches, le tressage de la paille, le tricotage à la machine, le tissage de la toile ; puis lorsque les demandes, dans les fabriques, sont pressantes, nos détenus s'occupent de la confection de boîtes de carton, cornets, cahiers, etc. Que dirait-on si nous installions dans nos pénitenciers, et pour un modeste centre comme Fribourg, par exemple, un atelier de cordonnerie et un autre de tailleurs d'habits, occupant chacun d'eux de 10 à 20 personnes, qui seraient constamment employées à la confection des chaussures et des habillements militaires ? L'on nous accuserait, et avec raison, d'enlever à un grand nombre de familles le pain quotidien qui sert à nourrir et à élever une fraction de notre population ouvrière et à maintenir dans la voie du bien des individus qui, sans ce travail industriel, seraient peut-être réduits à la misère, à la mendicité, et par elles deviendraient des délinquants ou des criminels. C'est alors que l'on pourrait raisonnablement demander la réforme pénitentiaire.

Nous sommes persuadé que les divers travaux exécutés dans nos pénitenciers ne nuisent pas à l'industrie de la localité ; mais si nous voulions, comme on l'a demandé, aller jusqu'à faire travailler nos détenus à la confection d'objets à l'usage des institutions entretenues par l'Etat, puis à en répandre les produits sur un grand nombre de marchés, à nous mettre au rang des entrepreneurs de constructions, etc., nous amènerions une perturbation onéreuse et nous verrions s'élever des plaintes justifiées, telles que celles qui ont été adressées aux gouvernements de Neuchâtel, de Zürich et de Berne.

Aussi l'Etat de Berne, ayant reconnu le fondé de ces réclamations, emploie-t-il une certaine catégorie de détenus aux travaux agricoles de ses colonies : il étudie le système suivi jusqu'à ce jour dans le canton de Fribourg, c'est-à-dire l'emploi de ses détenus aux constructions de nouvelles routes.

F. — RÉGIME ALIMENTAIRE

Conformément au règlement du 2 janvier 1871, concernant la nourriture et le pécule des détenus des Maisons de force et de correction, il est accordé à ceux qui se trouvent à la maison, 3 rations de soupe par jour (2 pots), le matin, à midi et le soir. Ces soupes sont substantielles et variées, et elles sont au riz, au gruau, aux légumes verts de jardin, aux pommes de terre, aux haricots, aux pois, au pain, etc.

En outre chaque détenu reçoit par jour : les hommes 750 grammes de pain de bonne qualité, et les femmes 625 grammes ; plus, le jour de Pâques et le premier dimanche d'octobre (Rosaire), chaque détenu reçoit 500 grammes de viande.

Les détenus détachés aux travaux des routes, de ter

rassements, reçoivent également trois rations de soupe, avec supplément, 1 kilog. de pain, plus un supplément de 125 grammes, ainsi que 250 grammes de viande par jour.

L'officier de santé prescrit en outre, pour les détenus qui se trouvent à l'infirmerie ou en convalescence, des demi-extra ou des extra complets, selon le cas.

Le demi-extra comprend 4 panades par jour ou 2 rations de lait et 2 de panade. — L'extra se compose de 2 rations de lait, matin et soir, et à midi une ration de viande et de légumes, ou, selon les prescriptions, d'œufs frais et d'aliments légers.

Ce régime très substantiel convient à nos détenus, et pour autant qu'ils reçoivent une nourriture saine et que les Directeurs tiennent strictement aux prescriptions du cahier des charges, acceptées par les fournisseurs, nous n'avons pas entendu récriminer contre notre régime alimentaire.

Il a été créé dans nos pénitenciers un service de cantine, lequel n'est pas précisément autorisé par les règlements que nous avons sous les yeux, mais qui existe depuis un grand nombre d'années, ce qui permet aux détenus de se procurer, en sus du régime ordinaire, du café, du lait, de la viande, des légumes et du vin.

Le règlement cité plus haut autorise, sur la déclaration du médecin, attestant la nécessité de l'usage du vin, de fournir à chaque détenu et à ses frais, 2 chopines de vin par semaine ; et, sans autorisation, il peut lui être livré, les jours de Pâques et du Rosaire, une chopine.

Il dispose également de son pécule sur l'autorisation du Directeur, pour se procurer quelques adoucissements favorables à sa santé, tels que pain blanc, lait, café, etc.

Ce système de cantine, nous le reconnaissons, a donné lieu, plus d'une fois, à bien des abus et a occasionné des désagréments à l'autorité supérieure. C'est peut-être là, principalement, l'objectif qui pousse diverses personnes à se livrer à des critiques trop malveillantes contre l'administration; ces critiques auraient parfaitement pu être évitées si les personnes chargées de la direction des pénitenciers s'en étaient tenues à l'observation rigoureuse du règlement et si elles n'avaient pas profité de la situation du pauvre détenu.

Aussi, pour éviter à l'avenir toute discussion, tout reproche que reçoit à ce sujet la haute administration des pénitenciers, pour détruire des accusations mal fondées et empêcher des personnes de se faire l'écho trop facile d'insinuations malveillantes, nous croyons qu'il serait bien de supprimer le service de cantine pratiqué dans nos pénitenciers.

Nous ne voulons pas, par là, reconnaître que la cantine ne soit pas utile et même nécessaire dans un pénitencier; mais il est triste d'avoir à dire que nous devons tenir compte de l'esprit étroit d'une partie de notre population, car ce qui se passe dans nos pénitenciers, sous le rapport de la cantine, se passe non point seulement dans ceux du canton de Fribourg, mais dans la plus grande partie des pénitenciers suisses; c'est aussi le sytème suivi dans presque tous les pénitenciers de l'Europe.

La question de l'alimentation des détenus au point de vue hygiénique et pénitentiaire a été largement discutée et présentée au sein du Congrès international tenu à Rome en novembre 1885. Elle s'est posée comme suit :

« Le règlement intérieur de vos pénitenciers autorise-t-il les condamnés à faire usage de la cantine, c'est-à-dire à se procurer des suppléments de nourriture ? »

Les représentants des pénitenciers russes répondent comme suit : « Ce n'est permis que dans les prisons préventives et dans les prisons des transportés. »

Ceux d'Autriche Pays-Bas, Belgique, Espagne, Italie, Suède, Suisse (canton du Tessin), répondent affirmativement.

Baden. — Comme encouragement, le directeur d'un

pénitencier peut accorder la vente de pain, beurre, lait, fromage, pommes de terre, fruits, œufs, harengs et tabac à priser. L'Administration livre ces choses au remboursement. Mais ces encouragements ne sont accordés que fort rarement, excepté le lait et le tabac. Dans les prisons de province et d'arrondissement, les prévenus et certains condamnés à détention simple (Haft) jouissent du pouvoir révocable de se procurer une autre nourriture, ainsi qu'en quantité modeste, du tabac à priser, du vin ou de la bière.

Hongrie. — Les prisonniers ne peuvent faire usage de la cantine que très exceptionnellement. Seulement les prisonniers de bonne conduite et qui gagnent assez au travail peuvent dépenser 1/5 de leur pécule.

Danemark. — Oui, il est permis aux condamnés de faire usage de la moitié de leurs appointements pour se fournir des suppléments de nourriture.

Canton de Vaud. — Oui, pour ceux de la 3° classe.

Enfin, canton de Bâle. — Oui, mais seulement pour la moitié de leurs revenus et pour 6 francs par mois au *maximum*.

La cantine est aussi autorisée dans les pénitenciers de France.

Nous venons de voir que la cantine est en usage dans presque tous les pénitenciers d'Europe, à la tête desquels se trouvent des savants et surtout des spécialistes qui s'occupent sans trêve de la réforme pénitentiaire, et, malgré leur grande pratique, ils n'ont point jugé nécessaire de supprimer la cantine dans leurs maisons. Or, ce qui se passe dans l'intérieur des pénitenciers modèles de la Belgique, etc., est regardé chez nous comme un comble d'abus immoraux, intolérables. Nous laissons au lecteur le soin d'apprécier ces accusations. Quant à nous, si nous avons demandé la suppression de la cantine, c'est pour mettre un terme à des accusations déplacées. Les abus doivent être réprimés, mais il faut, d'un autre côté, que le détenu rencontre, lorsque sa conduite est bonne, lorsqu'il se livre au travail avec courage, lorsqu'il montre du repentir, il faut, disons-nous, qu'il rencontre de la consolation, de l'adoucissement et quelques faveurs par un équivalent à la cantine, à moins que le régime alimentaire ordinaire ne soit établi sur un pied qui réponde à ces faveurs.

Une seconde accusation portée contre nos règlements est la suivante : L'on autorise la cantine à l'intérieur, et, d'un autre côté, on refuse aux familles des détenus la faculté de leur apporter des suppléments de nourriture. Cette accusation a trouvé son écho jusqu'au sein du Congrès que nous venons de citer, et les représentants ont été appelés à répondre à la question suivante :

« Autorise-t-on les condamnés à recevoir des suppléments de nourriture de leur famille ? »

L'Autriche, les Pays-Bas, la Suède, Baden, la Hongrie, la Suisse (Tessin, Vaud, Neuchâtel, Bâle), le Danemark, la Belgique, la Norwège, l'Italie, répondent : Non.

Nos règlements décrétés par la haute Administration ne répondent pas autrement que ceux des pays désignés ci-dessus. L'on nous dispensera de traiter plus longtemps les deux questions citées sous la rubrique « Régime alimentaire. »

Nous croyons que les extraits de la discussion du Congrès pénitentiaire de Rome, placés sous les yeux du lecteur, suffiront pour réfuter les accusations portées contre le système du régime alimentaire suivi, jusqu'à ce jour, dans nos pénitenciers.

Nous nous permettons pourtant, en prévision de la suppression de la cantine, de présenter ici un projet de régime alimentaire qui conviendrait également à la constitution physique de notre population, sans augmentation sensible de dépenses pour l'État :

RÉGIME ORDINAIRE POUR LES DÉTENUS AU PÉNITENCIER

DIMANCHE	Litres ou Kilogs	LUNDI	Litres ou Kilogs	MARDI	Litres ou Kilogs	MERCREDI	Litres ou Kilogs	JEUDI	Litres ou Kilogs	VENDREDI	Litres ou Kilogs	SAMEDI	Litres ou Kilogs
Pain, hommes..	0,750	Pain, hommes.	0,750	Pain, hommes..	0,750	Pain, hommes.	0,750	Pain, hommes..	0,750	Pain, hommes.	0,750	Pain, hommes.	0,750
» femmes..	0,500	» femmes.	0,500	» femmes..	0,500	» femmes.	0,500	» femmes..	0,500	» femmes.	0,500	» femmes.	-0,500
REPAS DU MATIN Café au lait....	5 décis	**REPAS DU MATIN** Soupe au riz..	1 litre	**REPAS DU MATIN** Cacao.........	5 décis	**REPAS DU MATIN** Soupe au riz..	1 litre	**REPAS DU MATIN** Café au lait....	5 décis	**REPAS DU MATIN** Soupe au gruau d'avoine......	1 litre	**REPAS DU MATIN** Cacao.........	5 décis
REPAS DE MIDI Bouillon....... 5 décis Viande bouillie. 100 gr. Légumes secs.. 70 »	5 décis	**REPAS DE MIDI** Soupe, haricots 5 décis Légumes verts ou secs...... 150 gr. Fromage maigre......... 50 »	5 décis	**REPAS DE MIDI** Soupe (choux navets)....... 5 décis Viande bouillie ou salée...... 100 gr. Légumes...... 70 »	5 décis	**REPAS DE MIDI** Soupe aux herbes......... 5 décis Légumes...... 150 gr. Fromage maigre......... 50 »	5 décis	**REPAS DE MIDI** Soupe au gruau. 5 décis Lard, saucisse.. 50 gr. Légumes secs.. 150 »	5 décis	**REPAS DE MIDI** Soupe, pois... 5 décis Macaronis..... 130 gr. Fromage maigre......... 50 »	5 décis	**REPAS DE MIDI** Soupe, herbes. 5 décis Légumes verts ou secs..... 150 gr. Fromage maigre......... 50 »	5 décis
REPAS DU SOIR Soupe au pain.. 1 litre Fromage maigre 50 gr.	1 litre	**REPAS DU SOIR** Soupe, pommes de terre.....	1 litre	**REPAS DU SOIR** Soupe aux légumes ou bouillie	1 litre	**REPAS DU SOIR** Soupe aux pommes de terre.	1 litre	**REPAS DU SOIR** Soupe aux légumes	1 litre	**REPAS DU SOIR** Bouillie.......	1 litre	**REPAS DU SOIR** Soupe aux pommes de terre.	1 litre

RÉGIME ORDINAIRE POUR LES DÉTENUS AUX CHANTIERS

DIMANCHE	Litres ou Kilogs	LUNDI	Litres ou Kilogs	MARDI	Litres ou Kilogs	MERCREDI	Litres ou Kilogs	JEUDI	Litres ou Kilogs	VENDREDI	Litres ou Kilogs	SAMEDI	Litres ou Kilogs
Pain..........	0,850	Pain..........	0,850	Pain..........	0,850	Pain..........	0,850	Pain..........	0,850	Pain..........	0,850	Pain..........	0,850
REPAS DU MATIN Café au lait....	8 décis	**REPAS DU MATIN** Soupe au riz..	1 1/2 l.	**REPAS DU MATIN** Cacao.........	8 décis	**REPAS DU MATIN** Soupe au gruau	1 1/2 l.	**REPAS DU MATIN** Lait.........	1/2 lit.	**REPAS DU MATIN** Soupe au riz..	1 1/2 l.	**REPAS DU MATIN** Cacao.........	8 déci
REPAS DE MIDI Soupe aux hari- cots......... Légumes...... Fromage maigre	 1 litre 100 gr. 50 »	**REPAS DE MIDI** Bouillon...... Viande bouillie Légumes......	1 litre 150 gr. 100 »	**REPAS DE MIDI** Soupe au gruau Lard, saucisse.. Légumes secs..	1 litre 100 gr. 70 »	**REPAS DE MIDI** Soupe aux pois Viande salée.. Légumes......	1 litre 100 gr. 70 »	**REPAS DE MIDI** Bouillon...... Viande bouillie. Légumes......	1 litre 150 gr. 100 »	**REPAS DE MIDI** Soupe aux hari- cots......... Bouillie...... Fromage mai- gre.........	 1 litre 150 gr. 50 »	**REPAS DE MIDI** Soupe au gruau Lard, saucisse. Légumes......	1 litre 100 gr. 100 »
REPAS DU SOIR Soupe au pain. Fromage maigre	1 litre 50 gr.	**REPAS DU SOIR** Soupe pommes de terre......	1 1/2 l.	**REPAS DU SOIR** Soupe ou bouil- lie...........	1 1/2 l.	**REPAS DU SOIR** Soupe au pain.	1 1/2 l.	**REPAS DU SOIR** Soupe pommes de terre......	1 1/2 l.	**REPAS DU SOIR** Soupe au pain. Pommes de terre frites........	1 litre 100 gr.	**REPAS DU SOIR** Soupe ou bouil- lie...........	1 1/2 l.

Pour terminer ce chapitre nous avons cru bien faire de placer sous les yeux du lecteur le prix de revient que coûte à l'Etat le détenu placé dans les pénitenciers fribourgeois ; quoique la journée de détention soit un peu plus élevée que celle de l'un ou l'autre des pénitenciers suisses, nous croyons que, malgré toutes les améliorations qu'on pourrait y apporter, il serait difficile de la faire descendre beaucoup plus bas qu'on n'y est parvenu pendant le meilleur exercice de ces huit dernières années, époque où non seulement le prix de revient a été diminué (Correction) sur l'exercice de nos prédécesseurs, mais pendant laquelle le chiffre des inventaires a augmenté de plusieurs milliers de francs.

Si l'on voulait établir des comparaisons entre le prix de journée des Maisons de correction et de force du canton de Fribourg, avec celui, par exemple, du pénitencier de Lenzbourg, etc., il y aurait lieu de tenir compte de trois facteurs différents :

1° Des frais généraux qui sont occasionnés par le détachement des détenus aux chantiers ;

2° Du manque des ressources que nous pourrions obtenir de colonies agricoles ou de petites propriétés faisant partie du pénitencier et qui serviraient à procurer une partie de l'alimentation à un prix inférieur à celui de l'ordinaire ;

3° Dans la bienveillance que l'Etat accorde aux communes chargées de la construction de nouvelles routes ; elles obtiennent la main-d'œuvre, pendant six mois de l'année, à 1 fr. 30 par jour, et à 80 centimes pendant les six autres mois ; en outre, l'Etat même ne bonifie, pour ses travaux, à la Direction de police cantonale, que le prix de 1 fr. 30 par journée et par individu.

Nous sommes persuadé que, dans d'autres pénitenciers, le prix de journée est plus élevé, ce qui augmente sensiblement les recettes et par là diminue la moyenne du coût de l'entretien. Mais ce n'est qu'un artifice de comptabilité.

Coût de la journée de détention.

		A la Maison de force.	A la Maison de correction.
1878	à	1,06 6/10	0,99 2/10
1879	à	1,07 2/10	0,96 7/8
1880	à	1,08 8/10	0,94 5/6
1881	à	1,02	0,97 1/2
1882	à	1,28	0,97 1/3
1883	à	1,15	0,94 2/3
1884	à	1,15 1/2	0,93
1885	à	1,21 3/4	0,85 3/10
1886	à	1,31 1/3	0,96 2/3
1887	à	1,23 1/3	0,94 2/3
1888	à	1,08 1/4	1
1889	à	1,07 3/4	0,94 1/4

CHAPITRE V

Des constructions.

L'entrée en matière de ce chapitre est pour nous l'une
des plus difficiles. Il est hasardeux de traiter cette
question lorsque l'on n'est pas versé dans les études qui
la concernent.

Nos lecteurs et surtout l'honorable Directeur des Travaux publics du canton de Fribourg nous pardonneront
de traiter superficiellement une matière à laquelle nous
sommes directement amené par la demande de l'introduction, dans tous les pénitenciers, du système cellulaire
mixte.

En parcourant notre travail, l'on aura remarqué que
le bâtiment de la prison centrale laisse très peu à désirer
sous le rapport de la construction et de la distribution ;
qu'à la Maison de correction, des salles de travail, une
infirmerie, des cours de récréation, etc., sont mises à
la disposition des détenus ; qu'à la Maison de force,
quelques changements faciles suffiraient pour obtenir
les améliorations demandées. La pierre d'achoppement
que nous rencontrons et que nous devons ici étudier est
la construction des quartiers cellulaires pour la nuit.
Pour résoudre cette première question, nous avons à
nous demander, d'entrée de cause, s'il faut absolument
renoncer à tout ce qui existe et demander la construction
d'un pénitencier neuf sous le toit duquel seraient placés

tous les détenus en prison répressive, ou si nous devons plutôt tirer parti de ce que nous possédons en l'améliorant, par l'adjonction à chacun des pénitenciers d'un quartier spécialement construit en cellules.

Dans un pays qui demande pour l'agriculture et l'industrie la diminution des impôts, l'augmentation des subsides pour les sociétés agricoles, les concours, etc., des subventions pour les écoles professionnelles, pour le développement des hautes études et des institutions de bienfaisance existantes, etc., faut-il renoncer à nos modestes maisons pénitentiaires qui sont confortables et nous lancer dans de folles dépenses pour la construction d'un nouveau pénitencier ? Nous disons : Non.

Nous ne voulons pas cependant que l'on nous accuse de nous obstiner dans la routine et de vouloir enrayer la réforme pénitentiaire. Aussi présenterons-nous, après notre première étude, un projet, accompagné d'un plan, pour l'établissement d'un nouveau pénitencier auquel serait adaptée une colonie agricole.

Notre opinion est donc qu'avec de modestes dépenses l'on pourrait profiter des bâtiments existants, du verger de la Maison de correction, et construire à l'usage des détenus correctionnels un angle nouveau qui se lierait à la façade Nord-Est de cette maison. Cette adjonction se composerait d'un rez-de-chaussée et de deux étages, lesquels pourraient aisément être distribués en entier pour le service des cellules. Celles-ci seraient établies en deux rangées séparées par un corridor. Les dortoirs utilisés jusqu'à ce jour pourraient servir de salles de travail, d'oratoire, de bibliothèque, de salle d'étude, etc.

En cas de nécessité, ces mêmes cellules pourraient être employées comme cellules de punition.

Pour ce qui est de la Maison de force, nous croyons que l'Etat pourrait acquérir à l'amiable ou exproprier les bâtiments contigus qui appartiennent à la commune de Fribourg et à un particulier, et établir dans ces bâtiments le quartier cellulaire qui est recommandé par toutes les personnes qui s'occupent du sort des détenus et de la réforme pénitentiaire.

Cette nouvelle construction achevée, nous aurions, comme à la Maison de correction, un rez-de-chaussée et deux étages de cellules pour les détenus, et en outre l'emplacement pour une cour de récréation à l'usage de la section des femmes. Le dégorgement du bâtiment actuel permettrait très facilement d'ouvrir une infirmerie pour chaque section, des salles de travail, une lingerie, une salle d'étude et une chambre à l'usage de la bibliothèque.

Nous croyons que ces adjonctions donneraient une satisfaction suffisante aux besoins actuels et que leur coût ne dépasserait pas les ressources de notre modeste pays, surtout si l'on fait entrer en ligne de compte que les détenus eux-mêmes pourraient travailler à la construction de ces adjonctions.

« La règle unique pour la construction des prisons cellulaires, dit M. Krohne, dans son rapport au Congrès de Rome (p. 240), *c'est la simplicité la plus absolue ;* toute ornementation, tout détail superflu, même s'il n'entraînait qu'à une dépense minime, devrait être défendue.

« La force des constructions doit uniquement répondre aux lois de l'art architectural ; et si, pour atteindre ce but, un mur de 50 centimètres suffit, point n'est besoin de porter son épaisseur à 75 ou 100 centimètres, simplement pour les motifs que la construction est destinée à des prisonniers.

« La solidité d'une prison ne dépend pas de la solidité des murs, mais bien plutôt de la bonne disposition des bâtiments pénitentiaires, qui rend possible une inspection facile et permanente et qui empêche toute relation entre les détenus. Elle dépend d'un personnel de fonctionnaires intelligents se sentant à la hauteur de leur tâche. »

Abordant notre seconde idée, celle de la construction d'un nouveau pénitencier, nous présentons un plan établi sur nos données par notre ami M. Schmidt, architecte à Fribourg. Mais avant de le faire passer sous les yeux du lecteur, nous avons dû choisir un emplacement répondant aux exigences que demanderait la construction d'un nouveau pénitencier, surtout si nous voulons y joindre une colonie agricole.

Un pénitencier, a-t-on dit, doit être construit aux abords d'une grande route, à proximité d'une gare de chemin de fer et éloigné de tout centre.

Parcourant tous les emplacements de notre canton qui pourraient répondre à ces conditions, nous nous sommes arrêté au domaine de Grangeneuve (Hauterive), et nous croyons que l'emplacement tout désigné serait le champ de manœuvres. Cet emplacement se trouve, en effet, aux abords de la grande route de Fribourg-Bulle, à proximité de la gare de Matran, et éloigné par une distance respectable de tout centre d'habitations.

Le plan-projet de construction que nous plaçons sous les yeux du lecteur se divise en trois sections différentes destinées :

La première, à l'Ouest, aux détenus condamnés criminellement. Elle se répartit en *deux sous-sections,* l'une destinée aux détenus du sexe masculin et l'autre aux détenus du sexe féminin. Chacune de ces sous-sections comprend, à son rez-de-chaussée, 3 salles de travail, salle de récréation, salle à manger ; au 1er et au 2me étage, 60 cellules desservies par un simple corridor et une chambre d'observations à l'usage des gardiens, plus une chambre pour vestiaire. *La deuxième sous-section,* aussi à l'ouest, est destinée aux détenus du sexe féminin. La distribution est identique à la précédente, avec la seule différence qu'elle ne contient que 40 cellules.

La deuxième section, placée au Nord-Ouest, est réservée aux détenus condamnés correctionnellement.

Elle se compose également de *deux sous-sections* dont chacune est distribuée de la même manière qu'à la section de l'Ouest. Elle contient aussi 60 cellules pour hommes et 40 pour femmes, ainsi que salles de travail, de récréation et réfectoire. Dans chaque sous-section deux cours qui permettent aux détenus de se récréer en commun, tout en établissant la séparation des sexes.

Dans la deuxième sous-section, Ouest, nous trouvons également, attenantes aux salles de travail, une boulangerie et une buanderie avec deux pièces contiguës servant de salles de bains, une pour chaque sexe.

Dans la deuxième sous-section, Nord-Ouest, se trouvent aussi ménagées, à l'usage des détenus, deux cours de récréation, ainsi que différentes pièces servant de cuisine avec ses dépendances, comme aussi deux salles de bains.

Le *quartier des cellules de punition* qui se trouve dans chacune des sous-sections (correctionnels et criminels) se répartit en 5 pièces.

La troisième section, bâtiment d'administration, auquel est adossée une chapelle pour le service religieux, se trouve au centre du service de l'établissement et se répartit de la manière suivante :

Le rez-de-chaussée est distribué comme suit : deux pièces pour bureaux (Directeur et Economat), une pour les réunions de l'Administration supérieure, une spécialement construite pour le parloir; deux logements pour le Gardien-Chef et le Concierge.

Au 1ᵉʳ Etage sont les appartements du Directeur et différentes pièces réservées éventuellement à l'usage des religieuses qui pourraient être appelées à la surveillance des femmes.

Le 2ᵐᵉ Etage comprend deux appartements, l'un pour l'Econome et l'autre pour l'Aumônier.

La chapelle adossée au bâtiment de l'administration est assez élevée pour qu'on puisse placer aux façades latérales des galeries séparées et occupées par les détenus du sexe féminin.

Les détenus du sexe masculin prendraient place à la nef où l'on établirait aussi une séparation complète entre criminels et correctionnels. Les places auraient la forme de stalles et seraient disposées de telle sorte que le détenu voie le maître-autel, la chaire, mais qu'il ne puisse pas voir son voisin, encore moins entrer en relations avec lui.

Il nous est impossible ici d'entrer dans tous les détails du plan-projet qui est présenté; nous nous bornerons à dire que dans les quartiers cellulaires il y aura un escalier allant du rez-de-chaussée jusqu'au galetas. Les escaliers des deux sous-sections sont séparés par un mur de 30 centimètres d'épaisseur afin d'empêcher toute communication entre les sexes. Cependant il y aurait l'une ou l'autre porte de communication pour le service des sous-sections et pour la surveillance. Dans chacune des cages d'escaliers respectifs, se trouvent les lieux d'aisances principaux pour chaque sous-section.

Les combles seront construits de manière à permettre l'établissement de grands séchoirs, ainsi que de chambres spéciales pour le séchage du linge à la vapeur.

Les cours de récréation seront séparées par des murs de 4 mètres de hauteur, de manière à arrêter la vue et empêcher toute communication.

L'établissement sera fermé d'un mur d'enceinte d'une hauteur de 6 mètres, contournant une superficie de 5.500 mètres carrés.

Le devis approximatif nous permet de dire que la construction et l'ameublement de ce pénitencier, dans lequel pourront être placés 200 détenus, demandera une dépense de plus de 1.150.000 francs.

Si le coût de construction, avec l'ameublement, atteint un chiffre qu'on trouvera très élevé, c'est que nous divisons le pénitencier en 5 corps de bâtiments, ce qui nous permet de séparer complètement les correctionnels d'avec les criminels et, en outre, de n'avoir pas les deux sexes sous le même toit.

L'emplacement choisi remplit toutes les conditions désirables, au point de vue tant hygiénique qu'économique ; il offre une surveillance facile et est éloigné, comme on le désire, de tout centre habité.

Nous donnons une description de la cellule qui serait établie dans le nouveau pénitencier :

La cellule a une surface de 10 mètres carrés et un volume d'air de 30 à 40 mètres cubes. Les parois sont crépies et blanchies. Le plancher est en chêne sur bitume et la cellule est couverte par une voûte en briques, crépie et peinte comme les parois. La porte de la cellule est en bois de chêne, de l'épaisseur de $0^m.045$; elle est fixée sur des gonds dans les pieds-droits en pierre de taille. Elle s'ouvre vers l'intérieur de la cellule, et elle est doublée, de ce côté, au moyen de tôle fixée dans le bois par des boulons. La serrure est forte, avec détente au moyen d'un manche ; mais, pour bien la fermer, il est nécessaire d'employer la clef, ainsi que pour l'ouvrir.

Le guichet s'ouvre horizontalement. Le judas, en cuivre jaune, est garni de deux glaces. L'appel se trouve placé dans l'épaisseur du mur ; en poussant un bouton situé dans l'intérieur de la cellule on fait agir une sonnette électrique et en même temps tombe un signal en fer blanc. La fenêtre est garnie d'un châssis en fer avec des glaces ordinaires, elle s'ouvre vers l'extérieur de la cellule. Le châssis s'abat contre une barre de fer de la grille. Cette grille se compose de trois grosses barres de fer carré, placées horizontalement, et d'une quatrième placée verticalement. La cellule est garnie d'un bec de gaz ou de lumière électrique. Un robinet se trouve dans la cellule, un autre à l'extérieur, à la disposition du surveillant, avec des conduites pour l'introduction de l'air pur et pour l'expulsion de l'air vicié. Chaque conduite est munie de soupapes ; le chauffage se fera à vapeur dans des tuyaux qui longent les murs des façades. Dans la cellule existe une conduite pour l'eau potable. Il n'y a pas de lieu d'aisances, mais un vase inodore en fonte, caché dans un placard. Une chaise, une encoignure, une ramassette et un balai complètent le mobilier de la cellule. La couchette en fer se plie de façon à servir de table. Aux parois sont suspendus plusieurs cadres contenant des maximes religieuses, le règlement de la prison, le tarif de la cantine, la liste des avocats, etc.

Le travail des détenus pourra être divisé en trois catégories et répondre aux exigences du présent : l'une *en travail industriel,* auquel seraient occupés une certaine classe de forçats et de correctionnels ; la seconde *en travaux agricoles* pour les *correctionnels seulement,* et la troisième *en terrassements (travaux des routes),* pour l'autre partie des forçats.

La question du travail en plein air a été vivement discutée dans les deux derniers congrès pénitentiaires internationaux, et, en parcourant ces instructives discussions sur la matière, nous avons cru devoir relever, pour le lecteur, l'exposé de M. Prins (Belgique).

« Dans le remarquable exposé qu'il vient de vous faire, M. Brusa vous a signalé l'importance de la 3me question, et je me permettrai de rappeler que M. Beltrani-Scalia l'a désignée, dans son ouvrage sur la Réforme pénitentiaire, comme le nœud de la question pénitentiaire.

« Ce qui est vrai pour l'Italie est vrai partout ; partout en effet la situation économique est profondément troublée ; partout il y a excès de production ; partout le développement de la force motrice a avili le salaire ; partout enfin les Gouvernements, en protégeant l'industrie urbaine et en négligeant l'industrie agricole, ont accru démesurément la population des villes et amené le dépeuplement des campagnes.

« Or ce qui fait la gravité de la question à l'ordre du

jour, c'est que le régime suivi dans nos prisons actuelles, c'est-à-dire le régime cellulaire sans étape intermédiaire, bien loin d'aider à la solution du problème, accentue le dépeuplement. En effet, les prisons contiennent une bonne moitié d'ouvriers agricoles. Quelle est sur eux l'influence de la cellule ? Elle transforme un bon ouvrier agricole en mauvais ouvrier de ville. Cet ouvrier libéré va se jeter dans la mêlée des capitales où il est fatalement destiné à accroître le chiffre des vagabonds, des délinquants et des récidivistes.

« Cette situation mérite toute notre attention et je désire l'examiner au point de vue de la science, car, où ferait-on de la science à propos de ces questions, si ce n'est dans un congrès pénitentiaire ?

« Il s'agit de savoir si un remède est possible.

« Pour moi le remède existe, c'est-à-dire que le travail à l'air libre, dans certaines conditions, améliorerait l'état de choses actuel. . . . .

« Mais je ne veux examiner les avantages du travail à l'air libre qu'à un point de vue tout général.

« D'abord il présente un premier avantage considérable en ce qui concerne l'hygiène. Il faut aux détenus, en effet, de rudes fatigues sous peine d'amener la déperdition des forces et la dénutrition ; il faut donc leur procurer des travaux représentant une dépense suffisante de force musculaire. Il est indispensable que, le soir, le condamné soit rompu de fatigue et s'endorme immédiatement. Je ne puis insister ici sur ce point essentiel, mais tous les hommes me comprendront et les médecins sont unanimes. Or, nos maisons cellulaires n'offrent pas toujours des travaux de ce genre et l'on est parfois obligé de les remplacer par de simples occupations pour éviter l'inertie complète. Dans cet ordre d'idées déjà, le travail à l'air libre est plus salutaire que tous les autres. Il simplifie en second lieu le redoutable problème économique du travail dans les prisons. Par les temps actuels, alors que la demande abonde, il est difficile d'obtenir des travaux, et quand on en trouve, l'ouvrier libre se plaint de la concurrence. Je ne dis pas que le travail agricole la supprime, mais il la diminue ; quand le détenu fait une paire de bottes en prison, il l'enlève à l'ouvrier libre et porte une atteinte directe au salaire. Quand l'Etat fait défricher des bruyères par des condamnés, il n'y porte qu'une atteinte indirecte en ce sens qu'il donne du travail à ceux qui n'en ont pas, mais il n'en enlève pas à ceux qui en ont. De plus, en agissant ainsi, en faisant travailler pour son compte et dans l'intérêt public, des condamnés qu'il loge et nourrit, l'Etat ne s'expose pas à autant de reproches s'il fait travailler à vil prix.

« Je serai moins affirmatif et je ne suis pas tout à fait d'accord avec l'honorable M. Brusa en ce qui concerne la récidive. Je ne crois pas que le travail à l'air libre la diminue. L'armée des malfaiteurs une fois formée subsiste, et que l'on emploie le régime cellulaire, le régime commun ou le régime Croîton, je ne pense pas que l'on puisse avoir beaucoup d'action sur elle. Il faut empêcher les récidivistes de corrompre les autres, mais on corrige difficilement les récidivistes par un **système de prison**.

« Je réserve donc cette question et je résume mon opinion en disant que le travail à l'air libre peut produire des résultats immenses, à condition de bien choisir les condamnés qu'on y emploie. Il va de soi qu'il ne faut pas prendre les petits délinquants condamnés aux courtes peines, ni les grands criminels dont le contact sera toujours funeste. Mais il y a entre ces deux groupes, des délinquants que la misère a poussés, tels que les petits voleurs, les recéleurs, les individus vivant au jour le jour des expédients les plus variés. Et ce sont ceux-là dont on obtiendra quelque chose en les faisant passer, après une étape cellulaire, au travail à l'air libre. Le grand point c'est donc la classification des condamnés. L'ancien système était odieux parce qu'il consacrait l'uniformité de la promiscuité et confondait pêle-mêle toutes les catégories de détenus. La gloire du système appelé le système belge, c'est d'avoir réagi contre ces abus et d'avoir introduit l'ordre, la discipline, la propreté là où il n'y avait que désordre et honte. Mais le régime cellulaire a peut-être été trop loin à son tour en oubliant que tous les hommes ne sont pas formés au même moule, et en établissant pour tous les détenus à long ou à court terme, et quel que soit le degré de culpabilité, l'uniformité absolue de l'isolement.

« On a dit parfois : C'est une erreur de faire pivoter tout le système pénitentiaire sur le travail et de considérer celui-ci comme la seule force moralisatrice. On peut retourner l'argument et dire que c'est une erreur aussi de considérer la cellule comme la seule force moralisatrice.

« La cellule a incontestablement une grande vertu en quelque sorte négative ; elle empêche le mal. La cellule, à elle seule, n'a pas au même degré la vertu positive de produire le bien. Ce qui produit le bien, c'est l'éducation sociale, c'est le milieu social. L'homme est avant tout sociable et, pour le préparer à entrer dans le monde, vous devez à un moment quelconque lui donner comme préparation une certaine vie sociale.

« Cela est si vrai que les théoriciens du système cellulaire soutiennent que l'isolement n'existe pas et que le délinquant, séparé des méchants, est en contact avec le monde extérieur par les visites du personnel. Cela pourrait être exact si les prisons étaient de petits établissements avec le groupement familial, comme à Mettray, ou si elles comptaient deux ou trois agents pour un détenu, c'est-à-dire qu'il pourrait réaliser cette double impossibilité : avoir dans chaque prison cellulaire plus de gardiens que de détenus, obtenir des gardiens qui seraient tous des philosophes et des apôtres.

« Mais dans les vastes agglomérations pénitentiaires

de 500, 600 détenus et même plus, avec des services multiples et compliqués, avec des agents peu instruits qui n'entrent que quelques instants dans chaque cellule, cette action du monde extérieur ainsi manifesté est dérisoire.

« Il y a de grandes différences entre des règlements sur le papier et la pratique, et en pratique le régime cellulaire n'échappe pas au reproche de renfermer une contradiction. Faire passer un détenu de la cellule à la vie libre sans redouter pour lui cette brusque transition, c'est, en effet, une inconséquence. Quand on n'a pas eu assez de confiance en lui pour lui permettre de communiquer, sous le contrôle de l'autorité, avec des condamnés choisis et triés, on ne doit pas non plus le rejeter en plein dans la mêlée de la civilisation. . . . .

« Reste donc la question de principe : Peut-on autoriser le travail en commun ?

« A cela, je répondrai par une autre question : Peut-on supprimer la vie sociale ? et un système pénitentiaire qui la supprime complètement n'est-il pas suspendu dans le vide ? ne se trouve-t-il pas en dehors de toutes les conditions d'existence de l'humanité, et est-il bien fait pour des hommes vivants et agissants ?

« Nous savons tous que la promiscuité est dangereuse. Elle est dangereuse pour les hommes libres comme pour les condamnés, elle est dangereuse pour nos enfants dans les écoles, pour nos ouvriers dans les ateliers; nous devons bien l'accepter cependant, car c'est la vie elle-même, et pour en écarter les dangers il n'y a autre chose à faire que ce que nous faisons tous les jours : aguerrir l'individu contre le mal, lui apprendre le bien par l'action permanente de l'éducation, fortifier chez lui le sentiment de la responsabilité et lui apprendre la morale dans les réalités, les luttes et les souffrances de la vie.

« Eh bien ! l'homme qui entre en prison ne change pas de nature; ici comme dans la vie libre il y a des brutes, des êtres dépravés qu'il faut éloigner et dont il n'y a rien à espérer, et des êtres faibles, hésitants, indécis qui ont failli, mais dont les instincts sont encore bons. Or, je dis que, pour ces derniers, le système cellulaire trop prolongé n'est pas le meilleur, parce qu'au lieu de les préparer à la vie sociale, il la leur désapprend. Ils ne font pas le mal, c'est vrai, et ils ne pourraient pas le faire, mais ils ne font pas non plus le bien. Ils sont réduits au rôle de machine, toutes leurs actions sont réglées, ils n'ont plus à penser, à agir, à lutter; ils perdent tout ressort, toute initiative, et s'ils ont succombé jadis, ils succomberont bien plus facilement encore maintenant.

« Ne faisons donc pas comme les détenus en cellule, ne nous isolons pas de la vie et du mouvement; ne restons pas stationnaires quand autour de nous le progrès circule; ne planons pas dans le domaine de l'idée pure quand partout le régime pénitentiaire est vivifié au souffle large et puissant de la réalité. Marchons avec le siècle, étudions l'homme, voyons-le tel qu'il est et donnons au détenu, après une préparation cellulaire, une parcelle de cette vie sociale dont aucun de nous ne pourrait se passer et dont nous ne pouvons davantage le priver, lui, sous peine d'en faire non plus un libéré capable, mais un fantôme ! »

Comme on vient de le voir, le travail agricole est vivement recommandé, et nous croyons que les domaines de Grangeneuve (Hauterive) et Monteynand, de la contenance d'environ 500 poses, offriraient comme ressources et comme travail d'amélioration, tout ce que l'on peut désirer pour l'établissement d'une colonie-modèle, laquelle serait desservie par une catégorie de détenus correctionnels désignés par un règlement spécial.

Les résultats moraux, hygiéniques et financiers à espérer de cette innovation ne sont point douteux. D'ailleurs, nous n'avons pas besoin de dépasser nos frontières fribourgeoises pour en trouver un exemple. Transportons-nous à la colonie agricole de l'Asile de Marsens, placée sous l'habile direction de M. Gauthier, économe; nous pourrons nous rendre compte de tous les avantages que retire l'asile même de cette institution, avantages qui se trouvent non seulement dans la plus-value du domaine, mais dans la production et dans la diminution des frais d'entretien.

Nous y remarquons également, à côté d'une ferme-modèle, l'installation d'une fruiterie-modèle, boulangerie, boucherie, porcherie, etc., autant de perfectionnements adaptés à un pénitencier, qui permettraient à nos jeunes délinquants d'apprendre une profession.

Pour obtenir ces mêmes résultats, l'installation des locaux pourrait facilement être étudiée avec le plan-projet de M. Schmidt, architecte.

Les détenus occupés à l'intérieur et aux travaux industriels confectionneraient tous les vêtements, l'ameublement, la literie, lingerie, chaussures nécessaires au pénitencier. Des ateliers, pour de nouvelles industries, pourraient également s'ouvrir en vue de développer le goût du travail et de profiter des aptitudes personnelles de certains détenus qui seraient plus facilement favorisés, grâce à leurs connaissances, par la société de patronage.

L'on nous fera peut-être observer que le chiffre du devis est en dehors des probabilités, qu'il n'est pas à supposer que la construction d'un pénitencier puisse coûter une somme aussi élevée. A cela nous répondons que le pénitencier de Neuchâtel, construit il y a un certain nombre d'années, pour un nombre de détenus ne s'élevant pas à 200, a coûté plus de 700.000 francs en bâtiments et 72.000 francs en mobilier.

Le coût de construction du pénitencier de Bruxelles (600 détenus) ne s'est-il pas élevé à 5.976.000 francs ?

Le lecteur pourra facilement se rendre compte, en étudiant le plan-projet que nous lui soumettons, que nous voulons à tout prix éviter la promiscuité entre le correctionnel et le criminel.

L'on a reproché le port de l'uniforme que revêt le détenu dans les pénitenciers fribourgeois; l'on a taxé notre système d'immoral, et l'on a voulu nous donner comme modèles des pénitenciers où, par défaut de construction, par fausse direction, l'on est forcé de renoncer au système cellulaire continuel, ce qui fait que dans la vie commune le condamné pour simple délit est obligé de vivre côte à côte avec le plus grand criminel.

En visitant dernièrement l'un de nos pénitenciers-modèles suisses, nous avons encore une fois pu nous assurer de ce fait de promiscuité, et là nous avons en outre vu porter l'uniforme comme nous l'avons pour les hommes. C'est avec une certaine indignation que nous rencontrions dans les salles de travail et dans les corridors, le simple correctionnel obligé de travailler, de marcher avec le grand criminel. Espérons que de pareilles choses, contraires à tout ce que demande la réforme pénitentiaire, ne se verront jamais dans les pénitenciers fribourgeois.

Nous sommes arrivé au terme de notre travail, bien incomplet, il est vrai, mais nous espérons que le lecteur voudra bien nous tenir compte de notre bonne volonté et de notre bonne foi, en le priant, ainsi que les hautes autorités administratives, les ecclésiastiques et les autorités communales, de nous accorder leur indulgence et de prêter un concours équitable et bienveillant à toute œuvre morale et bienfaisante visant à améliorer le sort des malheureux et à faciliter leur régénération.

CONCLUSIONS

Les différents chapitres que l'on vient de parcourir ont trait à divers sujets dont l'ensemble formerait le canevas d'une encyclopédie pénitentiaire.

Nous essayerons de dégager quelques idées générales de tous ces matériaux particuliers et l'on nous permettra de les présenter comme les conclusions pratiques de ce modeste ouvrage.

La question pénitentiaire, vue dans son ensemble, présente trois aspects connexes mais distincts.

Le législateur et le moraliste doivent en premier lieu s'inspirer de l'adage si profondément vrai : « Prévenir plutôt que punir. » A cet effet, la société doit donner à ses membres une éducation morale, il est nécessaire qu'elle les protège suivant la difficulté des circonstances et en raison de leur faiblesse. Cette considération, dont personne ne contestera la justesse, explique l'insistance que nous avons apportée, dans les lignes qui précèdent, à analyser les chutes morales pour en déterminer les éléments et faire la part du libre arbitre comme aussi des imperfections sociales. On comprend dès lors que l'abandon des enfants, l'indigence, l'abus des boissons alcooliques, les maladies mentales, tiennent dans nos considérations une place qui peut paraître exagérée au premier abord. A notre avis, la réforme pénitentiaire doit être précédée de la réforme des mœurs. Qu'une sage

législation fasse pénétrer dans la société entière les enseignements do l'Evangile ; que les autorités favorisent,
de plus en plus, les institutions et les œuvres de bienfaisance ; que la charité redouble ses miracles ; que nos
écoles continuent à être des foyers de lumière et de mora-
lisation, et surtout que dans chaque famille on rivalise
de zèle pour donner les exemples les plus édifiants :
nous verrons alors nos établissements pénitentiaires
devenir de moins en moins remplis et la question qui
nous occupe sera notablement simplifiée.

Mais puisque l'expérience, l'histoire, la philosophie et
la science elle-même nous enseignent que l'âge d'or est
irréalisable, que la perfection est au-dessus de nos forces
et que, toujours, le côté contingent des choses humaines
sera la conséquence et la preuve de la chute originelle, il
est nécessaire d'apporter un remède aux maux dont on
peut diminuer la fréquence et que jamais on ne pourra
supprimer.

L'individu que n'auront pu retenir dans les limites du
devoir les prescriptions législatives, les sages conseils,
les exemples fortifiants, recevra, dans la maison qui le
sépare de ses semblables, un traitement inspiré par ce
principe de mansuétude et de charité chrétienne qui
nous a guidé de la première ligne au dernier mot de cet
écrit.

Le personnel des établissements pénitentiaires unira
la douceur à la fermeté ; dans la solitude de la maison,
le travail sera en honneur, on lui accordera l'estime qu'il
mérite et on favorisera l'émulation. Mais surtout la religion apportera le baume salutaire de ses enseignements.
Nous l'avons dit et nous y reviendrons une fois encore,
car l'importance de la matière justifie cette répétition : la
pierre angulaire d'une maison comme celle qui nous occupe
doit être l'aumônier exclusivement attaché au service des
détenus. Débarrassé de toute préoccupation extérieure, le
prêtre pourra suivre pas à pas les maladies morales,

leur appliquer le remède convenable et signaler à l'administration des réformes minutieuses qui échappent à l'œil nu et que seul fait découvrir le contact intime des consciences qui est le privilège du sacerdoce catholique.

En terminant ce second point, nous rappellerons, sans insister, car la question nous touche de trop près, que le Directeur des maisons pénitentiaires doit jouir d'une autonomie et d'une indépendance administratives complètes. A cette fin, il convient qu'un traitement fixe lui soit assigné ; le côté mercantile et quelque peu commercial du régime pénitentiaire disparaîtra ainsi et avec lui bien des critiques.

Mais le détenu qui aura trouvé dans la maison pénitentiaire un asile moral et réparateur a besoin d'être protégé dès qu'il a payé sa dette à la justice. La protection des détenus libérés est à l'ordre du jour, elle répond d'ailleurs à un besoin réel. Par elle on diminuera le nombre des récidives, et les rechutes morales devront retrouver à la maison pénitentiaire les mêmes soins charitables. C'est en pareille circonstance surtout que le rôle de l'aumônier se montre dans ce qu'il a d'important, de généreux et surtout de régénérateur.

Pour ce qui est de l'installation matérielle, nous avons exposé sur ce chapitre nos vues personnelles. Elles ont été dictées par l'esprit d'économie qui doit animer tout fonctionnaire d'un Etat quelconque. Nous avons tenu compte des ressources et des besoins du pays. En cette matière comme dans toutes les autres, nous n'avons cessé de nous laisser conduire par l'amour de la vérité, l'amour de nos semblables et les exemples qui nous ont été donnés par les premiers magistrats et les esprits les plus élevés de notre pays.

TABLE DES MATIÈRES

Bar-le-Duc. — Imp. de l'Œuvre de Saint-Paul. — 2301

www.ingramcontent.com/pod-product-compliance
Ingram Content Group UK Ltd.
Pitfield, Milton Keynes, MK11 3LW, UK
UKHW021511090726
13657UKWH00001B/161